なぜ民主化が暴力を生むのか

紛争後の平和の条件

田中(坂部)有佳子
Tanaka Sakabe Yukako

勁草書房

目　次

第1章　民主化は暴力を生む？ ———————————— 1
  1　本書で問うこと　7
  2　本書の構成　12

第2章　先行研究と本書の分析枠組み ———————— 17
  1　先行研究の概観　17
  2　本書の分析枠組みと概念の定義　31
  3　本書における東ティモール事例の位置づけ　47

第3章　紛争後社会における小規模な政治暴力の発生 ———— 55
　　　　──政治体制と政治制度が及ぼす影響
  1　はじめに　55
  2　理論と仮説　56
  3　データと仮説検証の方法　64
  4　分析と結果　71
  5　小　括　78
  補　遺　80

第4章　紛争後社会における政治勢力の組織的転換 ———— 89
  1　はじめに　89
  2　民主化と国家建設の試みと暴力　91
  3　モデル構築と分析　105

i

4 東ティモールの事例分析　115
    5 小　括　133
    補　遺　137

第5章　紛争後社会における指導者による暴力 ──────── 171
    1 はじめに　171
    2 紛争後社会における法の支配と指導者による暴力　173
    3 選挙制度の導入が指導者に及ぼす影響　180
    4 因果メカニズムの提示　188
    5 東ティモールにおける 2006 年騒擾　197
    6 小　括　212
    補　遺　215

第6章　民主化，国家建設，そして暴力 ──────── 223
    1 本書が明らかにしたこと　224
    2 本書から得られる含意とは　228

あ と が き　233
参 考 文 献　237
事 項 索 引　259
人 名 索 引　262

第 1 章

民主化は暴力を生む？

いったん国内紛争が終結した社会において，人々が最も期待していることは，暴力が再び起きないことであろう．しかしながら，暴力の発生はたびたび観察されてきている．とくにわれわれにとって問題と思われることは，なぜ暴力を回避しようとする努力がありながら，暴力が生まれ続けるのか，である．

コンゴ民主共和国では，1960 年の独立以来，多数の反政府勢力と政府軍が繰り返し戦闘を行ってきた．和平合意を経て 2006 年には初めての民主的選挙が行われた．戦闘に参加していた反政府勢力の一部は政権入りを果たしたものの，北部キブ州では CNDP（Congrès National pour la Défense du Peuple）という反政府勢力と政府軍の武力対立が続いた[1]．アフガニスタンでは 2001 年ボン合意と呼ばれる和平合意が締結されたことにより，内戦が終結した．しかし，2011 年の議会選挙では投票日前までに少なくとも候補者 3 名，選挙運動参加者 23 名が殺害され，投票所の閉鎖を余儀なくされた地域が続出した[2]．2011 年にスーダンからの分離独立を果たした南スーダンでは，大統領が選挙

---

[1] IRIN (Integrated Regional Information Networks). "DRC: Violence Forcing North Kivu Civilians Out of Homes," 1 July, 2009. http://www.irinnews.org/report.aspx?ReportID=85081（最終閲覧日 2015 年 9 月 23 日）

[2] BBC (British Broadcasting Corporation). "Fear and Loathing on the Campaign Trail for Afghan MPs," 14 September 2010. http://www.bbc.co.uk/news/world-south-asia-11280861（最終閲覧日 2015 年 9 月 23 日）; Islamic Republic of Afghanistan, Independent Election Commission Secretariat. "IEC Press Release. On Security of Nangarhar Province 81 Polling Centers," 7 September, 2010.

で選ばれ新しい国づくりが進んでいた。しかしその2年後，指導者同士の内紛が激化し，マシャール前副大統領派兵士と大統領警護隊との戦闘により数百人が犠牲となった[3]。こうした事例を観察すると，暴力回避の努力の一環として，暴力を停止させ，紛争当事者間で交渉により妥協を見出そうとする試みや，停戦ののち選挙の実施によって新しく代表者を選ぼうとする試みがあることがわかる。ところが，こうした試みとは裏腹に，暴力は発生するのである。

　本書の主題は，紛争終結後の社会において，民主主義体制を導入し，それを根付かせる試みがあるにもかかわらず，政治暴力がどのような要因と作用によって引き起こされてしまうのかを探っていくことにある。こうした紛争後の社会では，武力競争の停止状態を定着させ，非暴力的手段による政治的競争を実現する制度の導入が試みられてきた。とくに冷戦終焉後，紛争が終結した多くの国家では，競争的で自由・公正な選挙の導入としての民主化が進められた。しかしながら，こうした努力が逆の効果をもたらす，つまり政治暴力も引き起こすことも指摘されてきた (e.g., Gurr 2000; Snyder 2000; Mansfield and Snyder 2005; Cederman et al. 2010; Brancati and Snyder 2011, 2012)。このように紛争後社会における民主化は，期待通りの効果だけでなく，期待されざる効果をももたらしているようである。

　民主化は19世紀以降，多くの国々が経験してきた。ハンチントン (Samuel P. Huntington) が述べたように，欧米における「第1の波」，第二次大戦後の「第2の波」に続き，1970年代からの「第3の波」では，南欧，ラテンアメリカ，アジア諸国が民主主義体制を導入した（ハンチントン 1995）。その後もソ連崩壊前後の旧ソ連・中東欧諸国，1990年代のサブ・サハラ・アフリカ諸国に民主化の波が訪れ，そして2011年，アラブの春と呼ばれる民主化の試みが，中東・北アフリカ各地に到来した。比較政治では一国内における政治変動として，民主化の過程を分析する研究が盛んとなった。とくに，誰が (e.g., ムーア 1987; オドンネル，シュミッター 1986)，どのような社会経済状況が (e.g., Lipset 1959; Przeworski et al. 2000)，あるいはどのような社会格差が民主化を

---

[3] ウォールストリートジャーナル「南スーダン，戦闘やまず——首都では450人死亡」2013年12月29日。http://jp.wsj.com/articles/SB10001424052702304273404579266991150305258（最終閲覧日 2015年9月23日）

引き起こすのか（Boix 2003; Ansell and Samuels 2010）といった，国内に散在する民主化の発生要因を探る研究が進んできた。

　その一方で民主化は，外部からの影響で起こるのではないかとも議論された。国際社会，西欧諸国の圧力が民主化を後押しすることを比較政治学者のみならず（e.g., Levitsky and Way 2010），国際関係の視点をもつ研究者も論じるようになった（e.g., Gleditsch and Ward 2006）。国家間紛争を防いで人々が平和に共存するには，まず各国家が立法権と執行権を分立させた代表制を確立することが条件だと論じたのは，1795年に刊行されたカントの『永遠平和のために』であった（カント（宇都宮訳）2015）。この議論を端緒とし，ラセット（Bruce Russett）（1996）らをはじめとして，民主主義国同士では戦争はほとんど発生しないという事実を明らかにした研究群から生まれた「民主的平和（democratic peace）」論は，民主制にもとづく平和の実現への期待を高めていった。この期待は政策決定者にも広がった。1994年の所信表明演説でクリントン米国大統領は，デモクラシーは互いに戦わない，と述べた[4]。2004年，イラク戦争を開始したブッシュ米国大統領も同様に，デモクラシーは少なくとも国際紛争に対しての処方箋になるとの考えを表明した[5]。

　暴力に対処しようとする国際社会にとっても，紛争終結後の社会における民主化は関心の的となってきた。たとえばブトロス・ブトロス＝ガーリ（Boutros Boutros-Ghali）第6代国際連合（以下，国連）事務総長は『平和への課題』において，平和構築活動の一例に選挙支援や政府機関の改革と強化を挙げ，この実践に努めてきた[6]。また，同事務総長は『民主化への課題』において民主化は（人々に）開かれた参加型の社会を形成していく過程であり，デモクラシーとは多様な制度とメカニズムによって人々の意思による政治的権力を具現

---

[4] Clinton Bill, 25 January, 1994: State of the Union Address, https://millercenter.org/the-presidency/presidential-speeches/january-25-1994-state-union-address（最終閲覧日 2019 年 3 月 31 日）

[5] Office of the Press Secretary, President and Prime Minister Blair Discussed Iraq, Middle East, 12 November, 2004, https://georgewbush-whitehouse.archives.gov/news/releases/2004/11/20041112-5.html（最終閲覧日 2019 年 3 月 31 日）

[6] UN Document. An Agenda for Peace. A/47/277-S/24111, 17 June 1992, para. 55.

化するものである,と述べている[7]。民主的な制度は,競合する利益を連動させて検討する場を設け,協議による妥結に至ることが可能である。そのため,意見の差異がそのまま,武力による対立や紛争には陥りにくいというのである。民主化を支援する活動には人権擁護,制度構築など幅広い分野があるものの,民主化のための主たる国連の活動は選挙支援から始まったことを指摘している。

　このように紛争後社会における民主化は,平和を生み出すことが期待され,国際社会もそれを後押しする傾向が強まっている。一方,冒頭のコンゴ民主共和国やアフガニスタン,南スーダンでのゆゆしき出来事は,民主主義体制を導入しても暴力は繰り返し生起することも示している。こうした暴力の発生は,これまでの平和政策がもつ,「民主化は平和をもたらす」という半ば暗黙の前提に疑問を投げかけているのである。

　そもそも「民主的平和」の議論も,そのほかの民主化をもたらすのは何かを検討する議論も,民主化が平和裏に成功するための処方箋を示しているわけではない。ラセット自身民主化のための十字軍は適切ではないとし,強制的な軍事介入や一国単独による介入ではなく,民主化過程を支える介入を行い,さらに民主的な勢力が国内にいるほうが望ましいだろう,と述べる（ラセット1996, 227-228）。民主化は,外部アクターの適切な介入もさることながら,国内において民主主義の規範が浸透しなければ始まらないのではないか,とむしろ警鐘を鳴らしたのである。これは,内発的な民主化の条件を論じてきた比較政治の観点からは合点がいくのではなかろうか。

　ブトロス゠ガーリ国連事務総長は,長期的にはデモクラシーは発展と平和を持続させる要素であるとしつつ,紛争の影響を受けている国々では自由で公正な選挙を引き金として,自由な表現が活発化することから,憎しみが暴発し,内戦に陥いうることを憂慮した[8]。だからこそ,民主化を進めるペースやそのありかたは各国が決めることだという。そして,各国が自ら民主化の進め方を決めるための基本的な前提条件は,自由で公正な選挙を実施でき,民主的な統

---

[7] UN Document. An Agenda for Democratization, A/51/761, 20 December 1996, para. 1-36.
[8] Ibid., para.20, 21.

治が可能な国家の存在だと論じている。

　民主主義体制への移行による暴力の阻止に期待が集まりその努力が注がれる一方，内戦を経験した国が暴力を繰り返し経験する現象も国際社会は問題視するようになったことに目を転じたい。世界銀行が公表した2011年の世界開発報告『紛争，安全保障と開発』は，2000年代に入ってから始まった紛争の90パーセントは，過去30年間に内戦を経験した国で発生したと指摘する（世界銀行 2011, 4）。そして暴力とは，国家間戦争や内戦のみならず，民族間暴力，ギャング集団による暴力，鉱山資源，麻薬などの不法取引に基づく暴力，イデオロギー闘争に基づく暴力などがあり，これらは相互に連鎖して発生するため被害がそれだけ増大する点が懸念されるという。このような勢力間の対立のみならず，ラテンアメリカでは内戦中よりも内戦終結後に殺人事件の発生率が高まる傾向にあり，家庭内暴力，性的暴力が増加し，一般市民，とくに一般女性や子供が暴力に巻き込まれている（世界銀行 2011; Suhrke and Berdal (eds.) 2012）。一般犯罪，窃盗，カーハイジャックといった暴力をはじめ，紛争後社会ではさまざまな形態の暴力が観察されるのである（Höglund 2008, 89）。

　紛争後社会における暴力の再発に関心が集まる中，再発の要因に，国家の能力の問題がしばしば取り上げられている。世界銀行の報告書は，そうした暴力の連鎖を断ち切るためには国家の統治制度に対する市民からの信頼を回復させ，市民の安全，治安・司法部門の改革，人々の雇用を確保していくべきだと提言する（世界銀行 2011, 12-17）。世界銀行のような開発の課題に特化してきた国際機関も，暴力を止めるうえで「弱い国家」[9]における統治の問題を無視することはできないと結論づけたのである。

　こうして，国家の能力を構築していくことを意味する国家建設にも，国際社会が関わるようになっている。外部アクターが国家建設に関わろうとする理由のひとつは，内戦を経験した国における暴力の再発のみならず，秩序が悪化することによって周辺国を中心とした国際社会に対しさまざまな脅威がふりかかるためである。つまり，統治する能力が「弱い国家」は，近隣国に対してテロ

9　破綻国家（failed state）やその候補である脆弱国家（fragile state）を含む。これらの明確な定義は定まっていない（Call 2008）。本書では，Call（2008）に倣い「弱い国家」（weak state）で統一する。

リズムや難民流入，麻薬密売，感染症の蔓延，石油等エネルギー確保の困難といった問題を引き起こす。そのため民主化に加えて，こうした国家における政治秩序の回復への支援が重要であると国際社会はみなすようになったのである (Fearon and Laitin 2004)。

しかし，民主化と同じように，国家建設の主な担い手はその国家にいる人々である。Krasner and Risse (2014) は，国家が限定的な役割しか果たさない場合，公共財や公共サービスの提供を，しばしば外国のほか国際機関やNGO (Non-Governmental Organization) など非国家主体が支援するケースが増大していることに着目した。外国や外からの非国家主体の行為に対し，いかに正統性を与えられるかが課題であると指摘する。一方このような国際社会が主導した国家建設が植民地主義の再来となってしまい，人々の安全や生活の改善をもたらしていないとして批判し，市民から得られる正統性が新国家に必要だとする研究群がある (e.g., Chandler 2007；Roberts 2008; Newman, Paris and Richmond (eds.) 2009)。こうした議論の背景には，国際協調の潮流において，開発の発展，経済成長の当事者である政府，市民社会，コミュニティの人々などのローカルが主導するものであるとの認識のもと，ローカルの主体性（オーナーシップ）を重視するようになっていたこともあろう。介入側のこうした反省から，ローカルの視点の導入を提唱していく研究が続出した (Mac Ginty 2010; Richmond and Mitchell 2012)。そこではハイブリッドな形態による平和，つまりさまざまなグループ間の相互作用から平和がつくられ，開発が進むことが期待される (Donais 2012; Mac Ginty and Sanghera 2012, 3)。このハイブリッドな形態による平和をいかにつくりだすかについて，外部アクターとローカルの直接的な関係も論じられるようになった (Donais 2012; Richmond and Pogodda 2016)。

このように，民主化と国家建設を扱う研究の趨勢を大まかに捉えると，国内レベルと国際レベルの枠組みを網羅することの重要性が浮かび上がってくる。民主化や国家建設が一国内における現象であり，紛争当事者や彼らと社会を構成する人々，さまざまな社会グループ同士の交錯はもちろんであるが，そこに影響を及ぼしうる外部アクターの関わりも視野に入れなければ，精確な分析が難しくなるだろう。そして，互いをどのように認識しているかの視点を見極め

ることは，より議論の精緻化を促してくれるだろう。

　以上の議論を踏まえ，「民主化は平和をもたらす」かという疑問に取り組むのが本書の主眼であり，国家建設の要素を取り入れていくことが本書の最たる特徴となる。本書の主題は，民主主義体制の導入が政治暴力の発生に及ぼす要因と作用を探ることである。民主化は広く各国にみられる現象であるが，民主化が及ぼす影響に関する考察や分析のうち本書が着目するのは，民主化と国内における暴力発生の関係である[10]。とくに，国内紛争を経験した国において，どの程度民主化が暴力を引き起こすのか否か，という問題を取り上げる。なお，本書の主題と平和構築（peacebuilding）との関係については，Call（2008）や Paris and Sisk（2009）が議論するように，民主化や国家建設は平和構築の一部と捉えられる。

1　本書で問うこと

　本書で明らかにしていきたい問いとは，「紛争後社会における民主主義体制の導入は，政治暴力の再発に対してどのような影響を与えるのか，そして，なぜそのような影響が生じるのか」である。以下では，この問いに含まれる，紛争後社会，政治暴力，そして民主主義体制という概念の定義を示す。

　紛争後社会とは，内戦が一度発生し，その内戦が停止した後の社会を指す。内戦は，政治暴力のなかでも最も注目を浴びてきた暴力形態である。Small and Singer（1982）が，ある一国内において千人以上の死者が発生した武力紛争を内戦と位置付けたことを契機に，多数の犠牲者を伴う国内紛争を「内戦」とする共通認識が定着していった[11]。内戦を終えた社会を紛争後社会と捉える研究には，内戦を終えた11か国における急速な民主化に警鐘を鳴らした Paris（2004）がある。また，内戦終結後における国連による介入は内戦の

---

[10] 暴力のなかでも国際紛争については国際関係論で，国内における暴力については比較政治で主に論じてきた傾向があるが，本書は後者を扱う。前者について，第 2 章脚注 9 参照。

[11] Small and Singer（1982）/Correlates of War（COW）project（http://www.correlatesofwar.org/）。とくに Doyle and Sambanis（2006）は，この基準に加え，国家承認された国土内において，組織化された反抗勢力が国家主権に対して武力を行使し，内戦が終結したのち，ひとつの政治的単位のなかで両者が居住する展望をもつ場合を内戦と定義した。

再発を防止すると主張した Doyle and Sambanis (2006)，選挙制度や第三者介入が暴力の再発を抑制する効果をもつか否かを論じた論文集である Hoddie and Hartzell (eds.) (2010) などがある。本書は，こうした先行研究に準じ，上記にある紛争後社会の定義を用いる。つまり本書で表現する紛争後社会とは，内戦後社会と同義である。

政治暴力とは，政治的係争から発展し，共通の目的をもつ人々を動員することによって勢力を組織化し，意図的に他勢力に対し危害を加えようとする行為である。この行為は，国家，政党，民族グループや宗教グループなどが行いうるが，その主な矛先は，政治体制またはその体制における特定の権威者に向けられている (Gurr 1970; Muller 1972, 928)。本書では，この暴力のなかでも，とくに実力行使を伴う暴力を分析対象とする。

政治暴力の源である政治的係争とは，何らかの共通のアイデンティティをもつ勢力が，公の場において対立を政治化させたもの (Marshall 1999, 27) である。政治的係争自体は暴力を含むものではない。ただしその係争への対処が協議や調停といった手段で，あるいは政治制度上で解決できなかった場合に，相手に物理的あるいは心理的な実害を与えるための手段が用いられることとなる (Marshall 1999, 31-33)。共通の目的をもった組織が何らかの集合行為をなすには，その行為に必要な人材，物資，資金といった資源を調達し，その行為が成功する機会があると組織の参加者が認識することが必要である (Tilly 1978, 84; Ellingsen 2000)。ここから，政治暴力は，ある目的が共有された参加者の間で，資源が充足し，暴力行為の機会が捉えられ，共通目的が暴力によって達成されうると判断されたときに生起すると考えられる。政治的係争を類型化するひとつの方法は，どれほど勢力が組織化され死傷者が発生するかによって，ストライキ，暴動を含む騒擾 (turmoil)，暗殺やクーデタを含む陰謀 (conspiracy)，そして大規模なテロリズム，ゲリラ戦，革命を含む内戦 (internal war) に分類する方法である (Gurr 1970, 11)。このように個別の暴力形態に分けてその発生要因を検討することは，暴力を研究する主要な手法となっている。

民主主義体制とは，競争的で自由・公正な選挙の実施が行われている政治体制のことを指す。紛争後社会を対象とした分析では，民主主義体制の概念は

多義的に用いられてきた。前節で紹介した，国連が想定した民主化の活動の範囲が示すように，民主主義体制下で達成されることのなかには，選挙の実施だけでなく，人権の尊重，法の支配，平等，自由の確保も含まれうるからである。本書では，内戦終結後は，エリート間の政治競争をいかに非暴力化するかが課題であるという点に着目する。この課題に対処することを念頭に考えると，紛争後社会における民主主義体制の導入とは，シュムペーター（Joseph Schumpeter）が提唱するミニマリストな民主制の確立，つまり競争的な自由選挙の実施を目指していることがわかる（Wantchekon 2004）。ミニマリストにとっての民主主義体制とは，「個々人が人民の投票を獲得するための競争的闘争を行うことにより決定力を得るような制度的装置」を備えていることを指す（シュムペーター 1995, 430）[12]。このような制度的装置のもとでは，選挙という非暴力的手段を通じて，代表者になる勝者と代表者になれない敗者が生まれるが，敗者は次回の選挙まで，政治的競争の結果をいったん受け入れるという前提がある（e.g., Przeworski 1991）。しかし，このルールを遵守しきれないアクター（行為主体）が，暴力を起こすことがあるのである。この民主主義体制の定義を踏まえ，本書は，民主化を，非民主主義体制から民主主義体制への移行と定義する。つまり，非民主主義体制下において，競争的で自由・公正な選挙が最初に実施されたときに，民主主義体制への移行が完了すると考えられる。

　結論を先取りすれば，本書は上記の問いに対して，以下のような答えを提示する。問いの前半部分である「紛争後社会における民主主義体制の導入は，政治暴力の再発に対してどのような影響を与えるのか」に対しての答えは，民主主義体制は，政治暴力の再発を抑制する効果をもつが，その効果が発揮されるのは，内戦終結後時間が経過してからである。時間が経つと，国家建設が進捗

---

[12] 本書で示す民主主義体制は，一般的に民主主義の手続き的側面に限定して定義する。このような定義は，非民主主義体制から民主主義体制へ移行する場合の基準として多くの研究者により用いられてきた（e.g., 岩崎 2006; 遠藤 2012）。この手続き的側面を捉えるときに，ダールのポリアーキーの定義を用いることも多い。たとえば Linz and Stepan（1997）は，民主主義体制への移行が達成されるには，競争的で自由な選挙の実施が必要条件であると述べる。O'Donnell（1997）も，シュムペーターの定義と並んで多用されるダールのポリアーキーの概念を用いながら，競争的で自由・公正な選挙の実施は，民主主義体制の基本的な構成要素であることを示している。

していると本書では捉えている（第3章にて詳述）。本書における国家建設とは，国家の能力の向上を意味し，とくに「国家が国内の治安を維持し暴力を統制する能力（治安維持能力）を構築する過程」と定義する[13]。第3章の分析結果から，民主主義体制が政治暴力の再発を抑制する効果をもたないのは内戦終結直後であり，民主主義体制が抑制効果を発揮するまで，おおむね4年から6年半程度要することが明らかとなった。つまり，それまでは，暴力の発生が観察されやすいことを意味する。では，なぜその間は抑制効果を発揮できないかという疑問が生じるだろう。

そこで，本書の問いの後半部分である「なぜそのような影響が生じるのか」という問いに答えるために，暴力が観察されやすい，内戦終結後における2つの状況を捉える。ひとつは，新しい政治的競争上劣勢にある非主流派による暴力が発生する状況である。民主主義体制の導入に向けて行われる政治勢力間の権力分掌の交渉の結果，その合意が履行されるという予想に関し悲観的なままであるとき，政治勢力は武装維持のほうが得策であると考えて暴力を選択する。しかし，お互いが相手に対し暴力を用いるという脅しに信憑性がある状況でも，政党への転換や国家機関への編入によって，暴力を回避できる場合もあることを示す。そこでは，政治勢力が合意の履行に対して不安を募らせる「コミットメント問題」をいかに緩和・解消するかが肝要である。当該問題を緩和・解消することは政治勢力にとって負担が生じるので，第三者を含めたさまざまな工夫が必要であり，暴力の抑制がたやすくないことを指摘した。

2つ目は，指導者による政治暴力が生まれる状況である。民主主義体制は導入されているが国家建設が途上である紛争後社会では，治安改善の課題に直面する指導者が有権者からの業績評価を得ようと，市民の安全確保という政策効果を狙って超法規的な治安維持政策を採用し続けることを捉える。超法規的な治安維持政策を好む指導者は，合法的な治安維持政策を望む有権者の代理人であるため，彼らからの政治的支持を得ることに注意を払う。しかしながら，自分に対する政治的支持が低迷すると，治安の確保を最優先する指導者は，自分の好みの政策を追求することがある。ただしその政策が失敗するほど，評価を

---

[13] 国家建設の定義の詳細については，第2章を参照。

挽回しようとする。そのとき，指導者はいずれの政策でも生じるコストに対して楽観的になると，ますます有権者の政策選好から乖離した政策を採用しやすくなる。そして有権者からの能力評価が取り返しのつかなくなるまでその政策を採用し続けるという，「起死回生のギャンブル」が発生することを論じる。政策の効果は事後でないと把握できないことと，有権者との治安維持能力の行動基準にずれがありうるという2つの不確実性が，指導者が「起死回生のギャンブル」をより追求しやすい状況をつくりだし，暴力が生じることを明らかにした。このギャンブルを回避する制度的な工夫のひとつとして，有権者のモニタリングの質を改善することを挙げた。

　本書の問いに対するこのような答えが，どのような学術的貢献になるかについては，先行研究を踏まえると以下のようなことだろう[14]。第1に，小規模の政治暴力を含めて分析することで，より多様な政治暴力の形態に視野を広げ，既存研究の知見を発展させて暴力が再発する原因を探ることができた。先行研究では紛争後社会における政治暴力のなかでも，小規模の政治暴力にはそれほど関心を払ってこなかった。そこで本書は，小規模の政治暴力でも平和を脅かす可能性を指摘し，事例分析を含めて小規模な政治暴力を扱い，この政治暴力に着目する意義を示した。

　第2に，紛争後社会における民主主義体制が暴力を抑制する条件を分析する際に，国家建設の要素を取り込んだことである。民主主義体制の導入が暴力の発生に及ぼす効果については，暴力を誘発するあるいは抑制するという2項対立的な議論が主流であった。こうした議論では，どのようなときに民主主義体制が暴力を誘発し，どのようなときに暴力を抑制するのかを論じることが難しい。そこで，本書は，国家の治安維持能力の向上という視点を導入することにより，この2つの効果がそれぞれ表れる状況を特定した。

　第3に，民主化と国家建設が同時進行中である国家を想定し，政治勢力が政治的目的を追求する行動から政治暴力が誘発される条件を明らかにした。既存研究では民主化と国家建設を別々に扱うことが主流であり，とくに国家建設が民主化に及ぼす影響を議論することはあっても，それを実証する分析は希少

14　先行研究についての詳述は第2章を参照。

であった。そこで，政治勢力を国家の執行権をもつ勢力と，それ以外の勢力という2者に分けて，ミクロな視点をもって各自が政治暴力を起こす要因を検討することで，理論構築に貢献しようと試みた。政治勢力が権力分掌を巡って交渉する局面では，国家の執行権をもつことが見込めない各勢力には，民主化という政治体制の変容に伴い政党への転換という機会，それから国家建設の途上にあることから治安部門への編入という機会がある。そこでそうした機会がありながら，なぜ彼らが暴力を政治手段として選択するかを論じた。一方，国家の執行権をもった勢力は，治安維持能力をどう扱うかという課題に直面する。執行権を得た指導者が治安維持政策を選択する局面では，競争的で自由・公正な選挙の実施があると，指導者は有権者からの政治的支持を維持したいというインセンティブをもつ。そこで，国家建設が途上であるがゆえ，治安維持政策の質について有権者がどの程度の基準で納得するかが不透明であるため，業績評価が悪化するほどその評価を挽回させようとする「賭け」に指導者が身を投じやすくなる。その結果，指導者は暴力を生み出すのである。

　本書の特徴は，民主主義体制の導入は政治的競争を非暴力化するために権力を分掌していく試みでありながらなぜ暴力を促進しうるのか，という疑問に対して，国家建設の要素を取り入れ，紛争後社会の特定の文脈に沿って暴力発生の要因を特定したことである。分析結果は，いくつかの条件を満たせば暴力の抑制が可能である点を示唆している。暴力発生のメカニズムからその抑制について検討することによって，近年新興国家で多く観察される，民主化と国家建設が同時に進行する状況下における平和政策の議論に寄与することを試みている。

2　本書の構成

　本書では次のように議論を進める。第2章では，分析を始めるためのいくつかの準備を行う。まず本書の被説明変数である小規模のものを含めた政治暴力，および主要な説明変数である民主化と，同時に進行している国家建設について定義づける。その後，先行研究を踏まえたうえでの本書の位置づけを明らかにする。そして，紛争後社会を第1期間と第2期間とに区分し，政治勢力

（主流派，非主流派）が暴力を引き起こす因果メカニズム構築のための環境を設定する。第1期間は，停戦あるいは和平合意の締結後，権力分掌のルールにつき交渉し，民主化に向けて各政治勢力が組織転換を図る期間である。第2期間は，民主化が本格的な局面に入り，各勢力がそのなかで政治的目的を果たそうとする期間である。このような重要な概念の定義づけと環境を設定することにより，分析枠組みを提示する。そして本書において東ティモールの事例を分析することの意義を述べる。

　本書の問いのうち，「紛争後社会における民主主義体制の導入は，暴力再発に対してどのような影響を与えるのか」の部分に取り組むのは第3章である。ここでは，民主主義体制が，小規模な政治暴力の再発に対してどのような影響を与えるのか，その因果効果を推定する[15]。第3章の分析対象期間には，第1期間，第2期間の両方が含まれる。ここでは，第1に紛争後社会における小規模な政治暴力の存在を，内戦と比較しながら確認する。第2に，政治体制・政治制度が暴力に対する抑制効果を発揮するに至る因果関係を議論する。民主主義体制は，一般的に暴力の再発リスクを低める特徴をもつ。ただし，紛争後社会においては，時間が経過し国家建設が進捗すれば，暴力に対する抑制効果がより強くなると推論する。また，議院内閣制は，暴力の再発リスクを低める制度的特徴があると推論する。こうした仮説を，これまでの各国の経験に基づいて一般的に広く観察できる因果関係であるかを確認するため，生存分析と呼ばれる統計手法によって検証する[16]。

　この分析の結果，民主主義体制は内戦終結直後の一定期間は，暴力の再発リスクを低めないことが明らかになった。そこで，「そして，なぜそのような

---

[15] 因果効果とは，説明変数がある値をとるときに得られる観察の体系的な要素と説明変数が別の値をとるときに得られる観察の体系的な要素との差である（キング他 2004, 97）。

[16] 帰納的（経験的）アプローチの最大の利点は，これまでの現実の経験に基づき，その因果関係が一般的に観察されうるかを示せることである（Clarke and Primo 2012, 109）。現実の経験に即していない理論であれば，その理論から導かれる結論も有用ではなくなるからである。データセットに基づく因果関係の推定ではあっても，ここで一般的な因果関係が導き出されれば，将来，同様の要因が引き起こす結果を推測することが可能となる。あるいはその因果関係から理論を発展させていくことができる点で，帰納的アプローチは有用である（Clarke and Primo 2012, 114-115）。一方同アプローチの不利な点は，因果メカニズムを説明することはできないことにある（ジョージ＆ベネット 2012, 150-169）。

影響が生じるのか」という本書の問いの後半部分を次に扱う。つまり，内戦終結直後では，なぜ民主主義体制が暴力の再発リスクを高めているかを第 4, 5 章で問う。ここからは，民主主義体制の導入から，暴力の発生という結果の間に介在する複数の因果的な関係，つまり因果メカニズムを探ることとなる[17]。そのために，どのようなアクターが，どのような文脈のなかにあるかを設定して，民主化が各政治勢力にどのような影響を及ぼすかを論じていく。

第 4 章は，第 1 期間を取り上げ，政治勢力の間の権力分掌を巡る交渉から，再び武器を手にとる勢力が現れる要因を示す。ここでは，民主主義体制下での政治的競争と国家建設が開始することを見込んで，政治勢力が，政党への転換，国家機関への編入，あるいは武力を維持するという組織転換の選択を迫られている点に注目する。交渉当事者間の合意が遵守されない危機感が，政治勢力の武装維持を促す一方，そうした武装維持の回避も一定の条件を満たせば可能であるという因果メカニズムを，フォーマルモデルを構築して明らかにする[18]。そして 1999 年以降の東ティモール政治のなかで，権力分掌の交渉を主導した主流派と 3 つの非主流派の間の交渉経緯を分析する。反政府勢力となった CPD-RDTL（Conselho Popular pela Defesa da República Democrática de Timor-Leste），政党への転換を決めた民主党，そして独立運動に参画しその後治安部門への転換に成功あるいは失敗した元兵士・退役兵士グループが，分析対象となる非主流派である。

第 5 章は，第 2 期間を取り上げ，競争的で自由・公正な選挙の実施が進むが，国家建設が途上である紛争後社会において，指導者による暴力が生じる要

---

[17] 因果メカニズムは，一般的には原因と結果の間に存在する複数の結びつきのことを指す（キング他 2004, 101）。ジョージ＆ベネット（2012）は，「因果能力を持つ行為主体が特定の文脈や条件下においてのみ，エネルギー，情報またはその他のものを他の実在に変容させる，究極的には観察できない物理的，社会的もしくは心理的プロセス」と定義する（ジョージ＆ベネット 2012, 155）。この定義では，特定の環境下でのみ因果メカニズムは作用し，その効果はそうした文脈をかたちづくる他のメカニズムとの相互作用に左右されることになる（ジョージ＆ベネット 2012, 165）

[18] 演繹的アプローチ（あるいは合理的選択アプローチ）は，説明的な理論の構築と，その理論の実証を可能にする分析手法である（Geddes 2009）。分析者自身がモデルの前提を設定し，目指す理論構築に不可欠なアクターを選定し，各アクターの選好の理由づけをし，このアクター間の行動がどのような帰結を生み出すかまで，理論的に一貫性のある議論を導きやすい。そのためには，前提が妥当であるかが重要である。もうひとつの利点は，反実仮想の議論が可能となることである（Clarke and Primo 2012, 92）。

因を明らかにする。ここでは，政治的支持を得たいという指導者が，合法的な治安維持政策を選好する有権者からの業績評価を勘案しながらも，超法規的な治安維持政策を選択するという因果メカニズムを，選挙アカウンタビリティのモデルを援用して提示する（Fearon 1999）。選挙は，指導者に対する業績評価によって有権者が指導者を懲罰する機能と，自分の選好に見合った政治家を有権者が選択する機能を持ち合わせている。懲罰される，つまり再任されない可能性を危惧し，超法規的な実力行使を志向する指導者も，合法的な実力行使を選好する有権者に沿うように行動することがある。一方で，支持の低迷が続くと評価の挽回をはかりたくなり，どの政策であってもそこから生じるコストがそう変わらないと見込んだとき，指導者は超法規的な実力行使を選択する。以上のモデルの分析結果を踏まえて，東ティモールにおいて最大の国家危機となった 2006 年騒擾の際の指導者であったマリ・アルカティリ首相（当時）の行動を分析する。

　第 4 章と第 5 章では，モデル構築と事例分析を組み合わせている。まず，モデルを構築することの狙いは，本来民主化を通じて，非暴力手段に基づく政治的競争を目指す，つまりより効率的な帰結を望んでいるはずなのに，なぜある勢力は非効率な（コストのかかる）暴力を選びとるのかを解明することである。これは，その勢力がどのような条件であれば暴力を選ばなかったのかを解明する手掛かりとなる。そしてモデル構築と事例分析を組み合わせる目的のひとつは，モデルの分析結果が現実の事例と照らし合わせて妥当であるかを確認することである。もうひとつは，説明変数と被説明変数の間をつなぐメカニズム（解釈）を提供するという意味において，第 3 章で行った因果効果の推論を補完する役割をもたせることである（ジョージ＆ベネット 2012, 230-231; Laitin 2003）。こうしてみると，第 3 章から第 5 章にかけて，本書は Laitin (2002) が挙げた，歴史的叙述（事例分析），統計手法，そしてフォーマルモデルを統合して用いる，比較研究の 3 手法（tripartite methods of comparative research）を適用していることとなる。久保（2013）が指摘するように，それぞれの手法に欠点がありながらもこのような比較政治学の視点と方法論は，平和政策のさまざまな試みが行われた際の前提が正しいかを実証的に分析することを可能としてくれる。民主化はまさに暴力を止め，平和をもたらそ

うとする試みであったのだが，そこで前提とされてきたこのような政策的有用性を再検討する機会ともなる。

　最終章となる第6章は，本書の分析により導き出された結論と今後の研究課題を整理し，本書から得られる含意を示す。

第2章
先行研究と本書の分析枠組み

　ここでは，本書の問いに関わる先行研究を概観したうえで，第3章以降で用いる分析枠組みを提示する。第1節で，本書の主題である紛争後社会における民主化，国家建設，政治暴力の発生に関わる先行研究を概観し，この本の分析とのつながりを明らかにする。第2節において，分析に必要な概念を定義づけし，民主化と国家建設の関係を論じたうえで，紛争後社会を2つの期間に分けることにより，分析枠組みを示す。第3節では，東ティモールを事例として扱う妥当性を論じる。

1　先行研究の概観

　本節では，内戦発生の規定要因に関する先行研究と，内戦終結後の政治暴力の再発の規定要因に関する先行研究をレビューし，民主主義体制がそれらに及ぼす影響について，議論が交錯していることを示す。次に民主主義体制が政治暴力の発生・再発に及ぼす影響に関する先行研究を確認し，各先行研究の問題点を指摘する。

1-1　内戦発生の規定要因に関するこれまでの研究

　内戦が発生し，繰り返される主要因が経済状態にあるという主張（Collier et al. 2003, 53）は，最も盛んに繰り返されてきた。そのうちのひとつは，経済状態の不平等に対する不平（grievance）が生まれ，反政府勢力が政治暴力を発

生させるという議論である。一方，人々の貧困状態が，政治暴力への参加の機会費用を低くさせ，反政府勢力に参加して利益を得ようとするという強欲（greed）の議論が浮上した。2つの議論の有効性の有無については，長らく研究者の関心を集めていた（窪田 2013）。

　経済的，社会的条件の程度にかかわらず，人口の規模がより大きい国では，それだけ反政府勢力が生起し，より大規模な犠牲者が生じる可能性があるという指摘がある（Sambanis 2004）。これは，多くの先行研究で暴力発生，再発に寄与する要因として分析に含められている。

　エスニック問題による対立は，宗教，人種，言語等のアイデンティティに関わる根深い問題であり，政治的，あるいは経済的問題による対立よりも交渉による解決がより困難であると論じられてきた。たとえば，特定のアイデンティティを共有する勢力は，その性質上外部のメンバーを寄せ付けることができないため団結力が高い分，交渉相手との妥協点を見出すことができず，紛争につながりやすい（Kaufmann 1996）。また，特定のアイデンティティを共有する勢力は，国家の治安維持能力が弱まると，自分たちの安全が脅かされるようになるという不安が高まることから，他の勢力との対立が深まりやすい，と論じられている（Lake and Rothchild 1998）。

　政治制度が政治暴力の発生・再発に及ぼす影響についても多く議論されているが，ここではそのなかでも執行府と立法府の関係に着目する。なぜならば，執行府と立法府の関係を規定する政治制度は，政治勢力にとって最も基本的な権力分掌の手法のひとつとなるからである。

　大統領制では，有権者が大統領と議会議員をそれぞれ選出するため，執行権をもつ大統領と立法権をもつ議会という，有権者から選ばれた代表が2重に存在することとなる。したがって，執行府と立法府が互いに代表であることを主張して対立しやすくなるため，議会運営が立ち行かなくなる可能性がある（Linz 1990）。この制度的特徴は，複数ある政治勢力に，一方では執行府，一方では立法府における権限を分掌することが可能であるが，それゆえに国家運営上の対立が生まれやすいことを示唆している。さらに，国民から選ばれる代表者である大統領が執行権を一手に引き受けるため，政府の安定をもたらしやすい面があるものの，選挙で敗れた者は排除されやすい制度である（Linz

1990)。つまり，大統領選挙では勝者がすべてを得ることから，敗者との権力の分掌が難しい。また，大統領の任期中は，大統領の政策についてどれだけ評価が悪化しようとも解任させることはできないため，反発する者の不満が高まる可能性がある。さらに，政策決定においても，大統領制は側近のアドバイザーや従事者の意向が反映される傾向にあり，多様な意見を取り入れにくい (Lijphart 1999, 118)。一方で議院内閣制は，議会が国民により選ばれた唯一の機関でありここから内閣が発足するため，執行府と立法府の対立は避けられやすい。そして，一党だけでなく連立政権を樹立することが可能であり，幅広い政治代表を執行府へ輩出する潜在性がある。また，議院内閣制は執行機関の長である首相が，そのほかの閣僚とともに内閣のなかの協調関係を重視し，多数の勢力間における権力分掌が可能であることから少数派が排除されにくい，という期待が生まれる（Lijphart 1977, Lijphart 1991）。

Reynal-Querol（2002a, 2002b, 2004）は，確立した民主主義体制においても内戦は起こることから政治制度に着目し，大統領制と議院内閣制，選挙制度を組み合わせ，内戦の発生の有無について考察している。多元的な集団の異なる選好を政府が受容しやすいかどうかは，政治制度の組み合わせによって変化するという。そのうえで，反政府勢力は，暴力による政治行動の機会費用が高い場合，暴力を選択しないという議論を展開している。そして分析の結果，非民主主義体制，民主主義体制どちらにおいても，大統領制は権限を一元化する傾向にあるため，内戦を引き起こしやすいと結論づけている。

暴力の発生に対して政治体制が及ぼす影響についての議論は，最も意見が分かれている。民主主義体制がそのほかの政治体制よりも暴力発生を回避するという議論（Krain and Myers 1997; Collier and Hoeffler 2004）があるが，その体制の発展の度合いを考慮して，成熟した民主主義体制や徹底した独裁体制よりも，新興の民主主義体制や独裁体制において暴力が多発するとの指摘もある（Snyder 2000; Hegre et al. 2001; Gleditsch 2002; Fearon and Laitin 2003）。成熟した民主主義体制では，暴力によらない政治活動や，選挙を通じた政治的競争の場が提供されており，徹底した独裁体制においては，圧政が暴力の余地を残さない。そのため，独裁体制から民主主義体制，もしくはその逆の移行が観察される転換期では，またはいずれの体制とも決定づけられず不安

定である場合は，反政府勢力には暴力以外の手段がなく暴力に訴えやすい，というのである。この議論をより分析上精緻化した研究においても，政治勢力が分極化していて部分的に民主主義体制を保持しているという，いわゆる中間的な位置にいる政治体制（アノクラシー）が内戦を発生しやすいとの研究がある（Goldstone et al. 2010）。Cederman et al. (2010) は，厳密に暴力の発生と体制変動を見分ければ，アノクラシーそのものではなく，むしろ民主主義体制から非民主主義体制への移行，あるいはその逆の移行といった体制変動が内戦発生のリスクを高めると指摘する。

1-2　内戦終結後の紛争再発に関する先行研究

先行研究は内戦終結後に暴力が再発するか否かという問題に対して，上記に示した経済状態，対立争点，政治体制の特徴に加えて，内戦中あるいは内戦終結時の人々の経験が問題に影響を及ぼすと論じてきた。具体的には，紛争終結の方法，第三者介入 (third party intervention)[1]，犠牲者の規模，内戦の期間という要因が指摘されてきた。

経済状態が内戦の再発に影響を及ぼすとする議論では，内戦の発生と同様に不平と強欲の要因が扱われてきた。ひとつは経済水準の低さや生活の質の悪化は人々の生活水準の改善への欲求を生み出すので，経済成長がそうした欲求を満たすことで紛争の再発を抑制する効果をもつという議論である (e.g., Quinn et al. 2007; Sambanis 2008)。この議論に則って，乳児死亡率が高まるほど紛争の再発リスクも高まるとする分析結果もある (Walter 2004)。このような経済的，社会的条件に対する不平に加えて，青年人口が多く，山岳地帯をもつ地形や，金銭やアルコールなどの紛争参加による恩恵の機会があると紛争発生が容易になるといった議論もある (Collier, Hoeffler and Rohner 2009)。つまり，

---

[1]　国際法上では国家主権，主権平等原則にもとづく不干渉原則を踏まえて「第三者干渉」と訳されるのが通例である (e.g., 大沼 2001)。国際政治学では，ある政府が人々の安全確保などをする意思がなくその人々が危機にさらされている際に，その政府の同意なしに強制的に関与する「(人道的) 介入」(humanitarian intervention) の用語が多く使用されている (e.g., Lyons and Mastanduno (eds.) 1995; 青井 2000；星野 2002)。近年強制的要素を含むことを前提にその可否を問う議論が続出している。本書では，政府や反政府組織など国内紛争の当事者でない「第三者」が，強制的要素も含めて関わる点を論じるため，「第三者介入」と訳す。

人がもつ強欲の面が，貧困状態にある人々を紛争後社会でも暴力に誘引するという指摘がなされてきた。

政治的・経済的問題より，エスニック問題による対立ではアイデンティティによる結束力が固くはげしく対立しやすいとの議論を先に紹介した。エスニックに基づく対立に関し，Walter（2004）は，エスニック問題が紛争当事者間の対立争点となっている場合は，いったん暴力が収束しても，当事者のどちらかが不満であれば，グループ内の結束力により再び勢力を結集させて暴力に訴えやすいので，暴力の再発につながると論じる。

民主主義体制が及ぼす影響については，内戦の再発に関しても意見が分かれている。紛争後社会においても，民主主義体制は，暴力によらない政治的競争の場を付与するので，暴力を抑制する効果をもつという期待があり，実際に暴力の再発を抑えるという分析結果がある（Mukherjee 2006; Collier and Rohner 2008）[2]。反面，そうした抑制効果は認められないとする論文も多くある（Walter 2004; Quinn et al. 2007; Collier et al. 2008; Kreutz 2010）[3]。

民主主義体制は政治暴力を抑制する効果があると議論する一方，内戦終結後や，他の体制から民主主義体制に至る過程では政治暴力が多発するという知見も得られている。こうした先行研究の知見の多様性は，どこから生じているかを精査することが必要だろう。とりわけ，内戦終結後，民主主義体制は暴力再発を抑制する効果がないことを指摘した論文では，分析対象の期間が，10年から59年と幅広い[4]。そうした多様な期間が分析対象となっても，抑制効果はないとする分析が多くある。これは一見，暴力を経験した国では非暴力の政治競争は実現しないという悲観的な展望を示すようにみえる。しかしながら，民主主義体制が抑制効果を発揮するとする逆の考察があることや，確立した民主主義体制を分析対象とした既存研究と照らし合わせると，政治体制がもつ長期的な暴力抑止の効果を含めて，さらに検討する余地が残されている。

---

[2] Collier and Rohner（2008）は，紛争後社会における内戦以外の政治暴力の形態（ゲリラ戦やクーデタなど）を扱う数少ない論文である。

[3] なお，Walter（2004）は自らの分析結果から，新興ではない，確立した民主主義体制である場合には抑制効果をもたらす傾向があると指摘する。

[4] Collier et al.（2008）は10年，Quinn et al.（2007）は33年，Walter（2004）は51年，Kreutz（2010）は59年。

ここからは，内戦中あるいは内戦終結時の人々の経験を要因とする議論を確認していく。紛争終結の方法には，交渉のすえに締結される和平合意 (peace agreement) あるいは停戦合意 (ceasefire agreement) に基づく終結と，紛争当事者のいずれかの一方的勝利による終結がある。和平合意とは，対立争点の解決のために，紛争当事者全員もしくは主要メンバーの間で公的に受諾される合意のことである。停戦合意は，対立争点に関しては触れず，軍事活動を停止させるのが主な目的である。一方的勝利は，紛争当事者の一方が敗退する，殲滅される，または降伏文書を公表することによる終結である[5]。交渉による終結は，交戦の中止や政治的争点に関する協議を通じ，紛争当事者間の懸念を緩和させるので紛争の再発防止に有効であるという議論 (Hartzell, Hoddie, and Rothchild 2001; Doyle and Sambanis 2006, 103) がある。他方，一方的勝利は，勝者と敗者が明確で敗者が勝者に挑戦しにくいため，紛争の再発を抑制するとの議論も展開されている (Walter 2004; Fortna 2008; Toft 2010)。

内戦終了直後もしくは終了間際から，国家の能力が機能不全である場合に外部アクターの支援を受容する国が多くある。国連，地域機関，特定の国家主導によるミッション派遣など，さまざまな形態の第三者介入の有効性を問うた研究では，紛争終了から2年から5年を目安とした短期間は内戦のない状態を維持できるとの立場 (Doyle and Sambanis 2006; Fortna 2008) がある。その一方で，より長期的な平和期間で観察した場合，なんらかの合意が紛争当事者間にあったうえで第三者介入があれば平和の維持が可能であると主張する立場 (Quinn et al. 2007) と，強制的な第三者介入による平和の維持は難しいとする立場 (Mukhjahee 2006) もある[6]。

内戦期間の長さや犠牲者の規模といった内戦がもたらした被害経験は，内戦の再発に影響を及ぼすという議論をみてみよう。内戦が長期化するほど戦闘員の疲弊が増すことで戦闘意欲が低下し，また人的，財的資源が減少して戦闘の継続が難しくなる。そのため，いったん終結した武力対立を再び立ち上げる，

---

[5] ここで挙げた紛争終結の方法の分類とその定義については，第3章の分析で使用する Kreutz (2010) を主に参照した。

[6] ここでいう強制的な第三者介入とは，国連憲章第7章に基づいて，紛争当事国政府の同意なしに秩序の回復・維持をはかる介入のあり方である。

つまり暴力を再発させるコストが高くなり，暴力の再発リスクを低めるという。Walter（2004）は，とくに内戦期間が長引くほど内戦の再発リスクが減少すると主張する。同様に，紛争による犠牲者が多いほど，内戦の再発のリスクは減少すると考察している。

このように内戦終結後において政治暴力が発生・再発する要因を探る先行研究では，数あるうちの政治暴力のなかでも，「内戦」の再発の有無に注目してきたことがわかる。そして，民主主義体制をはじめとする内戦の再発に影響を及ぼすと考えられる各要因がそれぞれに分析されてきた。ただし，「紛争後」が内戦終結からどれまでの期間を指すのかという観察対象期間に関して分析者によってばらつきがあり，その分析手法が統一されていない。そのため，各要因が発生・再発に影響を及ぼすかについて，コンセンサスが得られにくいという問題がある。とくに，民主主義体制という政治体制の特徴が及ぼす効果については，2つの相反する効果が実証分析でも論じられながら，なぜそうした効果が両方みられるのかについては，説得的に論じられていない。

また，内戦の過程が動態的であることを考えれば，内戦発生のマクロ要因を分析するだけでは不十分であるとの観点から，分析レベルを地域，組織，個人におとしこみ，発生要因の解明を試みる研究も増えている（窪田 2013）。内戦は，アクターの選好，戦略，価値，アイデンティティを変化させるという内生性をもつ。そのため，内戦の研究では，その変化を捉えるべく，因果の経路やメカニズムを細分化して分析することがますます要求されてきている（Kalyvas 2007）。

1-3　民主主義体制が暴力の発生に対して与える影響に関する先行研究

ここから，政治暴力の発生と再発に影響を及ぼす要因のうち，実証分析での分析結果において一致がみられていない，民主主義体制の要因に着目する。一方では民主主義体制が暴力発生を抑制する効果があるとし，他方では誘発する効果があるとする，相反する2つの主張が議論されてきたことは言及した。以下では，これらの先行研究を概観する。

民主主義体制が暴力の発生を抑制するという立場の議論は，一般に，民主主義体制は，暴力によらない政治参加を可能とし，少数派が政治参加をしやすい

場を提供すると考える。そうした仕組みとして，競争的で自由・公正な選挙の実施がある[7]。プシェヴォルスキ（Adam Przeworski）が述べるように，民主主義体制とは，特定の制度のなかで複数の政治勢力が競争し，公式の政治プロセスの結果を非公式の手段で覆すことができない状態，つまり，誰が統治するかの不確実性を制度化している状態である（Przeworski 1991, 10-19）。一方，独裁体制／権威主義体制とは，現職の政権あるいは統治者が期待されざる結果を導く行動を禁止できるように，突如新しいルールを形成することが可能である（Przeworski 1991, 45-47）。言い換えれば，独裁体制／権威主義体制とは，統治者の地位にある者以外にとって，将来の政治参加の展望が予測しにくい体制である。これに対して，民主主義体制では各政治勢力は直近の結果だけに左右されるのではなく，制度を通じて将来にわたっても利得の追求の機会が与えられている。

　選挙が定期的に実施されることは，各政治勢力に未来における政治参加の余地を残すことを意味し，暴力を選択する誘因が薄れ，選挙を通じた政治参加を積極的に採用するようになる。統治者側は，選挙法の改定などにおいて政治的競争の場を設定する有利な立場にあるが，もしそこで反政府勢力にとって受容しやすい場がつくられ，選挙への参加コストが反抗のコストよりも低くなれば，反政府勢力は選挙への参加を受容する（Shugart 1992）。

　人々が投票という行為によって代表者を選択することは，社会が暴力に対して非寛容となることを意味する。なぜなら，投票という手段で政治的競争に決着をつけていくというルールが成り立つので，政治暴力が容認されない政治的環境となるからである。そのようなとき政治勢力にとって，暴力による政治的利得の獲得というコストが高まり，逆に非暴力的な政治参加のコストが低くなる。反対に，独裁体制／権威主義体制では，少数派に交渉の余地はなく特定の価値や視点を社会に強要させるべく，多数派は力による強制や脅迫を行うこと

---

[7] 特定の勢力による過度の権力行使を回避する民主主義体制の制度には，定期的な選挙の実施のほかに，三権分立や地方分権といった抑制と均衡の確立，そして公式，非公式な政治的交渉などがある（Mukhaerjee 2006）。社会にまたがる係争を解決する手段である投票のほかにも交渉，妥協，調停といった行為が制度を通じて少数派にとっても可能かどうかが，彼らの判断を決定づける（e.g., Rummel 1995）。しかしこうした議論は，本書の民主主義体制の定義では収まらない制度に関わる議論であるため，本書では取り上げないこととした。

から（Rummel 1995）、暴力は、政治的な表現の手段として社会でも許容され続けるのである。その場合には、政治勢力にとって、暴力による政治的利得の獲得のコストが低くなり、非暴力的な政治参加のコストが高くなる。

このように、民主主義体制が暴力発生を抑制する効果をもつと考える場合、競争的で自由な選挙の実施を伴う民主主義体制の導入は、政治的競争の手段の非暴力化であると考察できる。

一方、民主主義体制を導入したばかりの国や、あるいは新興の民主主義体制に着目する研究群のなかには、民主主義体制が暴力発生を誘発する効果があるとの指摘もみられる。ここからは、選挙過程において生起する政治暴力、多数派と少数派の対立から生起する政治暴力、ナショナリズムが起こす政治暴力のそれぞれについて検討する。

紛争後社会という文脈において、民主化が影響して生起するとされる政治暴力のなかでも最も注目されてきたのは、選挙暴力である。これは恐らく、民主主義体制の導入が、競争的で自由な選挙の実施と捉えられてきたことが背景にあるだろう。選挙暴力とは、有権者登録や選挙キャンペーンへの妨害、選挙当日の有権者、選挙行政関係者への妨害、結果発表後の候補者への復讐、暴動など、選挙関係者あるいは施設に対する暴力行為である（e.g., Fisher 2002, 9-10）。Höglund（2009）は、とくに紛争後社会という環境における選挙暴力の発生の要因をリスト化している。その要因には大別して、政治の特質、選挙の特質、選挙制度があると指摘する。

政治の特質とは、選挙関係者が紛争中に慣れ親しんできた暴力を使用する習慣が、選挙暴力を発生させるという議論である。Jastard（2008）は、この要因を暴力の遺産と名付け、暴力の管理が一元化されていない紛争後社会では、紛争当事者が容易に再び武器を手にとることができるため、人々が選挙暴力に参加しやすいと指摘する。一方でそうした要因で人々が暴力を選択するとは限らないという分析もある。Bellows and Miguel（2009）は、シエラレオネの住民への調査を踏まえ、紛争中に立ち退きにあったり家族が紛争の犠牲になったなどの負の経験があると、選挙参加に意欲的になるという分析結果を提示した。Blattman（2009）は、ウガンダ北部の住民を対称としたサーベイ結果より、反政府勢力に誘拐されたなど紛争中の不幸な経験があると、投票行動やコ

ミュニティ活動の参加に積極的になると指摘した。

次に選挙の特質を要因とする議論では，選挙の導入が政党間競争を加速化させ，暴力の発生に至ると論じる[8]。たとえば，独立から間もないジンバブエでは，政治的支持を獲得したい政党と，台頭してくる別の政党との支持獲得争いが激化し，2党の支持者同士の暴力に発展したという（Lebas 2006）。反政府勢力と政府の内戦が終結した後の2度目の選挙が実施された2007年のシエラレオネでは，2大政党の政党間競争が激化すると，服役中の元反政府勢力や武装組織のメンバーが意図的に釈放され，それぞれの政党の私兵団に加わり，政党支持者同士の暴力に加勢したという（Christensen and Utas 2008）。

選挙制度を要因とする議論では，一般的に比例代表制がより多くの政治勢力を政治の決定過程に取り込むことができるため選挙暴力を抑制できると論じられてきた（Lijphart 1977, 1991; Reilly 2005）。ただし，比例代表制は必ずしも暴力を抑制しないことも，アンゴラやリベリアの紛争後社会における選挙の事例で明らかになっている（Mozaffar 2010, 85）。また，紛争後社会という環境下では，選挙行政や政治制度の欠如によって，自由で公正な選挙の実施が阻まれることがさらなる制度上の問題として浮かび上がる。どの立候補者，有権者からみても中立的な選挙行政機関や選挙委員会を確立できていなかった，紛争当事者が政党としての政治参加が可能でなかったなど，選挙環境が整っていなかった場合，選挙結果の信憑性が損なわれかねないからである。そして選挙の状況・結果に不満をもった政治勢力が暴力に転じる可能性がある。したがって，第三者による支援を含めた課題解決が試みられるが，政治的競争が激化して暴力を引き起こすケースもあり，そうした試みの成果は定かではない（e.g., Reilly 2008）。なお，民主主義体制における権力分掌のありかたには，多数決型とコンセンサス型がある（Lijphart 1999）。民主主義体制がもつさまざまな政治制度の組み合わせにより，多数決型は多数派の意見が反映されやすい特徴をもち，コンセンサス型は少数派の意見も取り入れやすいという特徴をもつ。

---

[8] 紛争後社会という文脈に限らずとも，政党間競争の激化が，相手の政党や無党派層の投票を減じさせるために暴力を生み出す（Collier and Vicente 2012; Robinson and Torvik 2009），あるいはある民族グループが新しい支持層を引き込むために民族対立を促進させる暴力を生み出すと指摘する先行研究がある（Wilkinson 2004）。今後の紛争後社会における選挙暴力の分析に示唆を与えるものと思われる。

この議論が紛争後社会の暴力を論じる際に注目される理由は，多元的な社会では暴力の再発の火種となる対立を増やさないためにコンセンサス型民主主義が望ましいと考えられてきたからである。ただし，実証分析ではその特徴が暴力を抑制するか否かは裏付けられず，議論の余地がある。

次に多数派と少数派の対立から生じる暴力の発生に目を向けよう。Gurr（2000）は，政府あるいは多数派勢力と少数派勢力の間の紛争が起こるメカニズムを，いくつかの段階に分けて提示している。それによると，勢力間における利益の差異が顕著になり，勢力としての集合活動に参加する誘因が高まってきたなかで，とくに権威主義体制から民主主義体制への体制変動，指導者の交代といった政治的環境の変化が起こると，エスノ・ポリティカルな活動を引き起こされる。このエスノ・ポリティカルな活動が，抗議運動ではなく実力行使を伴う反政府活動となるのは，政府の国家の能力を強化しようとする行為が，少数派の勢力にとっては彼らを排除するような行動と認識されるからだという。少数派勢力が民主主義体制に期待するのは，平等な権利と機会がすべての市民に与えられ，そして多様な意見が認められることである。制度化された民主主義体制では少数派勢力は非暴力的手段を選択する余地があるが，高い国家の能力を有する国家であれば，複数の集団の主張に対応できる力を備えているので，なお非暴力的手段が選択される傾向が高まる。一方，民主化の途上にある政治体制は，少数派の権利や主張の保護がおざなりになるという危惧感を少数派に与える。そして国家の能力が弱ければいっそう，少数派を保護する資源や制度をもたない。そのため，少数派は暴力以外の手段では自らの安全を得られないと判断するというのである。

ついで，民主化が，ナショナリズムを促進させることにより国内の暴力が発生するという議論がある（Snyder 2000）[9]。この議論は，民主化によって既得

---

[9] 関連して，民主化の途上にある国では対外戦争を起こしやすいという指摘もある（Mansfield and Snyder 1995, 2002, 2005）。非民主主義体制から民主主義体制へ移行する場合，政党，立法府，司法府，独立したメディアの存在といった諸制度は不在になりがちであるという。こうした制度の不備は，体制変動により権力を失うエリートや新興の政治勢力にとって，既得権益や利益を守るための行動をとりやすい環境となる。そこでエリートはナショナリズムを鼓舞し対外脅威を喧伝することで，選挙における政策争点を対外戦争に定め，政治的支持を勝ち取ろうとする（Mansfield and Snyder 2005, 53-57）。

権益が脅かされるエリートが，ナショナリズムを用いて人々を結集させて政治的支持を得ることにより，排除された別の勢力との対立が激化して暴力が発生すると論じている。スナイダー（Jack Snyder）は，過去から存在するナショナリスト間の対立ではなく，政治的支持を得たいエリートの行動が，排除したい勢力との対立を生み出すことから暴力が発生すると分析する。この排除の対象となりうるのが，エリートと対峙する勢力，少数のエスニック民族，労働者階級などである（Snyder 2000, 37）。その際，民主化の途上にある状況では，確立した民主主義体制と比べると，議会，政党，メディアの自由，執行府などが確立していないため，市民が得られる情報が限定的であり，また市民は情報の信憑性に懐疑的となる。市民の側も政治制度が脆弱であることから政治参加はしづらく，エリートによるナショナリズムの高揚により，情報の不足からエリートによる扇動に乗じやすくなる，と論じる。スナイダーの議論は民主化が暴力を発生させる条件のひとつに，弱い政治制度を挙げている。ただし，この弱い政治制度が何を指すかについて，彼は必ずしも明確に定義づけてはいない。多様な人々の意見を集約する議会，政党，あるいは多様な意見を伝達するメディアの自由の不在といった要素は，民主化に伴って機能すると期待される政治制度が未確立であるという点を示している。

　またこの議論に関連して，「弱い政治制度」を，執行府や国家機関と置き換えて論じる箇所もみられる（Snyder 2000, 36-39）。さらに1990年代前半のルワンダとブルンジの事例分析に基づいて，治安維持能力や徴税能力がないような弱い国家では，人々の声を反映する政治は行えないので，エリートがナショナリズムを用いて政治的支持を得ようとする可能性は低下すると議論する（Snyder 2000, 306-307）。このように，民主化，政治制度，そして国家の能力の関係が必ずしも明確には論じられていない。国家の能力の脆弱性について言及する箇所がいくつかあるものの，民主化が進む状況では，弱い国家の能力が暴力を抑制するか否かという課題については直接的に論じておらず，さらなる検討の余地がある。

　セデルマン（Lars-Erik Cederman）らは，民主化は，弱い制度をもつ政府はより内戦を誘発することを示唆した（Cederman et al. 2010）。彼らの分析過程を捉えると，執行府長の選出方法や権限が制度化されていない場合を弱い制度

とみなす。そうした弱い制度は反政府勢力などが政府を攻撃しやすい状態にあるので，民主主義体制への移行の際は，領土紛争よりも権力に関する紛争である場合に内戦発生リスクが高まるという仮説を検証する。ただしその因果メカニズムについてはより詳細な検討が必要だと付加している。

　Brancati and Snyder（2011, 2012）は，紛争後社会の文脈に，政治制度の脆弱性の議論をおとしこみ，暴力の再発の有無を分析した。すなわち，自由で公正な選挙に必要な政治制度や行政機関，司法システム，自由な報道の環境が整っていない場合，内戦終結直後の選挙の実施は内戦の再発リスクを高めると主張した。なぜなら，その状況で最も有利にある勢力は，紛争当事者であった武装勢力であり，それまでの当該勢力に対する支持を，選挙でも得ることができる。また，選挙結果に不満であった場合には結果を拒否し暴力を再開させやすいため，あるいは当選した勢力の政治運営が対立相手を排除するような場合には新たな対立が生まれやすいためと論じる。ただし，紛争が一方の軍事的勝利で終結する場合，武装勢力の動員解除が選挙に先行する場合，平和維持活動が展開する場合は，内戦の再発リスクが下がるという。

　このように，民主化の過程において暴力がどのように発生するかを議論している既存研究では，選挙の実施から直接的に生じる選挙暴力については，主に政治の特質，選挙の特質，選挙制度といった各要因に関する実証分析が進んでいる。対して，その他の暴力が発生する要因として挙げられる政治制度や国家の能力は，実証するとなると分析対象が幅広く，今後の研究では，各制度の特徴を精査する余地があると考える。そのとき着目すべき点は，ガーは不満をもつ少数派という視点から，スナイダーらは利益を維持したいエリートの視点から論じていることである。この視点の違いはありながらも，いずれも，多数派と少数派あるいはエリートと市民という当事者間の行動が互いにどのように影響しあうのかを含めて論じている。この共通点は，特定の文脈に応じて，2者間の戦略的な相互作用を論じる必要性を示唆している。そしてこの示唆は，民主化が暴力発生に至るまでの因果メカニズムの検討が必要だとするセデルマンらの指摘や，アクターのミクロ的な視点に基づく因果メカニズムの分析の有用性を強調するKalyvas（2007）の指摘と同様のものと思われる。

　そして既存研究の多くは，民主化の過程を暴力の要因としながら，弱い国家

あるいは弱い制度が，暴力の発生を促進させると主張しているが，それらを厳密に実証分析するには至っていない。たとえば Brancati and Snyder（2012）は民主化と暴力の間の因果効果の推定が分析の主要目的となっており，理論上議論されている弱い国家や制度をすべて検証してはいない[10]。セデルマンらも統計分析で用いた指標は執行府長の位置づけの制度化を示すものであったが，それが暴力に至る理由の検討は十分になされていない。今後の研究では，弱い国家や弱い制度のどのような特徴が暴力の発生に影響を及ぼすのかについては，国家がもつ諸制度のうち，どの制度が暴力の発生に影響を及ぼすのかを特定し，その特徴を捉えて分析することが有用と考えられる。

1-4　先行研究の問題点のまとめ

これまで，政治暴力の発生・再発の規定要因を議論する先行研究と民主主義体制が政治暴力の発生・再発に及ぼす影響を論じる先行研究を概観し，各研究の問題点を指摘した。まず，内戦終結後に政治暴力がなぜ再発するかを論じる研究群では，政治体制，政治制度，社会経済条件に加え，内戦中における人々の経験として紛争終結の方法，第三者介入の有無，紛争期間や犠牲者数などが論じられてきた。そのうち，民主主義体制が政治暴力を抑制するか，あるいは誘発するかについては，内戦終結後における「紛争後社会」を指し示す観察期間が多様であることから，どのようなときに各効果が発揮されうるかを論じることが希少であった。また，内戦の再発のマクロ的な要因を分析する研究は進んでいるが，アクターの選好などが変化していく過程を捉えることができないので，因果メカニズムを分析することが今後の分析課題であるといわれる。

こうした分析課題に対し，民主主義体制がなぜ政治暴力を引き起こすのかを論じる研究群がある。民主主義体制の導入（民主化）の際に生じる選挙暴力に関する実証研究は手厚いが，その他の暴力に関しては，確立した民主主義体制において所与とされている諸制度を問題視して議論するため分析対象が幅広く，分析は途上にある。とくに，既存研究は民主化を暴力発生・再発の要因と

---

[10]　Brancati and Snyder（2012）は，仮説の提示に至るまでは，独立した司法システム，官僚制，メディアの自由など，複数の制度の不備を議論していた。しかしながら，実証分析における政治制度の説明変数は，執行府の制度化のみを操作化している。

しながら，弱い政治制度，とりわけ弱い国家の存在が暴力の発生を促進させていると論じるが，この議論を厳密に実証分析するには至っていない。以上の点に鑑みれば，弱い国家がもつさまざまな特徴をより具体的に捉え，各特徴がなぜ紛争後社会における暴力の発生・予防に影響を及ぼすかを分析することが，学術的貢献に寄与しうると考えられる。

2 本書の分析枠組みと概念の定義

本節では，本書の分析枠組みと概念の定義づけを行う。まず被説明変数と説明変数が何であるか，次に因果メカニズムを分析するのに必要な，アクターが誰であるかを特定する。そしてそのアクターが行動する環境を設定し，これらを分析枠組みとして提示する。

2-1 政治暴力，民主化，国家建設

本書における被説明変数は，小規模なものを含めた政治暴力の再発である。第1章において示したように，政治暴力のなかにも暴動，特定の勢力による暗殺，テロリズム，ゲリラ戦，そして内戦などの多様な暴力形態がみられ，それぞれの形態ごとの分析は盛んである。とくに，紛争後社会という特定の文脈下において多数事例（ラージN）を扱う先行研究では，一定の数値に基づく基準を導入し，国家として承認された国土内において存在する組織化された反抗勢力によって，国家主権に対してふるわれた武力行使を内戦と定義する。そのうえで，「内戦」の発生あるいは再発を抑制する要因，または誘発する要因を議論している（e.g., Fearon and Laitin 2003; Collier and Hoeffler 2004; Walter 2004; Doyle and Sambanis 2006; Fortna 2008）。一方，紛争を経験した各国あるいは特定の地域を扱う研究群では，前節で論じたように内戦に収まらない選挙暴力のほか，カンボジアにおける1997年の政変（クーデタ）や，ルワンダにおける虐殺の継続といった個別の暴力形態を観察・分析している（Peou 2000; Prunier 2009）。また紛争後社会で生み出される新たな暴力として，家庭内暴力（domestic violence），性的犯罪，一般犯罪の増加も指摘されるようになった（世界銀行 2011; Surhke and Berdal (eds.) 2012）。このように多様な暴

力形態の観察があることから，それぞれの暴力の発生要因を探ることはますます重要視されてきている。

　次節にて詳述するように，因果メカニズムを明らかにしていく際，本書は特定の暴力に焦点をあてて分析することとなる。これまで，紛争後社会の文脈における多事例比較の研究では内戦が注目され，その発生要因の説明が試みられてきた。一方で，これまで分類化されてきた暴力形態を概観すれば，一定数の犠牲者の発生を想定する内戦の定義にはあてはまらない暴力形態は数多くある。そこでそうした暴力形態を小規模の政治暴力として着目する意義を指摘しておきたい。紛争当事者の対立が緩和され多数の死傷者が生じていないという状態は，第1章冒頭であげたような事例を観察する限り，持続的な平和がもたらされることを担保するものではない。なぜなら，暴力そのものは動態的であり，その質や規模が変容して発展していく可能性もあるからである。たとえば，アンゴラにおける民主化を試みた1992年の大統領選挙では，決選投票の段階になって紛争当事者間での襲撃が始まったことにより治安が悪化し，その後内戦へ再突入している (e.g., Hartzell and Hoddie 2007)。そこで本書は，紛争後社会における平和を脅かす可能性をもつ内戦以外の政治暴力にも目を向け，その発生要因を探ろうとするものである。

　次に，説明変数は民主化である。第1章で示したように，民主化とは，非民主主義体制下において，競争的で自由・公正な選挙を実施することである。ここで，紛争後社会における民主化は，しばしば国家建設と同時に進められることに本書は着目する。理論上，民主化と国家建設は，必ずしも同時に進行するとは限らない。民主化だけが進む，あるいは国家建設だけが進むという想定も可能である。ただし，前節において論じたように先行研究では，民主化が進むなか，国家の能力が弱いことがさらに暴力を促進させるという議論を行っている。そのような既存研究が多い背景には，実際にそうした経験をする国家が多く観察されるためだと考えられる。第1章の冒頭で示した，コンゴ民主共和国，アフガニスタン，南スーダンといった国々は，いずれも近年，民主化と国家建設を同時に進行させている国々である。したがって，民主化と国家建設が同時に進行するという想定のもとでの分析は，政策上ならびに学術上の貢献に寄与できうるものと考える。

分析枠組みを決める前に，国家建設について検討する必要があるだろう。国家建設とは，国家という主体がその「能力」を培っていくことを指す。国家は領土をもち，その領土内では権力を独占し統制する力（主権）が存在する。ウェーバー（Max Weber）は，近代国家とは制定法によって維持される行政と法秩序を有し，行政スタッフの組織だった協力的な活動が行われる特徴をもつと定義する（Weber 1947, 143）。

　どのような政治体制であるにせよ，ウェーバーのいう近代国家による独占的な権力の行使が市民に許容されるには，強制力の範囲が特定された管轄権と持続的な組織があるかが問題となる。その領土内において統治者の意思決定を行政組織が実行することにより，国家は市民との間の統治契約を履行し正統性（legitimacy）を得ていくのである[11]。Krasner and Risse（2014）は，国内アクターと外部アクターのうちどの主体が関わるのであれ，正統性の確保は国家建設の成功に必要な条件であることを主張する。同様に Paris and Sisk（2009）は，国家建設が達成されるのは，公的機関が合法的に統治する権限があると市民が信念（belief）をもったときであるという。このことによって，公的機関の正統性は確保されるといえる（Paris and Sisk 2009, 14）。一般に，正統性の是非が語られる際，国家や法が正統性をもつかが問題となる。それは，正統性の根源が人々の意思にある一方で，正統性の有無は国家や法というシステムレベルで決まるため，この2つのレベルを分析しなければならないからである（Hardin 2007）。ウェーバーは，正統性が明らかに国家，法あるいは体制と人々の信念から生まれると議論した（ウェーバー 2012, 30）。しかしなぜ，どのように人々が特定の国家，体制あるいは法が正統性をもつように

---

[11] legitimacy の邦訳に関しては，「正当性」と「正統性」の2つがあり論者の解釈により選択されている。管見の限り legitimacy が含有する意味は，手続き的な根拠による正しさを指す場合と道義的・規範的な根拠による正しさを指す場合の2つがある。しかしながら，この2つの場合分けをしたとしても，どちらの邦訳をどちらの意味にあてはめるかのコンセンサスは研究者の間ではみられない（大沼 1998, 10；クワクワ 2000；山本 2006, 171-176, 218-222；青井 2002；星野 2002, 77-100；篠田 2003；井上 2006；武内 2013）。本書に関わる legitimacy の議論では，legitimacy とは国家建設が進捗するなかで徐々に形成されるものであり，この2つの場合分けを厳密に区分けすることはできないと判断した。この2つの意味で使われているのが，ダール『ポリアーキー』の邦訳で使われる「正統性」と考え，本書では「正統性」を採用した（ダール 2014, 72-73）。

なるのかについては曖昧なままである（Hardin 2007, 248）。

　以上の議論を踏まえ，本書は，国家の能力の向上には国家や法が正統性をもつまでの過程が含まれることに留意するが，正統性の有無については論じない。暴力を起こす勢力が存在しうる限り，正統性の確保を観察することはできないし，またその達成状態を分析することが本書の主眼ではないからである。そのため，正統性の有無については本書の議論の対象外とする。ただし，国家の能力が構築されていく過程に焦点をあてているため，反政府勢力や市民といった国家の構成員が，国家の能力を合法的なものとみなすかどうかは不透明であるという状況を想定する。

　国家の能力の中身が何を指すかは分析者によって異なる。粕谷（2014）によれば，ウェーバーの近代国家の定義とテイリー（Charles Tilly）が掲げる国家の定義（Tilly 1985）から，国家の能力とは，官僚機構（行政）の力，軍事力，法制度の整備（法の支配），徴税能力に大きく分類できるという[12]。弱い国家において欠如している国家の能力は，これらとほぼ一致している。たとえばKrasner and Risse（2014）の議論では，国家の能力とは安全な水，栄養のある食事，治安，公衆衛生といった集合財やサービスの提供を指している。またParis and Sisk（2009）は，治安維持，法の支配（とくに普及伝播された法と効果的な警察，司法システムが存在すること），緊急支援も含めた公共サービスの提供，徴税および予算の計画，配分，執行を挙げている（Paris and Sisk 2009, 15）。これらの議論に鑑みれば，国家建設は，治安維持，法の支配，徴税と予算執行，基本的な公共サービスの提供など，国家がもつべき能力が破綻あるいは脆弱である国家において求められる，ということができる。そうした国家の能力の構築あるいは回復が国家建設なのである。

　本書では，国家建設を，国家の能力の向上のことを指すと理解し，とくに「国家が国内の治安を維持し暴力を統制する能力を構築する過程」と定義づける。この限定的な定義づけをしたのは，治安維持能力の構築・回復が，紛争後社会を抱える国家の最優先課題であるからだ（Sisk 2010）。紛争後社会は暴力によって秩序が混乱している状態であるため，可能な限り迅速に秩序の立て直

---

[12] テイリーは，戦争を維持するためには国家の機能が必要であり，そのうちの重要な要素として国家の財政を支えるための官僚化された徴税能力を挙げる。

しが求められる。秩序が欠如しているということは，国軍や警察などの治安部門や，各種法制度が機能していないということを意味し，それは国家の能力がないことに等しい。そのとき，国家あるいは執行権を握る政治勢力は，治安維持能力を立ち上げて対応していくことを迫られるのである。したがって，本書では国家建設のなかでもとくに治安維持能力に特化した分析を行う。

　ここから，民主化と国家建設が同時進行することが，どのような帰結を生じさせるのかを議論した先行研究を概観する。民主化と国家建設が同時に進行することで，社会が不安定になり，対立が暴力を生み出すと論じる悲観的な先行研究は数多い。

　まず，既存研究は，国家建設はそれ自体が勢力間の対立を生み出しやすいので，そこに民主化が加われば，対立はますます多発するだろうと主張する。国家に必要な制度の確立は一朝一夕にかなうものではない。西欧諸国では，中世からの領土統一から国家建設が開始されており，大衆が政治制度に参加したのは国家のなかにおける諸制度が整備されて以降である。つまり，エリートは権力間の交渉を行いながら，治安維持，貨幣経済，係争解決，権利の保障のための制度を確立し，その後大衆はその政治システムに取り込まれていった。そのなかで大衆は，参政権の拡大やシステム改善の要求など積極的な参加を模索していったことで，国民国家が形成された。Rokkan（1975）によれば，各種制度が整備できた要因は，利害対立が最も激しく反映される国家建設で大衆が不在であったことという（Rokkan 1975, 570, 572, 597）。また，西欧諸国では段階的な制度の構築が行われたのに対し，第三世界を中心とする新興国家では国家建設が急がれる傾向にある。ここに民主化が加わったため，大衆の政治参加，制度の正統化，福祉の再配分までが同時に進行し，そうした資源配分を巡って社会層や勢力同士が対立し，歪みが多く生まれたことから危機が増加したとテイリーは指摘する（Tilly 1975, 608-609）。以上を踏まえると，国家建設自体にも必然的に対立を生み出しうる性質が内包されていることを先行研究は示唆している。つまり，西欧諸国の場合は国家建設を先行させたことが功を奏したのに対し，新興国家では民主化と国家建設が同時に進行していることで，さらに対立が深まるのである。

　こうした同時進行の作用が及ぼす負の影響を危惧し，民主化の前に国家建

設を進めるべきだという議論は根強い。たとえばダールは「国家意識の薄弱な多くの新国家では……反対勢力の組織化は国家統合にとって脅威とみなしがちだから……民主主義は……非寛容と抑圧をたやすく正統化する言い訳となる」として，民主化以前に国家という単位について参加者が同意する必要性を挙げている（ダール 2014, 69）。紛争後社会がいつ競争的な自由選挙を行うべきかという観点をもつ分析でも，Paris（2004）や Rose and Shin（2001）は，暴力の再発を避けるために「自由化以前の制度化」（Institutionalization before Liberalization）の促進を主張してきた[13]。この主張の背景には，各国家機関のもつ合法的な所掌範囲，機能，能力が確立していない状況で代表者が選出されると，その代表者が権力を乱用し競争相手に危害を加えるという懸念がある。Wantchekon（2004）も，紛争後社会において民主化を進める際，通常市民社会が脆弱であるため，国家機関が選挙の勝者に独占される可能性が増大するとし，治安部門や司法当局の創設の重要性を強調している。

　さらに，民主化が国家建設に負の影響を及ぼすとの考察もある[14]。Charron and Lapuente（2010）は，民主主義体制を導入した低所得国では，人々が富の再配分など短期的な利益を求めるようになり，行政能力などの中長期的な投資が必要な分野に資源が投入されないと指摘した。Bates（2008a, 2008b）はアフリカ諸国における民主化が人々の間で略奪行為を促進させ，治安悪化を促して国家の崩壊につながると主張した。このように民主化と国家建設を同時に進めると，勢力間の対立を深刻化させたり，互いに負の影響を及ぼしたりすることから問題であるという指摘は多い。

---

[13] Paris（2004）の議論は，自由主義的経済と民主主義の確立を前提としているため，「自由化」と呼んでいる。

[14] 一方で，民主化と国家建設の同時進行を積極的に捉える先行研究もある。国家が法的規制を整備することによって社会の自律性を保障するという，国家と社会の双方向の関係構築を強調する（Bratton and Chang 2006; Hadenius 2001, 251-253）。より端的に，公権力の正統性を回復するには，つまり市民から信頼される公権力を構築したいのであれば，民主化による公的な統制の確立が必要であると議論する研究もある（Cawthra and Luckham 2003, 320-323）。実証分析に関しては，端緒についたばかりといえる。Bäck and Hadenius（2008）は民主化が行政能力の向上という正の影響を及ぼすことを明らかにした。Slater（2008）は，国家に圧力を加えられる強力な政党の創設，国家に国民の情報を集約することが可能な有権者登録，そして国家が領土の隅々にわたって行政能力を必要とする選挙行政の構築が，選挙を実施するという意味での民主化がもたらす国家の能力を向上させる要素だと指摘する。

しかし，実際に民主化と国家建設を同時に進行させると，なぜ民主化が暴力を抑制する効果を持ちえないかについて，因果メカニズムを明らかにした先行研究は少ない。前節で論じたとおり，選挙暴力に加え，少数派の不満から生じる暴力，エリートの政治的支持獲得という目的から生じる暴力の発生要因として，脆弱な国家の能力が問題視されたものの，その実証分析は希少なのである。また，国家の能力が新しい政治体制のもとで構築されていくなか，それまでの紛争当事者は新たな政治的競合の場を受容するかもしくは暴力を行使するかという戦略を練るであろうとの指摘がある（Jastard 2008）。ただしこうした視点から，各政治勢力がどのような条件のもとで，政治暴力を政治的目的の達成のための手段として選びとるのかの因果メカニズムを捉えようとした先行研究にフィアロン（James D. Fearon）の諸研究（Fearon（1995a），Fearon（1998a））があるが，このほかは大変少ない[15]。

そこで，「紛争後社会における民主主義体制の導入が政治暴力の再発に対してどのような影響を与えるのか，そしてなぜそのような影響が生じるのか」という本書の問いに答えるにあたって，以下のように検討を進める。第1に，問いの前半部分に答えるため，民主主義体制の導入が及ぼす因果効果を推定する。ここでは，民主化とともに国家建設を同時に進めるという文脈のなかで，民主主義体制の導入が政治暴力の再発を抑制しない場合があることを示す。そして，第2に問いの後半部分に答えるため，民主主義体制の導入が行われても，国家建設が途上であると暴力再発を抑制しないのはなぜかを説明する因果メカニズムを考察する。これまでの議論を踏まえ，因果メカニズムの特定には，紛争後社会という環境下は民主化とともに国家建設が進行中であるとみなすことが，より精確な理解につながると本書は捉える。

民主主義体制の導入が政治暴力の再発を抑制しないという因果メカニズムを議論するには，政治勢力がもつミクロな視点から分析し，勢力間の関わり合いを分析する必要がある。この際，とくに着目すべきは各アクターが抱える，暴力を用いるコストであろう。通常，実力行使には自らの安全も脅かされるコストが伴い，そのコストの発生は当該アクターにとって非効率である（Fearon

---

[15] Fearon（1995a），Fearon（1998a）の内容については第3,4章で詳述する。

1995b)。そのようなコストがかかるとしても，政治的係争が発展して実力行使に至ったとすれば，非暴力的手段としての調停や妥協が失敗したことを示唆していよう。ここで，民主主義体制の導入の途上，そして国家建設の途上で暴力が発生することはある程度予測可能だが，政治勢力が暴力を選択するまでに，どのようなメカニズムが働くかを分析することが肝要である。また，紛争当事者間の対立が新しい政治過程でどのように変換されたかに加え，新興の政治勢力と既存勢力の対立，民主化によって主権を得るであろう市民の立場も加味する必要がある。このような因果メカニズムの考察にはミクロな視点の導入が不可欠であるため，紛争後社会において政治暴力を起こすアクターを特定し，その間の戦略的相互作用を分析することとなる。

2-2 政治暴力を起こすアクターの特定

本書では，政治暴力を起こす行為主体として，政治勢力のなかで政権を担うあるいは担いうる主流派，およびそれ以外の非主流派という2つのアクターを想定する。主流派は政府，あるいは指導者と置き換えられる。非主流派は反政府勢力，あるいは野党と言い換えてもよい。ここで想定するのは，ある国の執行権を得ている，あるいは得るであろう政治勢力と，その執行権を得たいが得ていない，あるいは執行権から何らかの資源を得ようとする政治勢力であり，それぞれが単一アクターである。つまり，主流派と非主流派は，各々もてる意思がひとつであり，各アクターの内部に複数の異なる選好（をもつ人々の間の対立）は存在しないと仮定する。

従来の研究において分析されてきた，非主流派が起こす代表的な暴力形態はゲリラ戦である（Rummel and Tantar 1974）。ゲリラ戦は特定の勢力による集合行動とされ，現行政府の転覆を図る目的による国家権力に対する武装活動，サボタージュ，爆発物等の使用，警察，村落，軍事基地等への散発的な襲撃が含まれる。軍事上，ゲリラ戦とは，劣勢にある勢力が，通常政府を交戦相手として自らの政治的目的を果たすために行う暴力の形態である[16]。その特徴は，

---

[16] ハンチントンは，弱者が，戦術的に攻撃が有効となるように時間，場所，形態を選択して戦略的に行う交戦形態である，と定義する（Huntington 1962, xvi）。ゲリラ戦の目的は，交戦相手の戦力，時間，インフラといった能力の一部の損失であり，能力そのものの除去ではない（Kalya-

相手に脅威を感じさせ秩序を乱し不確実性を与えることである。劣勢にある勢力は元々相手の能力を完全に損失させるような戦力を持ち得ていないため，攻撃は散発的であり，必ずしも犠牲者を多く出すことを主眼としていない。

　一方，主流派が起こす暴力の形態として，主流派が治安維持のために行う超法規的な実力行使を本書では取り上げる。この暴力形態を分析する理由は，前述したように，紛争後社会において主流派が抱える課題は，秩序の回復という責務をいかに成し遂げるかであるからだ。主流派は，治安維持能力を用いて秩序を構築しようとするが，国家建設の途上であるがゆえに，2つの政治的関係に憂慮しながら，治安の安定に努めると考えられる。第1は政治勢力間あるいはエリート間の関係であり，第2は有権者との関係である。政治勢力間の関係では，政治的競争に打ち勝つという目的をもって，権力分掌に関わる交渉を背景に反政府勢力に対し攻撃を加える可能性や，選挙過程においては対立勢力に対する物理的暴力を加える可能性がある。あるいは，自分の任期中に反対勢力がクーデタを起こし，それに対抗して鎮圧する場合もあるだろう。たとえば1997年のカンボジアで生起した「7月政変」は，人民党を率いるフン・センが，軍事部門ポル・ポト派との連携をひそかに強めたフンシンペック党の本部を襲撃した事件である。この政変は，政党間競争の激化の結果であり国軍の暴力行為であると批判されたが，フン・センと人民党は国の安定のためであったとして自らを擁護し，人々からの批判の声を抑えることに成功している（Peou 2000）。またルワンダでは，1994年のフツ族によるツチ族の大虐殺事件の発生後，両民族による新政権が発足しているが，その後も両民族による暴力が継続した。既存研究では，この暴力は互いの陣営に恐怖を植え付けることによって政治的支持基盤を強化する目的があり，この暴力に対する批判の声も抑えられたと分析する（Eide 2012）。

　しかし指導者の治安維持能力の用い方，あるいは指導者が置かれる制度的環境によっては，治安の安定，ひいては平和を要求する一般市民の不満を増大さ

---

naraman 2003）。ゲリラ戦は通常，優勢にある国家と劣勢にある反抗勢力の間での非対称的な交戦状態である。この場合反抗勢力は限定的な戦力で対抗せざるをえないので，優勢の相手に対して真正面から対抗するのではなく，潜んで相手に脅威を与える，奇襲攻撃を加える等の交戦手法を採用する（Kalyvas and Balcells 2010）。

せることにもなりかねない。つまり有権者との関係にも配慮しなければならないときもあろう。指導者による日頃の政策実行に対して有権者が不満をもち，示威活動あるいは暴動を発生させる可能性もある。こうした有権者の不満を他の政治勢力が利用して，大挙して指導者を政治的に失墜させようと企てるかもしれない。このように，反政府的な暴力の鎮圧の対応に追われる主流派は，治安維持能力の行使がどのような影響を及ぼすのかを加味しながら，治安維持能力の質や程度を見極めると考えられる。

ただし，主流派と非主流派間の政治暴力の分析の際に留意したいのは，従来の議論が設定していた前提が冷戦終結後変容しつつあることだ。冷戦期までの事例では，非主流派（反政府勢力）によるゲリラ戦に対して，圧倒的な力をもつ主流派（国家あるいは政府）が制圧するという前提が主流であった。しかし，近年は主流派がもちうる軍事力も低能力化しているため，非主流派の軍事力とさほど変わらなくなっているという。このように軍事力が対称的な紛争は，軍隊や治安部局が組織化していない弱い国家において冷戦終焉後，多く観察されている（Kalyvas and Barcells 2010）。主流派と非主流派のうちどちらが優勢であり劣勢であるかという固定化した前提は妥当ではなく，変容しうるものである。したがって，2者間の政治暴力では，質や規模の転化がありうることに留意したい。

2-3 環境設定

ここから，内戦がいったん終結した社会の環境設定を試みる。停戦から始まる民主化と国家建設の過程のなかで，各政治勢力が互いに政治的・軍事的立場をどのように位置づけ，なぜ新しい政治的競争の場において暴力を選択するのだろうか。このメカニズムを分析するために，ここでは政治勢力の置かれている環境を第1期間，第2期間に分けて分析することを提案する。

なお，第3章は，民主主義体制の導入が，なぜ内戦に至らない小規模な政治暴力を発生させうるかを推論してその因果効果を推定することが主眼であるため，紛争後社会を長期的に俯瞰しており，第1期間，第2期間を網羅することを想定する。第1期間を取り上げるのは第4章，第2期間を取り上げるのは第5章である。

第 1 期間

第 1 期間とは，停戦後，権力分掌のルールを模索する，あるいはその方向性が定められ，民主化と国家建設に向けて，各政治勢力が組織的転換を図る期間である。まず，紛争後社会は，内戦がなんらかの方法によって終結することによって到来する。紛争終結の方法には，大別して紛争当事者のいずれかの一方的勝利による終結と，交渉のすえに締結される和平合意あるいは停戦合意による終結がある（第 1 節参照）。前者は軍事的な力の優劣で勝敗が決定するので，紛争当事者間における事後の交渉の余地はなく，勝者の意向通りに紛争後社会の権力分掌が決定すると考えられる。一方，停戦あるいは和平合意の締結による紛争の終結は，紛争当事者間の交渉があったことを意味する。通常，停戦合意は，軍事活動の停止のみに関する合意であり対立争点についての言及はないが，和平合意は基本的な対立争点に対する規制あるいは解決方策が示されている（Wallenstein and Sollenberg 1997）。

和平合意の締結は，冷戦終焉後の第三者介入の増加傾向を背景として主要な紛争の終結方法となっている（Wallenstein and Sollenberg 1997）。冷戦期は，終結した国内紛争の約 58 パーセントが軍事的勝利によるものであり，交渉によって終結した紛争は 10 パーセント程度であった。他方ポスト冷戦期において軍事的勝利による終結は全体の約 13 パーセントまで減少し，交渉による終結は全体の約 38 パーセントに増加した[17]。Hartzell and Hoddie（2007）が網羅した，ポスト冷戦期の交渉によって終結した国内紛争事例の 77 パーセントで，権力分掌に関する取り決めを含んだ合意を締結している。

いったん紛争が終結すると，次の政治的競争の場に移行することとなる。そこでは対立争点を含め，各勢力がもちうる権力をどのように分掌するかが，紛争当事者あるいは広く政治勢力にとって関心の的になる。民主化と国家建設が進められるという前提に立つと，選挙における権力分掌，あるいは国家の能力における権力分掌を巡っての交渉が始まるのである。交渉により内戦が終結し

---

[17] Kreutz（2010）による。もとのデータは UCDP（2010）。ただし，指導者交代や戦略的選択による撤退，死者 25 名に達さず紛争が収束しつつある（UCDP のデータの条件を満たしていない），停戦に向けた交渉が開始された，など，軍事的勝利による終結あるいは交渉による終結いずれにも含まれない終結方法（その他）がデータセットに含まれている。ポスト冷戦期における最も多い終結方法は，「その他」であり，全体の約 48 パーセントである。

たとしても，内戦終結後に交渉がなくなることを意味しない。なぜならば，和平合意や停戦合意は，対立争点すべてについて解決策を提示しているとは限らないからである。実際，どの政策がどれだけ詳細に示され，履行が可能であるのかといった和平合意の緻密性についてはばらつきがあり，事後対立の火種になることも少なくない（Stedman 2002）。また，緻密に合意がつくりこまれたとしても，その合意の履行を確実にさせる強制力をもつアクターが基本的には存在しない，つまり無政府状態が続いているのであれば，その合意の履行段階においても，紛争当事者間の交渉は実際には継続するだろう。したがって，停戦後も権力分掌に関わる交渉は継続すると想定する。

　紛争後社会においては，軍事力の配分，新政府内の閣僚ポストの配分，領土配分，経済資源の配分，言語政策や教育政策などに関する取り決めなど，軍事的，政治的，経済的，あるいは領土に関わる権力分掌がある（Hartzell and Hoddie 2007）。元来，政府がもつ政治手段には，大きく2つの形がある。ひとつは強制，説得，誘導に要する暴力手段であり，もうひとつは非暴力手段で主に経済資源，コミュニケーション手段，教育制度，政治的社会化についての支配手段（社会経済的制裁手段）であるという（ダール 2014, 82）。紛争中の社会では，とくに上述の暴力手段が一元化されず，政府と反政府勢力がそれぞれに用いる。しかし，紛争後社会においては暴力手段，非暴力的手段のいずれも，どの政治手段が誰にどれだけ分掌あるいは配分されていくかが，各政治勢力の関心事となるはずである。したがって，内戦終結直後からはじまる権力分掌に関わる交渉は，主に政治勢力間での政治的競争を反映しており，ここに政治暴力の源があると考えられる。

　この第1期間を取り上げる第4章では，内戦終結直後から，民主化と国家建設がはじまることを見通して，主流派と非主流派の間における権力分掌を巡る交渉が開始されていると想定する。そこで，新しい政治的競争の場を整えていくにあたって各政治勢力に判断を迫られるのが組織転換だと捉える。権力分掌のルール決定に関わる交渉に直面した非主流派が，政党へ転換するのか，国家機関（治安部門）へ編入するのか，あるいは武力を維持するかの意思を，どのような条件で決定するかを分析する。

第 2 期間

第 2 期間は，競争的で自由・公正な選挙の実施と，本格的な治安部門の構築・回復が始まり，各勢力が権力をどのように追求するかを模索する局面であると捉える。

国家建設の途上である紛争後社会を扱う本書では，前述したように，治安維持能力を市民が合法的なものとみなすのかどうかが不透明な状態であると想定している。この想定のもとでは，国家の構成員である主流派，非主流派，そして市民などの間で，治安維持能力にまつわる法あるいは法の支配に対する認識が一致するかどうかが，暴力の発生の有無を解明する要素と捉える[18]。法，ルール，慣習とは，いずれも人々が従う行動基準であるが，とくに法は，責務や義務を定める慣習的ルールがある社会において，それを権威づけ，確実に社会に行き渡らせ，ルールの制定や変更操作を可能とさせるものである（ハート 2014, 157-166）。そうして法秩序が成り立つには，一般市民が服従することはどちらかといえば受動的な問題であり，行動の共通の評価基準としてルールが公務員に受容されることが必要である（ハート 2014, 192）。この議論を踏まえれば，法に対する認識が一致するか否かの問題は，国家建設のゆくえを決定づける課題であることがわかる。

ここで，先に民主主義体制の確立について，国家の構成員の間で認識の一致をどのように位置づけるかを確認しておく。民主主義体制の確立を決定づける基準のひとつとして考えられるのが，民主主義体制下の選挙を人々が受容したかどうかである。ハンチントンは『第 3 の波』において，「民主化が定着したと特定できる基準は，政権交代が 2 回なされたときである」とした（Huntington 1991, 266）。この基準がもつ含意は，民主主義とは選挙によって指導者を選定することであるから，民主主義では指導者が選挙の結果敗退したときに実

---

[18] Hadfield and Weingast（2014）によれば，法の秩序（legal order），法の支配（rule of law），法（law）の間には区別が可能な厳密な定義がなく同義で使われることが多いという。本書も先行研究を扱うときにはそれに倣い，これらの概念を同義で使う。ただし，以下のことに留意したい。法の支配は，統治者を含め国家の構成員全員が法に従うことを意識した概念である。そのことから，公権力行使が過度になることを懸念して，国家建設，平和構築を議論する著作では，法の支配を分析する際，とくに法の制定と効果的な警察，司法システムの確立に焦点をあてることが多い（Linz and Stepan 1996; Paris and Sisk 2009）。

権を勝者に明け渡すことができるかが問われるということである。さらに，エリートのみならず一般国民も，選挙とは政治体制ではなく指導者の交代であることを共通認識として捉えていなければ，2回の政権交代は発生しないとハンチントンは指摘する。この議論の中核は，選挙という制度のもと，指導者の交代をエリート，国民ともに受容できたときに民主主義は確立する，という点にある。

　リンスとステパン（Juan Linz and Alfred Stepan）は，より直接的に民主化の進捗と国家建設との関係に言及し，法に対する認識が一致する重要性を指摘する。民主主義が「街で唯一のゲームとなった政治状況」も，ハンチントンと同一の見解に基づく指摘であろう（Linz and Stepan 1996）。彼らによれば，民主化の移行が完了するには3つの条件が必要である。いかなるアクターも，①非民主主義的な体制の確立を認めず，②ほぼすべての人が，集合行為が可能な社会生活を営むためには民主主義的な手続きと制度が最も適切な方法であることを態度で示し，③各政治勢力が，国家のどの領域であれ，新たな民主主義の過程で規定された個々の法律・手続き・制度の枠内での紛争解決を受け入れ習慣化していることである（Linz and Stepan 1996, 6）[19]。リンスとステパンの指摘は，非暴力的にアクター間の係争を解決していくことが，選挙過程を含めどの状況においても要求されており，そのためには国家の能力を高める必要性を示している。ただし上記の既存研究は，国家の能力が民主主義体制のもとで機能するための方策，つまり法に対する認識が人々の間で一致する条件は何かを直接的に議論していない。

　第2期間は，新しい治安部門を創設し，競争的で自由・公正な選挙によって選出された指導者が治安維持能力を用いる時期である。このとき，人々がその能力を合法的であるとみなす基準としての法に，指導者がどのような条件で準じる，あるいは準じないのかを解明することが問われていると言えるだろう。換言すれば，法がどのように指導者と人々の共通の行動基準になりうるのかという問題が分析課題として残る。有識者や政策形成者の間で，紛争後社会

---

[19] リンスとステパンは，移行が完了したのちの民主主義の定着には，国家が機能する前提としての5つの領域（活性化する市民社会，政治社会，法の支配，官僚制の機能化，制度化された経済社会）が相互に補完しあうことが必要だと示した。

の民主化と国家建設にまたがる政策課題として，法の支配の重要性がつとに指摘されてきた。紛争後社会を含む新興国家では，法の支配の形成が試みられてきたにもかかわらず失敗している。この失敗を繰り返さないためには，これまで存在していなかった法あるいは法の支配が形成されるメカニズムを把握することが求められている。しかしそれは解明しきれていないのである（Hadfield and Weingast 2014）。

　本書では，治安維持能力による実力行使について，人々が合法的であるとみなすかどうかは不透明な状態であることから，国家の構成員の間で法に対する共通の認識は存在しないが，構成員同士で模索する可能性があると考える。ハート（Herbert L.A. Hart）が法の秩序の成り立つ条件として裁判官，立法者を含めた公務員によるルール受容を挙げたように，法は，前もってルールを規定し，統治機構の自由裁量を制限する手段としてみなせる（Hadfield and Weingast 2014）。もっとも，本書で試みるように紛争後社会を議論する際に，安定した統治機構の存在が前提にある議論を直接的に適用することは難しい。ただし，そのような強制力が存在しなくても，アクターが自己拘束的（self-enforcing）にルールに従うようになると議論した研究群がある（Hadfield and Weingast 2014）。本書がこの研究群のなかで注目するのが Weingast (1997) である。ワインガスト（Barry Weingast）の論文は，法の支配がどのように自己拘束的に確立するかを，統治者と2つの市民勢力の交渉のなかで見出そうとした。すなわち，一方の市民勢力を味方につければ統治者は権力の濫用が可能となるが，2つの市民勢力が異なる利害をもっていても，統治者が法を犯した場合に市民勢力間で調整（coordination）が可能となれば，統治者の権力濫用を防止できることを示している。2つの市民勢力，そして統治者に共有の認識をもたらす契機となるのが，憲法の制定，エリート間の協定（pact）の制定，あるいは外生的に発生する危機であるという。これらの契機は，権力を濫用しようとする統治者やエリートに対して，国家の強制力の限界（あるいは基準）を指し示すことになる。ワインガストが説明するように，新しい民主主義体制が確立されるためには，対立する勢力の間で民主的手続きをすすめるためのルールあるいは国家の権力が許容される境界線が引かれるといったとりきめが求められる。つまり法が社会のなかで自己拘束的になるには，

多元的な社会勢力間で基準を設定するという調整が必要ということになる。

　社会間の調整問題を解決するとは，コミュニケーションや文化の共有を通じて，他人が支持することを自分も支持するようになることである。そこで互いが同じように支持するという共通の認識（common knowledge）を形成することが必要条件となっている（Chwe 1998）。比較制度分析では，各個人は，他人がどのように行動するかの信念と，行動と結果に関する因果関係についてのその人の理解を構成する「内面化された信念」があるという。そのうち後者の「内面化された信念」が，多くの社会構成員の間で共有されることにより，社会の制度の一要素となっていくと考察されている（グライフ 2006）。

　以上の議論を踏まえ，本書では，治安維持能力における「内面化された信念」が国家の構成員の間で共有されていない状況において，暴力が生み出される過程を明らかにする。前述したように，紛争後社会では，国家建設は途上にあるという想定であるため，国家あるいは統治者と有権者の間では，どのような治安維持能力が合法的であるかを示す基準が一致しているとは限らないのである。また民主主義体制下にあるという前提に基づき，統治者と有権者の間における治安維持能力の行使に関して基準の不一致があることから，治安維持能力の行使が合法的であるかどうかを有権者が評価することが可能な状況に置かれていることを想定する。

　第3章では，秩序の回復のための治安維持能力の構築が途上であるときには，民主主義体制がもつ暴力を抑制する効果が発揮されないと推論する。第5章では，有権者との間で治安維持能力の行使に関して基準が一致しないとき，指導者による暴力が生じやすいことを明らかにする。指導者による実力行使が市民に許容されない場合，法に基づく公権力の統制が有効でない点を指摘できよう。そこで本書は，そのような環境下にある指導者と有権者のどのような行動が，指導者の暴力を伸長させるのかを検討する。その際，民主主義体制下では，指導者が有権者から政治的支持を得たいとする誘因をもつことを手掛かりに本書は分析を進める。

3 本書における東ティモール事例の位置づけ

　本節では，紛争後社会における民主化が政治暴力を生み出す因果メカニズムを解明していく際に，東ティモールの事例を分析対象として選択する妥当性を示す。

　東ティモール（国名：東ティモール民主共和国，República Democrática de Timor-Leste）は，21世紀に入って初めて独立した主権国家である。その歴史は，16世紀半ばからのポルトガルによる統治，第二次世界大戦時下における日本軍の侵入，大戦後の再びのポルトガル統治，そして1975年以降の24年間にわたるインドネシアによる統治を通じ，他者による支配と暴力によって象られてきた。インドネシア統治下では抵抗運動が展開され，インドネシア治安当局や民兵，時には東ティモール内の政治勢力が一般市民や反対勢力に対し住居からの強制退去，拘留，拷問を遂行し，暴力による死者数は約10万2800人に上った（CAVR 2005, 44）。このように東ティモールの独立運動は多くの犠牲を伴った。転機となったのは1999年，インドネシア，ポルトガル領政府，国連の間での合意によって，8月末に国連ミッションUNAMET（United Nations Mission in East Timor）管理のもと，インドネシア統治下における特別自治州の立場をとるか，あるいは独立するかを問う直接投票が行われたことである。78.5パーセントの投票者が自治提案を拒否したとの結果が発表されると，インドネシアへの統合を支持する民兵による集団殺害や性的虐待が横行し，1400名の犠牲者および最大30万人の難民が発生した（CAVR 2005, 110）。このように，東ティモールの政治勢力とインドネシア当局との内戦は四半世紀にわたって続いたのちに終結しており，本書が設定する紛争後社会の定義に合致するものである。

　1999年前後から，国際社会によるおびただしい量の支援が東ティモールの独立に向けて始まった。まず，国連憲章第7章のもとで多国籍軍INTERFET（International Force for East Timor）が派遣され，直接投票後に悪化した治安の回復がはかられた。その後独立までの2年半の間，議会，行政，司法行政権限を担う国連平和維持活動（Peacekeeping Operations: PKO）の

UNTAET（United Nations Transitional Administration in East Timor）が派遣され，暫定統治を行うこととなった。この間，政治勢力の多くは，CNRT（Conselho Nacional de Resistência Timorense：東ティモール民族抵抗評議会）と呼ばれる超党派組織に属していたが，選挙を見据えた勢力は政党を組織し，選挙準備を開始していた。2001年に制憲議会選挙，2002年に大統領選挙が実施され，憂慮されたような選挙妨害の暴力はほとんど発生せず，つつがなく新しい指導者を選出することができた。

　2002年5月の独立以後もUNMISET（United Nations Mission of Support in East Timor）が新生国家を治安維持，行政，司法面などで下支えする態勢が続く。2004年5月に軍事および警察権限が国連より東ティモールに移譲され，同国は主権国家としての第一歩を踏み出した。この間，国連平和維持活動，人道支援，2国間支援などを含む国際支援の全体額は，2000年度の1年間で5億ドルに達したものの，その後国連平和維持活動の軍事部門の縮小とともに減少している。しかし2005年の時点で低所得国の一人当たりの国際支援額が17ドルであるのに対し，東ティモールでは189ドルという国際比較上大変恵まれた立場にあった（Sakabe 2008, 220-223）。このような支援が続くも，当時の一人当たりの国内総生産（GDP: Gross Domestic Product）は379米ドル[20]で，主要な経済活動は自耕自給の農業にとどまっていた。このため，人口の4分の1を占める青年層は就職口を求めて都市部に流入するが，失業率は40パーセントを超えていた[21]。

　このように，東ティモールには民主主義体制の導入がなされ国際社会の後押しもあり民主化と国家建設が進められたものの，政治暴力は多発していた。独立に反対する勢力や元兵士・退役兵士グループが参加した2002年のディリ暴動，2004年のディリ暴動，2006年の国軍と警察の衝突に至る騒擾，2007年の国政選挙前後に発生した暴力，2008年の大統領・首相暗殺未遂などが挙げられる。これらはBabo-Soares（2012）をはじめ東ティモール研究者も観察・分析してきた政治暴力であるが，いずれも先行研究が内戦の発生・再発の基準

---

[20] International Monetary Fund, *Democratic Republic of Timor-Leste: 2009 Article IV Consultation*, IMF Country Report No.09/219 (2009).

[21] Republic Democratic of Timor-Leste (RDTL), *National Census 2004*.

第 2 章　先行研究と本書の分析枠組み

としてきた死者 1000 名以上に至る規模の暴力には至っていない[22]。

　独立前後に小規模な政治暴力が発生したという東ティモールの経験は，以下に挙げる 3 つの理由から，本書が主題とする分析には適切な事例のひとつといえる。第 1 に，東ティモールは民主化と国家建設が同時に進められてきた新生国家である。同国では，選挙によって自らの代表者を選ぶ経験はインドネシア統治下まで皆無であった。インドネシアの第 27 番目の州として州知事はインドネシアの中央政府から任命されていた。さらに，その下位レベルにある郡知事，村長，集落長といった各地方自治に関わる長も，ポルトガル統治時代から，上からの任命によって就任していた。つまり，東ティモール人自ら選挙で代表者を選出したことはほとんどなかったのである（e.g., 田中 2014）[23]。また，植民地支配時に集権的支配構造のもとでエリートが行政を経験していた他の新興国家とは異なり，この新生国家には国家としての能力も十分に備わっていなかった。長い間宗主国であったポルトガルは，各地に分散する 70 ほどの王国の長に自治を任せており，後に各県にポルトガル人の県知事を配置したものの，東ティモール人を取り込んだ行政機構を確立することはなかった。インドネシア統治下ではインドネシア治安当局が治安維持を担い，7000 人規模の行政職もインドネシア人が占めていた（AGLD 2003）。この状況下で，東ティモール人の国家の運営経験は末端的な行政業務に限定されていた。しかし，独立決定直後にインドネシア人公務員は自国に引き上げたことから，すべての国家機関はいったん解体され，東ティモールの国家の能力は無に等しくなった。そのため独立に向けた準備は，自由で公正な国政選挙の実施と，国家機関の構築を含んでいたが，とくに後者については，人材育成も含めると，法制度や組織を整備し国家のあるべき能力として確立するまでに相当の時間を要することが容易に想像されたのである。このような東ティモールの経験は，民主化と国

---

[22] 反独立派と独立派の間の暴力は小規模な武力衝突で，管見の限り死傷者の報告はあるものの，犠牲者数を明示したデータは現時点（2019 年 4 月現在）では存在しない。2006 年の 4 月から 7 月までの，本書が分析対象とする政府側の実力行使があった時期における犠牲者数は，合計 38 名である（第 5 章参照）。
[23] ただし，1982 年のインドネシア統治下で，村長，集落長を選出する選挙が行われた。しかし実際は古くから政治的力をもつリウライ（東ティモールの首長）の家系や，「正統な」家系からの立候補者によって選挙が進められ，競争的で自由な選挙ではなかった（Hohe 2002a）。

家建設を同時に開始しており，本書が設定する主題と，展開する議論の前提に沿うものである。

　第2の理由は，紛争後社会の東ティモールが第三者介入を受けていた最中にも小規模の政治暴力を経験したことである。この経験は，本書が焦点をあてる政治暴力の分析に有用な示唆をもたらしうる。他に類をみない量の第三者介入に支えられていた東ティモールは，内戦の再発がみられなかったという意味では「成功例」といえるが，小規模の政治暴力は生起していた。そしてこうした小規模の政治暴力の経験は，内戦に至らなかったが国家そのものと市民に甚大な負の影響をもたらしていた。このことは，紛争後社会では政治暴力はその発生規模がたとえ限定的であっても見逃せないという点を示している。また，従来の紛争研究は内戦の再発要因のひとつとして第三者介入の量や質に着目してきたが，東ティモールの事例は第三者介入が小規模の政治暴力を抑制しきれないという点を示唆している。とくに東ティモールの民主化や国家建設を扱う先行研究には，東ティモールに対する第三者介入の質に対して批判的な指摘が多くある[24]。こうした先行研究の指摘を踏まえれば，本書が主眼とする小規模の政治暴力が第三者介入が存在するなかで生起した事例を扱うことで，政治暴力が生起するメカニズムを理解する際に，第三者介入が暴力を阻止できなかった理由をより精確に分析することが可能となろう。具体的な作業としては，政治暴力を引き起こす政治勢力間の戦略的な相互作用を分析する際に，彼らが第三者介入をどのように捉えていたかを加味することが妥当と思われる。

　東ティモールの事例を取り上げる第3の理由は，東ティモールは2002年5月に憲法を制定しており，これをもって民主主義体制を導入したとみなせるためである。図2-1に示すように，政治体制の制度化の度合いに応じて，どの程度民主主義体制であるか否かを測定するPolity IV指標によれば，独立した2002年以降，東ティモールは民主主義体制であると位置づけられている[25]。

---

[24] 東ティモールにおける1999年以降の第三者介入の質に批判的な議論として，以下参照。主に国連の暫定統治下において，東ティモール人の政治参加が限定的であったという議論を展開している。彼らの意思が十分に反映されなかった点を，国連ミッションのリーダー層の立場や国連ミッションがもつ制度的な特徴から論じている（Chopra 2000; IPS and JIIA 2003; Martin and Mayer-Rieckh 2005; Babo-Soares 2002; Matsuno 2008）。

[25] −10から+10の指標によって計測され，−10を最も徹底された独裁体制，+10を最も確立し

第 2 章　先行研究と本書の分析枠組み

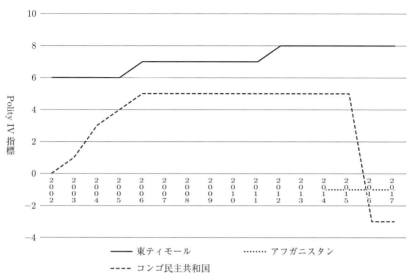

図 2-1　紛争経験国の Polity IV 指標（2002-2017 年）

　そして，第 1 章の冒頭で言及のあったコンゴ民主共和国，アフガニスタンといった国々と比較しても，制度化による民主主義体制が順調に整ってきたことがわかる。なお南スーダンは，独立した 2011 年の 2 年後から空位期間であると位置付けられている。

　東ティモールが独立した 2002 年から 2019 年 5 月現在まで，約 17 年が経過した。第 3 章の分析結果によれば，民主主義体制の暴力を抑制する効果は，紛争終結の後おおむね 4 年から 6 年半は発揮されない。東ティモールの場合，2002 年を起点とすれば，最大で 2009 年頃までは，民主主義体制による暴力抑制効果は期待できないことになる。おおよそ，上述した東ティモールにおける政治暴力はこの期間に生じており，いずれも本書の分析の射程に含めて差し支えないだろう。

　観察されてきた東ティモールにおける政治暴力のうち，非主流派の暴力として本書が取り上げるひとつは，CPD-RDTL（Conselho Popular Democrático Defesa da República Democrática de Timor-Leste）の反政府的活動である。

た民主主義体制としている。Polity IV では，+6 以上の値である場合に「民主主義体制」と位置づけている（Marshall et al. 2009）。Polity IV 指標に関する説明は第 3 章参照。

51

2000 年以降，CPD-RDTL は併合派民兵と結託し，散発的に当時の主流派である CNRT（Conselho Nacional de Resistência Timorense：東ティモール民族抵抗評議会）に対する暴力行為を繰り返し，近年も反政府活動が観察されている[26]。CPD-RDTL は，独立直後，主流派側と権力分掌に関わる交渉を試みている（Hasegawa 2013, 32）。その交渉後も，なぜ武装の維持を決定したのかを明らかにすることにより，本書で設定した，権力分掌にまつわる交渉が行われる第1期間を分析することができる。したがって本書で採用する事例にふさわしい。また，このほかに，2002 年ディリ騒動に参加した反政府勢力のなかにいた，独立運動に貢献したが処遇が手薄なため不満を覚えた元兵士・退役兵士グループを取り上げる（e.g., Scambary 2009; Babo-Soares 2012）。このグループを非主流派のひとつとして捉え，主流派とどのような交渉をし，なぜ暴力行為に加わったのかを分析することも，本書の問いに答えるにあたり妥当な分析事例である。

　非主流派の暴力に対する主流派の鎮圧が，東ティモールにおいて最も問題となったのは，最大の国家の危機といわれた 2006 年騒擾である。法と秩序を崩壊させた 2006 年の騒擾は，反政府勢力を含むデモ，首都部の混乱，警察機能の一時停止，全人口 96 万人中（2006 年当時），最大 15 万人の国内避難民の発生，そして再びの豪州軍を中心とする国際部隊の投入に至り，東ティモールが弱い国家であることを人々に再認識させる事件となった。国際社会も「平和構築の成功例」であった東ティモールで 2006 年騒擾が生起したことを憂慮した[27]。この騒擾は，軍と警察の銃撃戦に発展し，騒擾が悪化するなかで指導者が採用した治安維持政策に対する批判が高まり，当時の首相マリ・アルカティリは自ら辞任している。したがって，この騒擾が悪化したのは主に主流派側に原因があるという認識が一般であり，この騒擾における主流派の分析を行うことは妥当と考えられる。

---

[26] Early Warning Early Response Mapping System. "Youth Beaten by CPD-RDTL" 20 May, 2012. https://belun.crowdmap.com/reports/view/162?l=ja_JP（最終閲覧日 2012 年 5 月 29 日）

[27] UN Document. Report of the Security Council mission to Timor-Leste, 24-30, November 2007, S/2007/711, para.22.

第2章　先行研究と本書の分析枠組み

　CPD-RDTL や反政府勢力に参加した元兵士・退役兵士グループは，既存研究において最も注目されてきた勢力である。ただし，多くの事例研究が各勢力の行動の一部分を捉えているものの，なぜ各勢力が武装の維持を選んだのかを検討する体系的な分析はほとんどない（McCarthy 2002; Smith 2004; Babo-Soares 2012; Hasegawa 2013）。また2006年騒擾についても，この騒擾が国家の危機となるほど悪化した要因を分析する先行研究は少ない。既存研究は，当時の東ティモールの制度の脆弱性（OHCHR 2006），あるいは指導者アルカティリの権力強大化（Hasegawa 2013）が発生要因であると指摘する。しかしアルカティリが，なぜ政治的支持を失うまで公権力の実力行使を重ねたのかについては既存研究では説明が難しいことから，さらなる分析の余地があると考えられる。本書における分析は，なぜCPD-RDTL，元兵士・退役兵士グループといった非主流派，指導者アルカティリによる主流派の暴力が発生したかについて，新しい説明を提供することが可能になると考える。

　本節では，因果メカニズムのモデルを構築・提示しそのモデルを用いて事例を分析するにあたり，東ティモールという特定の事例を扱う妥当性を提示した。なお，事例分析に必要な東ティモールの政治背景については第4，5章において示したい。

第3章

紛争後社会における小規模な政治暴力の発生
——政治体制と政治制度が及ぼす影響——

1 はじめに

　内戦終結後に民主主義体制を導入することは，政治勢力に対し，非暴力的手段による政治的競争の場を提供することを意味する。しかし，この民主主義体制の導入によって，暴力が回避されるという主張と，暴力が繰り返されるとの主張があり，議論が相反していることを第1，2章で確認した。

　武力による対立にひとたび決着がつき民主主義体制が導入されると，武装勢力には少なくとも2つの選択肢があると考えられる。ひとつは，武器の放棄を前提として，暴力を使わず政治に参加するという選択肢である。もうひとつは，武装勢力として組織を維持し，反政府勢力として政治的アジェンダを主張していくという選択肢である。

　たとえばコロンビアでは，1960年代から80年代にかけて活動した7つの左翼的ゲリラ勢力のうち，多くの勢力は武装解除，動員解除を進め一部のメンバーは野党勢力の主力となった。一方，FARC（the Fuerzas Armadas Reolucionarias de Colombia）と ELN（the Ejéercito de Liberación Nacional）は90年代に入ってもその武力を維持し続けた（Guáqueta 2009）。ミャンマーでも，1948年の独立以来，カレン族，カチン族，ワ族など多くの少数民族が軍事政権と対峙してきており，自治権や連邦制の導入を要求した。ほとんどの組織が1980年代後半から停戦に応じたが，カレン族の民兵組織 KNU（Karen National Union）は，近年もタイとの国境付近で政府軍との武力衝突を散発的に繰り返している（UCDP 2012）。ポルトガルが宗主国であったモザンビークでは，反政府組織であったRENAMO（モザンビーク民族抵抗運動）が，1992年の内戦終結後に政党への転化を遂げた（Manning 2008）。財政や人材面から政党活動の継続に苦慮しつつも，議会選挙では内戦当時の政府側であったFRELIMO（モザンビーク解放戦線）と拮抗し，RENAMOは議席の30パーセントをもつ有力な野党となった。

　本章では，第1章で示した問いの前半部分である，「紛争後社会では，民主主義体制は政治暴力の再発に対してどのような効果を及ぼすのか」への答えを明らかにするため，計量分析によって因果効果を推定することを試みる。ここでは，民主主義体制の導入と，国家が治安を維持し暴力を統制する能力を向上させていくという国家建設の関係を捉え，民主主義体制がもつ暴力再発を抑制する効果が，国家建設が進むことにより強まっていくと論じる。そして内戦に限らず小規模の政治暴力も分析対象とすることにより，より多様な暴力形態にこの因果効果の推定を適用することを目指す。第2節において，紛争後社会における政治暴力が再発する要因についての既存研究をレビューし，以下の2つの仮説を導出する。民主主義体制の存在は政治暴力の再発リスクを低めるが，この暴力を抑制する効果は内戦終結からの時間が経過するにしたがってより強くなる，という仮説である。もうひとつは，議院内閣制という政治制度は政治暴力の再発リスクを低める，という仮説である。第3節では分析に使用するデータと仮説検証の方法を示す。第4節において分析と結果を明らかにし，小括で本章の結論と今後の課題を提示して結びとしたい。

2　理論と仮説

　民主主義体制の導入は，紛争後社会において，政治暴力の再発に対してどのような影響を与えるのか。第2章でも指摘したように，この点に関する既存研究の知見は一致していない。一般的には，民主主義体制は，暴力に依存しない政治的競争の場をつくるので暴力の再発リスクを低めると考えられている（Przeworski 1991）。その一方で，非民主主義体制から民主主義体制へ転換

第 3 章　紛争後社会における小規模な政治暴力の発生

したばかりの国では，再発リスクを低めてはいないとする分析（Walter 2004; Quinn et al. 2007; Collier et al. 2008; Kreutz 2010）が多くある。しかし，民主主義体制が本来もつと想定される暴力を抑制する効果が，ある条件下では強くみられないのはなぜかという問題について，理論的に一貫した説明はあまり示されてこなかったと思われる。

　本章では，民主主義体制のもつ暴力を抑制する効果について相反する知見があるのは，民主主義体制がもつ暴力を抑制する効果は，国家建設の進捗の度合いに影響されるためではないかと主張する。この主張と類似する指摘は，先行研究においてもなされてきた。たとえば，新しい政治体制に転換された直後は暴力を抑制する効果が発揮されないのはなぜなのか，その理由を検討する先行研究は，弱い国家の存在が暴力発生を促すと議論してきている（Gurr 2000; Snyder 2000; Brancati and Snyder 2011, 2012）。こうした議論も踏まえながら本節では，民主主義体制が本来もつ暴力を抑制する効果と，それが特定の条件下では強く発揮されないのはなぜかという問題を，暴力行使のコストという観点から考察し，その考察を踏まえて仮説を導出する。そして，暴力再発に与えうるそのほかの要因による影響もあわせて検討する。

　まず，民主主義体制が本来もつと想定される，暴力を抑制する効果はどのようなものか。抑制効果を暴力行使のコストと，非暴力的な政治参加から得られる期待利得という観点から説明した古典的な研究としてプシェヴォルスキ（Adam Przeworski）のモデルが挙げられる。プシェヴォルスキは，民主主義体制が選挙の敗者にも将来の政治参加を保証し，今日の選挙の敗者が将来にわたっても選挙という非暴力的な手段によって権力を奪取する可能性を制度化している点を挙げている（Przeworski 1991）。つまり，選挙による統治者交代のルールが存在していることを意味する。一方非民主主義体制下では，主流派（統治者）は思うがままにルールを変更するため行動の予測がつかず，非主流派にとっては将来にわたって政治参加が許容されるという保証はない（Przeworski 1991, 45-47）。こうした条件下では，非主流派側に，たとえ多大なコストを払ってでも暴力で権力を奪取しようとする誘因が生じると考えられる。これに対し民主主義体制下では，定期的で公正な選挙の実施により，将来にわたってどの政治勢力にも平和的に政治的利得を追求する機会が提供されて

いる。そのため，選挙で負けた時点で多大なコストを払ってでも暴力を行使して選挙結果を覆そうとするより，次の選挙で平和的に権力を奪取することを試みるほうが不利益を被らないと考えるのである。

このような議論を踏まえれば，民主主義体制が本来もつ暴力を抑制する効果について，以下のような仮説を導出することができる。

仮説1　紛争後社会において，民主主義体制の存在は，政治暴力の再発リスクを低める。

民主主義体制がもつ暴力を抑制する効果に関連して，そのなかでも特定の政治制度が及ぼす影響を検討しておく必要がある。第2章第1節で論じたように，最も基本的な権力分掌のありかたを示す執行府と立法府の関係については，議院内閣制が暴力の発生リスクを低めると議論されている。大統領制は，選挙の勝者が敗者と権力を分掌することが難しく，多様な意見を採用しにくい制度的特徴を有していることから，各政治勢力は，政治参加を避け暴力を選択する傾向にある（e.g., Linz 1990; Reynal-Querol 2004）。他方議院内閣制は，執行府と立法府の間の対立が避けられやすく，連立政権の樹立などで多数の勢力間で権力を分掌しやすいため，多様な意見を包摂できる制度的特徴を有していると考えられる（Lijphart 1977; Lijphart 1991）。したがって以下の仮説を導出する。

仮説1（a）　紛争後社会において，議院内閣制の存在は，政治暴力の再発リスクを低める。

次に，民主主義体制がもつ暴力を抑制する効果が，「国家が国内の治安を維持し暴力を統制する能力を構築する過程」を意味する国家建設からどのような影響を受けるかを考察してみたい。ここで注目したいのが，国家建設の進捗の度合いが，政治勢力の暴力を起こすコストに影響を及ぼすという点である。

国家建設の定義から示されるように（第2章にて詳述），国家建設が開始されたばかりの国家は，治安維持能力が低いと考えられる。Sisk（2010）は，紛

争後社会における統治者の最重要課題は秩序の構築であると述べる。人々に安全を与え，基本的な生活を維持できるよう整えることが統治者にとって短期的に成し遂げなければならない課題なのである。紛争後社会は，「制度自体を正統づける根拠としての法的枠組みが崩壊している場合,「正式に」設立される権威（authority）の土台がない。……定義上，全員が権威に同意する正統な制度がないということである。」(Lake 2010, 34) といった状況にある。つまり，紛争後社会では，内戦を通じて秩序が混乱しており，なるべく迅速に制度の立て直しにより新しい秩序が構築されようとしている。この秩序回復のためには強制力が必要であることから，国家建設が始まるのである。

　秩序が欠如しているということは，国軍や警察などの治安部門が暴力を統制する機能を果たしていないことを意味する。言い換えると，治安部門そのものが存在していない，あるいは治安部門が存在したとしても，それが合法的権限を有するかが定かでない，ということである。すなわち，その治安部門が公権力を行使することに人々が懐疑的であるから，本来国家の能力に期待されるような暴力を抑制する効果はないと考えられる。

　先に論じた，民主主義体制が暴力再発のリスクを低めるという仮説を導出するにあたって，一般的に暴力手段に基づいて権力を奪取することは各勢力にとってコストが高いと考察した。暴力による権力奪取のコストが高いのは，反政府的な暴力に対して主流派は治安維持能力をもって鎮圧を試み，その鎮圧から生じる非主流派への物理的な損害は大きいと考えられるからである。つまり主流派による鎮圧は，治安維持能力が高いほど鎮圧効果も高いので，暴力を起こすコストが高くなると非主流派は考えるだろう。治安維持能力が高いということは，主流派が国内において暴力手段を独占できている状態なので，非主流派は軍事力上劣勢な立場にあると考えられる。そのため，暴力行使が成功する可能性は低く，また失敗に至れば厳しい処分に課される可能性は高いだろう。このように，治安維持能力が十分にある国家では，非主流派が暴力を起こすコストは高いのである。

　しかし，国家建設が途上で治安維持能力が低い状況では，非主流派の暴力を起こすコストが低下することから，暴力によって政治的目的を達成しようとする可能性は高まると考えられる。治安維持能力が低いという状況は，ダールが

想定するように，軍隊や警察力が非常に小さい場合，あるいはどの政治勢力も軍隊や警察力を独占的に使用できない場合のことを指す（ダール 2014, 82-83）。民主主義体制が存在しており選挙に則った統治者交代のルールがあったとしても，国家建設が途上であるならば国家が反政府活動を鎮圧する能力が低いので，その鎮圧で非主流派が被る被害は少ないだろう。そこで非主流派は，次回の選挙で勝者となることを待つよりも，今暴力で権力を奪取するほうが政治的目的を達成できる可能性が高いと考えるようになる。つまり，民主主義体制下でも国家建設が途上である場合は，非主流派にとっては暴力を起こすコストがより低くなる。したがって，暴力を選択しやすいのである。

　民主主義体制が存在しても，国家建設が途上である場合，暴力を抑制する効果が低くなるという仮説の妥当性を実証的に検証するためには，国家建設の進捗の度合いを何らかの形で測定することが不可欠である。それを測定するひとつの方法は，国家の能力を具体的に示す指標を用いることである。たとえば，治安維持能力であれば人口に対する軍人・警察官の数の割合，官僚機構の力であれば官僚の数の割合，法の支配であれば世界銀行のガバナンス指標，徴税の能力であれば，国内総生産に占める税収の割合などである（粕谷 2014）。ただし，長期にわたって世界各国の状況を年ごとに計測しているデータはみあたらないことから，国家建設の状況を的確に示す指標を本章の分析に採用することは難しい[1]。

　そこで本章では，内戦終結後の経過時間を国家建設の進捗の度合いを示す指標とみなすことで，国家建設の進捗の度合いを客観的に測定するというアプローチを採用する。内戦終結から時間が経過すればするほど治安維持能力の構築が進展するという仮定は，それほど非現実的なものではないように思われる。まず先に論じたように，秩序の構築・回復は主流派にとっての最重要課題であ

---

[1] 本書における国家建設の定義では，治安維持能力を測定することが妥当である。一般的に治安維持能力を操作化するには軍事費や軍人の数を用いる。軍事費や軍人の数に関しては，Correlates of War（COW）project の National Material Capabilities（v.4.0）があり，1800 年代中葉から 2007 年までの各国を網羅したデータセットがある。ただし，このデータの質に関しては国別あるいは年代別に差異が大きく，使用するには慎重を要すると，作成者が注意を促している。著者が確認したところ，本章の分析をするための国のデータは，推定値が多く含まれており，今回の分析には使用しないこととした。法の支配を示す Worldwide Governance Indicators（WGI）は，1996 年から 2 か年ごと，2002 年以降年ごとのデータを集積している。

り，そのためにはいったん権力を奪取した勢力は，治安維持能力の向上に力を注ぐ（Sisk 2010; Lake 2010）。したがって，一般的には，時間の経過とともに，国家の治安維持能力は高まっていくと考えられる。時間の経過とともに主流派が治安維持能力を向上させるという想定は，先行研究でも論じられている。Shugart（1992）は，停戦後主流派（政府）は，非主流派（反政府勢力）が軍事力を維持すると，非主流派から突然襲撃される可能性に不安を覚えるので，直ちに非主流派を武装解除させたうえで，主流派の軍事力で軍隊を維持，あるいは再構築しようとする，と指摘する。Fearon（1995a; 1998a）は，新国家設立に向けて，クロアチアにおける多数派のクロアチア人勢力と少数派のセルビア人勢力の対立がなぜ暴力化したかを論じている。その理由をセルビア人側が，新国家がいったん誕生すれば，軍事力を増強した多数派が権力分掌に応じないことを見込んだからだと説明する。フィアロンはモデルをつくり，多数派が暴力で勝利する確率 p は，新国家の設立前（p_1）と比較すると設立後に上がる（p_2）という仮定をおいている（$p_1 < p_2$）。この仮定は，新国家が誕生すると，その国家の治安維持能力は多数派の軍事力によって構築されると設定している。そして暴力で政治的目的を達成できる可能性が低くなると非主流派が判断し暴力を先制して用いた，という議論を展開しているのである。このような先行研究を踏まえれば，内戦終結後は，治安維持能力は誰の手中にあるかが不明な状態であるが，主流派が国家の治安維持能力を掌握して秩序構築を進めるので，時間が経過することで治安維持能力は向上していくと考えられる。これまで論じてきたように，国家の治安維持能力が向上するということは，国家による国内での暴力独占が整ってくる状態である。その状態では，非主流派は軍事力上劣勢な立場となることから，暴力を起こすコストは高くなり暴力手段を避けるようになると考察できる。

　もちろん，内戦終結から時間が経過すれば，つねに自動的に国家建設が進捗するというわけではないため，内戦終結後の経過時間と国家建設の進捗の度合いがつねに一致するわけではないだろう。しかし，内戦終結後の経過時間であれば，いつの時代，どのような国でも客観的に測定でき，長期間にわたって多数の国を分析対象とする本章の分析でも変数として用いることが可能である。そのため本章では，この利点を生かし，国家建設の進捗の度合いを測る指標と

して内戦終結からの経過時間を用いることとしたい。これまでの議論により，以下の仮説を導出する。

仮説 2　紛争後社会において，民主主義体制のもつ政治暴力の抑制効果は，内戦終結から時間が経過するにしたがって，より強くなる。

　最後に，先に述べた仮説を検証していくにあたって，暴力の再発に影響を及ぼしうるそのほかの要因と予測できる効果について，先行研究の議論を参考にしながら検討しておく。すでに第2章で述べたように，内戦の発生あるいは再発については，先行研究においてさまざまな要因が指摘されてきた。それらの要因は，本章が分析対象とする，小規模なものを含む政治暴力の再発に対しても，似た効果をもつと考えられる。本章ではそれらを統制変数とみなし，紛争終結の方法，第三者介入，紛争の継続期間，紛争犠牲者の規模，経済規模，人口規模，対立争点の影響を検討する。

　紛争終結の方法について先行研究は，第2章にて確認したように，暴力の再発リスクをより低めるのは一方的勝利に基づく終結か，それとも交渉による終結か，対立する見解が存在する。本章では，和平合意や停戦合意の締結は，さまざまな憶測を各勢力にもたらしやすいと考える。たとえば交渉による終結では対立争点において妥協点を見出すことが期待されてはいる（Hartzell and Hoddie 2007, 5）。しかし各組織の戦力・能力が基本的に維持されたまま停戦を迎えているので，交渉を進めながらある勢力が合意を突然破り武力対立を再度起こすことが可能である。また，紛争当事者同士の和平合意は政治的解決の施策を明確に提示しており，係争の回避が期待されるという主張もあるが（Hartzell, Hoddie, and Rothchild 2001; Doyle and Sambanis 2006, 103），これは和平合意のなかでもとくに各政治プロセスの細部を決めたケースを想定していると思われる。実際，どの政策がどれだけ詳細に示され，履行が可能であるかという問題について和平合意の内容はばらつきがあり，事後対立の火種になることも少なくない（Stedman 2002）。必ずしも細部まで決定していないケースを含む交渉による合意全体の場合は，解決策・履行策が明確には提示されておらず，両者の間で疑心暗鬼となりやすく，停戦合意や和平合意の締結が平和

をもたらすとは考えにくい。停戦合意が締結された場合，あるいはそうした明確な合意がないままなんらかの理由で停戦を迎えた場合も，紛争当事者は同様の問題に直面するといえる。こうした理由から，交渉による終結は，停戦合意あるいは和平合意が，政治暴力の再発リスクを下げるとは限らないと考える。他方，一方的勝利による終結は勝者と敗者が明確なので，敗者が暴力手段を用いる余地がない（Wagner 1993; Walter 2004; Fortna 2008; Toft 2010）。また本書は，政治暴力が再発するとき，政治勢力には暴力を起こすコストが生じるにもかかわらずなぜ暴力を用いるのか，という点に関心をもっている。この立場からは，一方的勝利で紛争が終結すれば，敗者にとって暴力を再度選択することは大きなコストを伴うので，政治暴力は再発しにくいと考えられる。したがって，交渉による紛争終結は，内戦終結後の政治暴力の再発リスクを高めるという仮説を導出する。

　第三者介入には多様な形態があるが，本章では，国家建設の問題，つまり治安維持能力が低いという問題に対処するための第三者介入を検討する。冷戦終焉後は，紛争当事者による同意のもとに派遣されるミッションだけでなく，国連憲章第7章のもとで展開する国連PKOや多国籍軍ミッションが一定の強制力によって暴力を抑制することができると期待されて派遣されるようになった（Doyle and Sambanis 2000; Fortna 2004）。第三者介入はどの紛争当事者にもある選択肢ではなく，またいずれ撤退する時期がくる。そのため，駐留している間は暴力の再発リスクを低めるが，撤退後は暴力の抑制効果を直接的には及ぼしにくいことに留意したい。そのうえで，第三者介入は，内戦終結後の政治暴力の再発リスクを低めるという仮説を導出することができる。

　紛争期間については，内戦が長びくほど戦闘員の疲労は増し，武力組織の戦力は低下するため，次の暴力を起こす意欲は低下すると論じられている（Walter 2004）。このような既存研究の議論が正しいとすれば，内戦期間が長くなるほど，内戦終結後の政治暴力の再発リスクは低くなると予測できる。

　同様に，紛争犠牲者の規模についても，内戦中の死傷者が増大すると，武装組織の戦力は低下し，次の暴力を起こす意欲は低下すると論じられている（Walter 2004）。したがって，紛争犠牲者が多くなるほど，内戦終結後の政治暴力の再発リスクは低くなると仮定できる。

経済規模については，経済水準の低さは人々に不平をもたらすと論じられてきた。また，経済水準が低いなかで武力組織に参加することで恩恵を受ける機会があると，暴力に参加しやすくなると議論されてきた（Quinn et al. 2007; Sambanis 2008; Collier, Hoeffler and Rohner 2009）。したがって，経済発展水準が高いほど，内戦終結後の政治暴力の再発リスクは低くなるという仮説を導き出すことができる。

　人口については，人口規模が大きい国では，それだけ反政府勢力が生まれる可能性が高まるので，より犠牲者の規模が拡大すると議論されている（Sambanis 2004）。したがって，人口が多いほど，内戦終結後の政治暴力の再発リスクは高まるという仮説を導出できる。

　エスニック問題が紛争当事者間の対立争点となっている場合，いったん暴力が収まっていても，一方の当事者が不満をもつと，エスニック集団は再び勢力を結集させやすいので，暴力を起こしやすいと論じられている（Walter 2004）。したがって，対立争点がエスニック問題である場合には，内戦終結後の政治暴力の再発リスクは高まるという仮説が導きだせる。

3　データと仮説検証の方法

　本章で扱うデータは，1946年から2009年の間に，各国において発生した政治暴力とその発生日および終了日を明示した Uppsala Conflict Data Program (UCDP) Conflict Termination Dataset v.2010-1, 1946-2009 から，国内における政治暴力（データでは intrastate conflict と呼称）の事例を抽出したものである。このデータセットでは，明確な対立争点があること，組織化された集団が紛争当事者でありその勢力のひとつが政府であること，そして1年の間に戦闘行為の結果25人以上の犠牲者が生起したという3点を満たした際に，政治暴力の発生・再発とみなしている（Kreutz 2010）[2]。ここでは，ある対立

---

[2] UCDP の Termination Dataset と Kreutz (2010) の作成したデータセットの間では，厳密にはいくつかの紛争エピソードにおける政治暴力の停止期間のデータに関して差異がみられる。これは，各年における犠牲者数のデータに関する取扱いの違いに基づくものである。前者のデータセットは，特定年の犠牲者数に関する明示的なデータが存在した場合のみに武力紛争の発生を観察し，そのような特定年の犠牲者数の明示的なデータがない場合に政治暴力は停止したと判断してコ

第 3 章 紛争後社会における小規模な政治暴力の発生

争点を巡って政治暴力の再発があった場合には，その発生と再発を合わせてひとつの「紛争エピソード」を構成しているとみなす。そして，一国内において複数の異なる対立争点による政治暴力がある場合，それぞれが個別の紛争エピソードとなる。つまり，ひとつの政府に対し複数の反政府勢力が政治暴力を起こしている場合には，各対立を別々の紛争エピソードとして扱う。これは，各紛争エピソードをひとつにまとめた，一国内の暴力の有無を示しているデータセットよりも，各反政府勢力による暴力の再発を個別に捉えられる点で，本章の分析に適したデータである。

本章は，内戦が終結し秩序が喪失している社会を分析対象としているため，このデータセットから，1000 名以上の犠牲者を伴う内戦が終結し，その後に政治暴力が発生していない紛争エピソード，あるいは犠牲者の規模を問わず，政治暴力が再発している紛争エピソードを抽出した。その結果，対象国数は 67 か国，対象となる紛争エピソードは 90 紛争，各紛争エピソードのなかで暴力の再発ごとに数えた事例は全体で 82 事例であった（補遺 3-1「紛争エピソードと事例一覧」参照）。この新しいデータセットには各紛争エピソードにおける年ごとに観察したデータが入力されており，観察数は全体で 2209 となった。本章の分析における被説明変数は内戦終結後からの暴力停止期間，つまり暴力が発生しない期間である。紛争エピソード別に捉えた最大の暴力停止期間は 62.75 年であった。この暴力停止期間は年単位で入力した[3]。

このように作成したデータセットを用いて，本章では内戦が終結した年を起点として，政治暴力が再発しなかった期間の長さが，どのような要因によ

ーディングしている。一方，Kreutz (2010) のデータセットは，UCDP Termination Dataset が参照する，The PRIO Battle Deaths Dataset, 1946-2008, Version 3.0 Documentation of Coding Decisions にある，犠牲者数を特定するもととなるさまざまなデータと照らし合わせてデータセットが作成されていると考えられる。Kreutz (2010) は，特定年に犠牲者数がひとりでも発生した可能性がある場合には政治暴力は継続したとみなしている。そのことから，Kreutz (2010) のデータセットは政治暴力が持続しているとみなすデータが増加している。

3 政治暴力の開始日，政治暴力の終了日が明確である事例については，政治暴力終了年から，政治暴力の停止期間（単位は年）について少数点第 2 位までの値を入力した。UCDP のデータでは，開始日，終了日が不明である事例については，データ上 1 月 1 日開始，あるいは 12 月 31 日に終了となっている。この場合，政治暴力終了年における暴力停止期間は 0 年であり，翌年 1 月 1 日から暴力の停止が開始したとみなし，暴力停止期間を入力した（ただし，Stata の特性に対処するため，一部微小な数を政治暴力終了年に付加している部分もある）。

って決定づけられるかを検証するため，計量分析を行う。起点から事象（イベント）が発生するまでを生存時間として捉えた場合，この生存時間の長さを縮めるか，伸ばすことができるかの要因について検討していくには，生存時間分析（survival analysis）が有効である（筒井他 2007, 173）。とくに，時間経過とともに制度が強化される，あるいは協力が深化するといったように，ある説明変数が生存時間のなかで影響を与える度合いが変容するという仮説を検証するには，この分析手法が適切である（Box-Steffensmeier et al. 2003）。本章は，政治暴力が発生することを事象（イベント）として捉え，政治暴力が発生するまでの期間の長さについては，共変量（covariate）によってそれぞれの説明変数が生存時間の長さに与える影響度を推定する。そして本章は，内戦終結後から，説明変数の影響度が時間経過とともに変容するという仮説を立てたため，共変量の影響が生存時間中どのように変化するかにも焦点をあてて分析する。

分析に用いたのは，生存時間分析のなかでも，コックス比例ハザードモデル（Cox proportional hazards model）と呼ばれるモデルである。このモデルは，セミパラメトリックモデルと呼ばれる，各説明変数の生存時間への影響の大きさを評価できるタイプの手法を用いる。個体$_i$の共変量のベクトルを $\bar{Z} = [z_{i1}, z_{i2}, \cdots, z_{ij}]$ とし，個体$_i$のハザード関数を $h(z_i, t)$ とすると，コックス比例ハザードモデルの定義は，

$$h(z_i, t) = h_0(t) \cdot \exp(\bar{\beta} \bar{Z}_i) = h_0(t) \cdot \exp(\beta_i z_{i1} + \beta_i z_{i2} + \cdots + \beta_j z_{ij})$$

となる。モデルの定義にある $h_0(t)$ とは，すべての共変量のイベント発生への影響が0となった場合のハザード関数でベースラインハザードと呼ばれる。$\beta_1, \beta_2, \cdots, \beta_j$ が推定すべき未知のパラメータで，ベースラインハザードに対する共変量の影響を示している。

生存期間への影響の大きさをはかるには，ハザード比（hazard ratio）を用いる。ハザード比とは，個体間を比較した場合の相対的なリスクを意味する。1を基準として1より小さい値はある事象が起こるリスクの減少，1より大きい値はある事象が発生するリスクの増加を意味する。

コックスモデルの特徴は，個体間のハザード比が，時間によらずつねに一定であると仮定する（比例ハザード性の前提）。つまり，コックスモデルは比例

ハザード性が満たされていることを前提として分析を行う。比例ハザード性の条件をモデルが満たしているか，あるいは各説明変数が満たしているかについては，以下の2つの方法がある。共変量の値ごとにカプラン・マイヤー法で生存率関数を求め，二重対数プロットの値（$\log[-\log\{s_i(t)\}]$）をグラフで示す方法と，シェーンフィールド残差が時間に依存するか否かで確認する方法を用いて分析を進めることとする（筒井他 2007, 187-190）。

ただし本章は，時間の経過とともに，説明変数が生存時間に与える影響が変化するという仮説を提示している。すなわちこの仮説は，比例ハザード性の条件が満たされないことを前提に置いた。そこで，内戦終結後の時間経過によって，各説明変数（共変量）の影響が異なるとの仮説を検証するため，民主主義体制の説明変数に自然対数化した時間を掛け合わせた交差項の効果を分析し[4]，観察期間中における時間の推移から得られる各説明変数の限界効果を推定する。また，交差項の効果についても，同じく時間経過に伴うハザードの変化の推移を測る必要がある（Box-Steffensmeier et al. 2003）。

分析の際には，一国内の紛争エピソード同士の独立性が担保されていない可能性を考慮し，各紛争エピソードをクラスター化した標準誤差（Clustered Standard Error）を採用する。またこの分析では，ひとつの紛争エピソードのなかで武力紛争が繰り返し起こる場合に，リスクの増減をどのように捉えるかという事象の反復終結の課題がある。紛争の研究では，再び暴力が発生すれば，再発がない場合よりもその次の再発を経験するリスクが高まるという議論がある（e.g., Quinn et al. 2007; Collier et al. 2009）。そこで各紛争エピソードのなかで再発ごとに，つまり新たに事例が観察されるごとに階層化（stratification）することにより，再発を何度経験したかによってリスクが異なることを前提に検証した（Box-Steffeinsmeier and Jones 2004, 160-161）。

記述統計

表3-1は，内戦終結後に再発した政治暴力のうち，犠牲者数を25-999名と1000名以上に分けて事例数を比較している。合計82事例のうち，66パーセ

---

[4] 生存時間分析において時間経過による影響度の推移を測る際に，自然対数化した時間を交差項に用いるのは通例である。その他にも，平方根化した時間を自然対数化した時間，あるいは平方根化した時間を用いる手法がある（Box-Steffensmeier et al. 2003）。

	犠牲者数		
	25-999	1000 以上	合計
事例数	54	28	82
割合（%）	66%	34%	

表 3-1 紛争後社会における犠牲者規模別による政治暴力の事例数の比較

	再発の有無		再発の頻度				
	再発なし	再発あり	1	2	3	4	5
紛争エピソード数	42	48	26	13	5	2	2
全体（%）	47%	53%	29%	14%	6%	2%	2%

表 3-2 紛争後社会における政治暴力の再発の有無および再発の頻度

ントが1000名未満の犠牲者を伴う政治暴力であり，従来着目されてきた内戦の基準にはあてはまらない政治暴力が多く発生していることがわかる。これにより，内戦がいったん終結した後には，内戦の再発よりも，小規模の政治暴力が頻発していることが指摘でき，内戦が観察されなくとも，治安や政情が不安定な社会が多いことが明瞭である。

次に，いったん内戦が終結したのち，政治暴力の再発はめずらしくないことを確認しよう。1946年以降に発生した一国内における90の紛争エピソードのうち48，つまり53パーセントの紛争エピソードが再発を経験している（表3-2）。また，再発が観察された紛争エピソードのうち，2回以上の政治暴力を繰り返すエピソードは約半数を占めている。したがって，反政府勢力にとって，一度目の内戦の終結が決定的な終結ではなく，繰り返し政治暴力を起こすことが選択肢のひとつとなっている。

表3-3では，説明変数と統制変数の記述統計量を示す。政治体制については，民主主義体制1，それ以外を0と設定したダミー変数を用いた。民主主義体制の変数に関する操作化はMarshall et al.（2011）のPolity IV指標を用いて以下のとおり行った。Polity IV指標は，政治体制の制度化の度合いに応じて，より民主主義体制であるか否かを測る。より具体的には，執行府長の選出方法，執行府長の公的行動への制限，政治的競争が制度化しているかという観点から，−10から+10の指標によって計測され，−10を最も徹底した独裁体制，+10を最も確立した民主主義体制と位置付けている。Polity IVで分類さ

第 3 章　紛争後社会における小規模な政治暴力の発生

	観察数	平均値	標準偏差	最小値	最大値
民主主義体制	2,209	0.317	0.465	0	1
議院内閣制	2,137	0.133	0.340	0	1
交渉による紛争終結	2,209	0.541	0.498	0	1
第三者介入	2,209	0.115	0.319	0	1
紛争期間（自然対数）	2,209	0.496	1.677	−2.526	3.777
紛争犠牲者数／1000（自然対数）	2,209	1.367	2.241	−3.912	7.098
一人当たり GDP（自然対数）	2,209	6.637	1.380	3.219	10.809
人口（自然対数）	2,209	10.143	1.739	6.628	14.107
対立争点	2,209	0.445	0.497	0	1
PARREG	2,076	0.224	0.417	0	1
PARCOMP	2,076	0.490	0.500	0	1
民主主義体制 * 時間（自然対数）	2,162	0.791	1.408	−9.210	4.139
紛争犠牲者数／1000（自然対数）* 時間（自然対数）	2,162	2.962	6.474	−65.378	32.297

表 3-3　記述統計量

れるように，+6 以上の値である場合に「民主主義体制」とした。+5 から −5 の場合には「アノクラシー」，−6 から −10 の場合には「独裁制／権威主義体制」である。

　Polity IV 指標は，同指標を測定する要素に政治暴力や内戦を含むため，この指標自体に暴力の内生性が存在するとの指摘から，暴力の発生の要因を検討する際に Polity 指標を採用することに疑問視する先行研究がある（Vreeland 2008; 粕谷 2014）。この問題に対する解決策のひとつとして，Polity 指標を構成する要素のうち，暴力の影響を受ける PARREG（regulation of participation）および PARCOMP（competitiveness of participation）という 2 つの要素を統制変数として投入する方法がある（Gleditsch and Ruggeri 2010）。PARREG とは，政治参加が法によって保障されているかを示す要素であり，PARCOMP は政治参加の競争性が担保されているかを示す要素である。本章における PARREG は，Polity IV が PARREG = 1 あるいは 3 の際に 1 とするダミー変数として操作化した。PARCOMP は，Polity IV において PARCOMP = 0，1，あるいは 2 の際に 1 とするダミー変数として操作化し，この 2 つの変数をモデルに投入した。

　議院内閣制については，Chiebub, Gandhi, and Vreeland (2009) のデータを用い，議院内閣制の特徴をもつ場合に 1，それ以外を 0 とするダミー変数を

設定した。このデータは，民主主義体制下については，執行府と立法府の特徴を示す政治制度を大統領制，半大統領制，議院内閣制に分別している。また権威主義体制／独裁制下については，文民による独裁制，軍政の独裁制，君主による独裁制に分別している。ここでは，議院内閣制以外の政治制度の場合には0の値をとるダミー変数が設定されている。

本章における第三者介入は，軍，文民警察あるいは軍事監視要員を含む介入である，停戦監視あるいは治安維持などの任務をもつ，どの紛争当事者からも中立である，という3つの条件を満たすものを対象とした。この変数は，そのような条件を満たす外部アクターによる介入があった場合に1とするダミー変数によって表した[5]。データは，Heldt and Wallenstein (2006) を採用し，United Nations Department of Peacekeeping Operations (2012) を用いて改定した。

紛争終結の方法については，紛争当事者いずれかによる一方的勝利と，交渉のすえに締結された和平あるいは停戦合意による終結との2つに大別できる。この変数は，交渉による紛争終結である場合に1としたダミー変数によって表している。データは，Kreutz (2010) を採用し，和平合意，停戦合意，一方的勝利，その他と紛争終結の方法を4つに区別してコーディングされていることから，和平合意および停戦合意を1，それ以外を0として操作化した。

紛争期間（年単位）とは，事例ごとに暴力停止期間に入る以前の紛争の継続年数を示しており，モデルに投入する際には自然対数化した。紛争犠牲者数（1000当たり）は，事例ごとに暴力停止期間に入る以前の紛争で発生した犠牲者の数を示しており，モデルに投入する際には自然対数化した。データは，Kreutz (2010) のデータを採用し，UCDP Battle-related Death Dataset v5 (2011) を用いて改定した。経済発展水準に関しては，一人当たりの国内総生産（GDP）を用い，Banks (2010) のデータを採用し，United Nations

---

[5] Heldt and Wallenstein (2006) による平和維持活動（本章では第三者介入と表現する）の定義は，①軍，文民警察，あるいは軍事監視要員の派遣があること，②紛争当事者の引き離し，停戦監視，緩衝地帯の監視，治安維持に責任を負うなどのマンデートが課せられていること，③紛争当事者に対し中立（neutral）であることとしている。

	観察数	割合	暴力停止期間（平均）
民主主義体制	700	32%	20 年
アノクラシー	632	29%	9 年
権威主義体制	877	40%	13 年

表 3-4　政治体制と暴力停止期間

Statistical Book（2012）と IMF（2012）を用いて改定し，モデルに投入する際には自然対数化した。人口（1000 当たり）は，人口規模に関する変数である。人口変数は Banks（2010）のデータを採用し，やはりモデルに投入する際に自然対数化した。対立争点は，エスニック問題が紛争の火種となっている場合に 1，それ以外を 0 としたダミー変数である。データは，Walter（2004）のデータを Kreutz（2010）が改定したものを採用した。紛争当事者がエスニック別に勢力を構成している，あるいは当事者自らが，特定のエスニック集団であることを宣言しているのであれば，エスニックに基づく対立とみなすという操作化を行っているデータである。

表 3-4 では，データセット内にある事例がどのような政治体制のもとにあるかを，観察数に基づき確認する。紛争後社会において，暴力停止を維持する政治体制は，必ずしも民主主義体制ではないことがわかる。ただし，各事例の平均をみると，暴力停止期間が最も長い政治体制は民主主義体制であり，独裁／権威主義体制，アノクラシーよりも長期に暴力を回避できることを示唆している。

4　分析と結果

表 3-5 は分析結果である[6]。モデル 1 は，仮説 1 を分析したものである。民主主義体制はハザード比が 0.44 であり，暴力の再発リスクが 56 パーセント減少することを意味するが，有意水準 10 パーセントであれば統計上有意とな

---

[6] 分析結果の頑健性を確認するため，Polity IV 指標の民主主義体制とする基準の閾値を 7 以上とし分析を行った。分析結果は，PARCOMP 以外（統計上の有意性はなかった），いずれの変数の係数も表 3-5 のモデル 1，モデル 2，モデル 3 と同じ符号をもち，同様の統計上の有意性を確認した。

る。つまり，民主主義体制が政治暴力の再発リスクを低める傾向にあるものの，通常有意水準を5パーセントと設定することが多く，統計上この傾向を確定しきれるかという判断は慎重に行いたい。モデル1における民主主義体制の共変量の2重対数プロットの値を示すグラフは，比例ハザード性が満たされていれば共変量の層別で平行になるはずである。しかし本章のグラフは平行であるかは確定できないので，比例ハザード性の前提を満たしていない可能性がある（本章補遺3-2参照）。また，シェーンフィールド残差の検定結果はグローバルテストで0.0033となり，モデル1はカイ二乗検定が有意であったことから，時間に依存する変数を含んでいることを意味する[7]。ここから，比例ハザード性の条件が満たされていないと判断し，分析を進めた。

　モデル2は，仮説2を分析したものである。民主主義体制の変数とともに，比例ハザード性の条件が満たされていない1000人当たりの紛争犠牲者数の変数に関し，自然対数化した時間を交差項として投入した。モデル2を分析した結果，民主主義体制はハザード比が2.307となり，暴力再発のリスクが130パーセント増加しているが，統計上有意ではない。一方，民主主義体制と自然対数化した時間の交差項のハザード比は0.256で統計上有意であり，時間の推移による限界効果の測定が有効であることを意味している[8]。

　図3-1は，モデル2における，時間経過による民主主義体制の限界効果を示している[9]。横軸が自然対数化した時間であり，縦軸が限界効果を表してい

---

[7] Box-Steffeinsmeier et al.（2003）によれば，シェーンフィールド残差による検定では，モデルとしての比例ハザード性を検定するグローバルテストと，各変数の比例ハザード性を検定するローカルテストがあるが，どちらを優先して検定結果を用いるかについて，先行研究での見解は一致していない。したがって本書では両方のテストを用い，特定の変数が比例ハザード性の条件を満たしていない場合は，自然対数化した時間の変数を投入することとした。1000人当たりの紛争犠牲者数の変数に自然対数化した交差項を含めているのは，この対処のためである。この対処をしたのち，モデル2とモデル3について，グローバルテストおよび仮説に関わる変数に関してローカルテストで確認し，ともに比例ハザード性が確認できる結果となった。

[8] 本章の分析結果の頑健性を確認するため，時間を平方根化した変数，平方根化した時間をさらに自然対数化した変数を交差項として投入しなおし分析したところ，モデル2，モデル3ともにいずれの変数の係数も同じ符号と統計上の有意性が確認でき，一貫した結果を得られた。

[9] モデル2における民主主義体制の変数はハザード比が2.307であり，時間が0の場合には暴力の再発リスクを増加させる効果をもつ。しかし，時間経過が進むにつれてこの効果が減少する傾向が，民主主義体制＊時間（自然対数）の交差項のハザード比が0.256であることからわかるが，この傾向がいつから観察されるのかは，表3-5の分析結果から明らかにすることはできない。したがっ

第 3 章　紛争後社会における小規模な政治暴力の発生

	モデル 1			モデル 2			モデル 3		
	ハザード比	係数	Z値	ハザード比	係数	Z値	ハザード比	係数	Z値
民主義体制	0.440	−0.821	−1.72*	2.307	0.836	1.26	2.827	1.039	1.64
議院内閣制							0.332	−1.103	−2.12**
交渉による紛争終結	1.582	0.459	1.09	1.526	0.423	0.98	1.466	0.382	0.85
第三者介入	0.760	−0.275	−0.65	0.762	−0.272	−0.63	0.905	−0.099	−0.23
紛争期間（自然対数）	1.241	0.216	1.30	1.316	0.275	1.83*	1.366	0.312	2**
紛争犠牲者数/1000（自然対数）	0.916	−0.088	−0.74	1.169	0.156	0.9	1.079	0.076	0.44
一人当たり GDP（自然対数）	0.947	−0.054	−0.36	0.969	−0.032	−0.21	0.948	−0.053	−0.33
人口（自然対数）	1.052	0.050	0.54	1.105	0.099	0.95	1.185	0.169	1.63
対立争点	1.900	0.642	1.88*	2.235	0.804	2.37**	2.345	0.852	2.63***
PARREG	1.236	0.212	0.71	1.232	0.209	0.66	1.137	0.128	0.37
PARCOMP	0.774	−0.257	−0.62	0.674	−0.395	−0.9	0.591	−0.527	−1.15
民主義体制 * 時間（自然対数）				0.256	−1.361	−3.41***	0.278	−1.279	−3.32***
紛争犠牲者数/1000（自然対数）* 時間（自然対数）				0.829	−0.188	−2.34**	0.839	−0.176	−2.1**
観察数	1925			1925			1859		
Log-pseudo likelihood	−202.501			−193.581			−187.998		

注：反復終結に関しては階層化
* $p < 0.100$. ** $p < 0.05$. *** $p < 0.01$
CRSE = Clustered Robust Standard Error. 各紛争エピソードにおいてクラスター化

表 3-5　分析結果

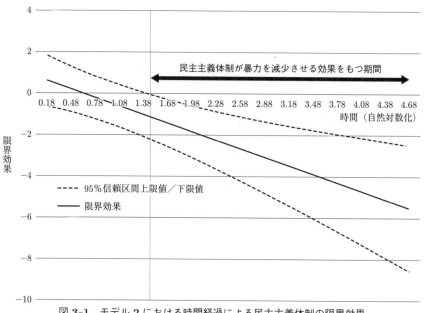

図 3-1 モデル 2 における時間経過による民主主義体制の限界効果

る。限界効果を表す線とともにその信頼区間 95 パーセントの上限値と下限値を表す線が，いずれも 0 を下回る値を占めている区間がある。この区間が限界効果として統計上有意な部分である。図 3-1 では，横軸の数値が 1.68 以降の区間がそれに該当する。この自然対数化した値を戻すと，おおよそ 4 年以前の期間においては，再発リスクの増減が分散しており統計上有意ではなく，この期間に限って仮説 1 は棄却された。ただし，紛争終結後 4 年以降に，民主主義体制は政治暴力の再発リスクを低める効果をもつという結果が得られ，この期間においては，仮説 1 と 2 が支持された。図 3-2 は，限界効果がどれほどのハザードの変化をもたらすかをパーセンテージで表している。図 3-2 からは，図 3-1 で示した統計上有意な時間軸の範囲では，76 パーセントから 99 パーセントの再発リスクの減少となり，民主主義体制は時間経過とともに暴力の再発リスクを低めていく傾向があることを確認できる。

って，時間が 0 以上になる場合の民主主義体制の限界効果をみるひとつの手法として，グラフによる表示を用いることが有効である（Bromber et al. 2006）。

第3章　紛争後社会における小規模な政治暴力の発生

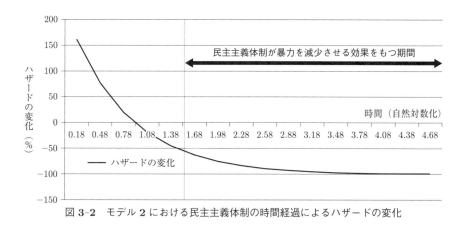

図 3-2　モデル 2 における民主主義体制の時間経過によるハザードの変化

　モデル3は，仮説1（a）を含めて分析したフル・モデルである。民主主義体制はハザード比が2.827であり，暴力の再発リスクが182パーセント以上増加しているが，統計上有意ではない。議院内閣制はハザード比が0.332であり，暴力の再発リスクが約67パーセント減少することを意味し，統計上有意な値となった。モデル3における民主主義体制と自然対数化した時間の交差項は統計上有意であり，ここでも，時間の推移による限界効果の測定が有効であることを意味している。

　図示して確認すると，モデル3は，モデル2における結果と同じ傾向をもつことがわかった。モデル3における，時間経過による民主主義体制の限界効果として統計上有意な部分は，横軸の数値が1.68以降の区間がそれに該当する。おおよそ4年以前の期間では再発リスクの増減が分散しており統計上有意ではないため，分析結果は仮説1を棄却している。ただし内戦終結後4年以降に，民主主義体制は政治暴力の再発リスクを低める効果をもつことがわかり，仮説1，2が支持された。またハザードの変化を確認すると，統計上有意な時間軸の範囲では，88パーセントから97パーセントの再発リスクの減少となり，時間経過とともに民主主義体制が暴力の再発リスクを低める傾向があることを確認できる。

　モデルの頑健性を確認するために行ってきたいくつかの分析の結果から，同様に民主主義体制がもつ限界効果を確認した。すると内戦終結後約4年から6

年半ほどの期間の幅があり、その期間以前には民主主義体制は暴力の再発リスクを高めるが、その期間以降は逆に再発リスクを低める傾向があることを確認した[10]。

観察期間 62.75 年にわたる仮説検証を試みた結果、内戦終結直後から 6 年半目までの間では、民主主義体制は政治暴力の再発リスクを低めることはない。しかし、その後の期間については、民主主義体制は、時間経過とともに再発リスクを低めていくことが明らかとなり、仮説 1 と 2 が支持された[11]。

以上の結果から、内戦が終結したばかりの国家において、競争的で自由・公正な選挙の実施に期待される、小規模なものを含めた政治暴力を抑制する効果については、注意を要するということが明らかとなった。近年の紛争後社会でみられるように、内戦終結直後に制度を応急的に整え、大衆の参加により新しい指導者や代表者を選出することは可能である（e.g., Lyons 2002）。しかし国家建設が始まったばかりのこの時期においては、治安維持能力が機能する状態には至っていないので、反政府勢力にとっては暴力に訴えやすい状況であると推測できる。また、政治制度がもつ抑制効果についても確認した。少数派にとっても政治参加が可能な権力分掌のあり方として、多元的な集団を許容する制度である議員内閣制は各政治勢力に暴力を使用する誘因を減じさせるという効

10　Polity IV 指標が 7 以上であるときを民主主義体制とした場合、モデル 2 と 3 いずれにおいても内戦終結から約 6 年半以前は再発リスクが高く（内戦終結直後は 400 パーセントの再発リスクの増加）、その期間以降に再発リスクが低くなる。時間の変数を平方根化した場合、モデル 2 では、内戦終結から 5.76 年以前の期間、モデル 3 では内戦終結から 4.5 年以前の期間は再発リスクが高くなり（内戦終結直後は 266 パーセントから 590 パーセントの増加）、その期間以降に再発リスクが低くなる。

11　UCDP や COW の定義より厳密な内戦の定義として、内戦後、非主流派が主流派と同じ領土に居住し一元化された政治体制のもとで政治的競争を続ける意思があることを含む定義がある（Doyle and Sambanis 2006; Sambanis 2004）。現実のケースでは、この違いを正確に区別することは難しい。なぜならば、勢力の中核が主流派と同じ領土に居住している国内グループであっても、一部のメンバーが国外から投入される国外グループを含む場合、この国内と国外グループが混合することがままあるからである。さらに長期的に概観すると勢力の構成も固定化されておらず、動態的であるからだ。Kreutz（2010）のデータセットでは、全観察期間にわたって①反政府勢力が国内グループのみのケース、②国内と海外グループの混合のケース、そして③反政府勢力が国外グループのみのケースに分けることができる。そこで③のケースに該当するギニアビサウ、オマーン、アメリカのケースを除去して分析したところ、分析結果は仮説に関わる変数およびほとんどの変数の係数が表 3-5 のモデル 1、モデル 2、モデル 3 の分析結果と同じ符号をもち、同様の統計上の有意性を確認した。

果について，本章でもその効果を確認した。本章の分析は，紛争後社会という環境下における政治暴力の再発の有無を論じるには，政治勢力が置かれる政治的競争の場に加えて，彼らの意思決定に影響を及ぼす国家の能力の構築状況を踏まえて分析する必要があるということを示している。

このほかの分析結果に目を転じよう[12]。エスニック集団同士の内戦であった場合，モデル1から3いずれにおいても暴力の再発リスクが高まる傾向をもち，統計上有意であった。Walter（2004）は，内戦が停止したとしても，なんらかの不満をもてば，エスニック集団は勢力を再び結集させやすく，暴力を振るいやすいと議論する。留意したいのは，紛争後社会においてエスニック集団がもつ不満とは，内戦を引き起こした対立争点が引き続き問題となっているのか，あるいは，紛争後社会において生まれた新しい対立争点なのかは，本章の分析から明らかにすることはできない。そのため，さらなる分析が必要である。

交渉により紛争が終結した場合，モデル1から3いずれにおいても，暴力の再発リスクが高まるという傾向をもつものの，統計上有意ではなかった。この結果からは，交渉による紛争終結が政治暴力の再発リスクを高めるのか低めるのか，結論づけることはできない。本章の分析結果は，従来の研究による，一方的勝利あるいは交渉による終結のどちらが再発防止に有効であるかという議論に対して，どちらかを支持するものではない。

反政府勢力の政治的・軍事的立場に影響を及ぼすであろう第三者介入は，政治暴力の再発リスクを低める傾向にあるものの，統計上有意ではなかった。もともと第三者介入は内戦終結前後の時期から限られた期間のみにみられる現象である。長期的な期間を分析対象とする本章では，限定的な期間の第三者介入のプレゼンスの有無が，各勢力に与える影響を測っていることになる。暫定的

---

[12] 分析の結果，紛争期間はモデル2と3で期間が長くなるほど政治暴力の再発リスクが高まることが統計上有意となり，仮説は棄却された。紛争犠牲者数は，モデルにより符号が異なるうえ，いずれも統計上有意でなく仮説は棄却された。経済規模については，いずれのモデルも一人当たりのGDPが大きくなるほど政治暴力の再発リスクを低めるという傾向をもつが，統計上有意ではなかった。人口規模については，規模が大きくなるほど再発リスクが高まる傾向がみられるが統計上有意ではなかった。ここで挙げた変数における仮説は一部が棄却されており，さらなる検討が今後の研究課題となりうる。

ではあるが，今回の分析結果では，第三者介入は暴力の再発を抑制する効果をもつとはいえないことがわかる。ただし，第三者介入の効果に関する先行研究では，強制的な介入，交渉による合意があることを前提とする介入など，さまざまな介入のタイプに分類したうえで分析が進められている。したがって，そのようなタイプ別に基づく分析を進めることがさらなる研究に必要と思われる。

5 小　括

本章では，先行研究が等閑視しがちであった，小規模なものを含めた政治暴力を扱い，政治体制，政治制度，そして国家が治安を維持し暴力を統制する能力の構築が，紛争後社会における暴力再発に対して及ぼす影響を検討した。本書の問いのひとつは，民主主義体制が政治暴力の再発に対してどのような影響を及ぼすのか，であった。この問いに対し，民主主義体制がもつとされる政治暴力の再発リスクを低める効果は，国家の治安維持能力が向上するときになって初めて発揮される，という答えを本章は提示した。本章では，仮説の導出の際に以下のように論じた。内戦終結直後における競争的で自由・公正な選挙の実施は，国家の暴力を統制する能力が乏しいため，政治勢力が暴力を回避する誘因を高めることができない。しかし，国家の能力が向上すれば政治勢力にとって暴力を起こすコストが上がることから，暴力を抑制する効果をもつ。本章の分析結果は，こうした議論が妥当であることを示唆するものである。紛争後社会において民主主義体制が暴力抑制に対して有する効果について議論が交わされているのに対し，時間経過による国家建設の進捗が民主主義体制の暴力を抑制する効果に対して与える影響を考慮することで，本章は一貫した説明を提示したといえよう。

また，議院内閣制という政治制度は，暴力の再発リスクを低めることを確認した。この結果は，政治体制の特徴とは別個に，特有の政治制度が暴力の再発に与える影響を検討する余地を示している。

反政府勢力が暴力をもって活動を展開する見極めの材料となるのが，政治体制，政治制度とともに，国家の能力の程度である。これらを分析対象として導

第 3 章　紛争後社会における小規模な政治暴力の発生

入する意義を本章は示したといえる。反政府勢力は金や人員を調達し，政治的な影響を及ぼそうとする強い意思が必要である。それなりの尽力を注がなければならないのは，政党として政治活動を展開するにも同様である。人々からの支持を得るためのキャンペーン，資金の収集，候補者の選定，さらには運営能力まで相当の組織力が問われる。暴力か非暴力かという選択肢の狭間で，各勢力が制度を通じて政治参加するには，組織的な能力の判断とともにどれほど政治的主張が聞き入れられるか，そして国家（政府）がどれほど暴力を統制できるかを考慮することは，想像にかたくないだろう。

　本章では，検証に用いたデータが 1 年の間に 25 人以上犠牲者が出た際にコード化されているため，犠牲者数が 25 人未満の小規模な暴力行為については含まれておらず，政治暴力のなかでも一部を捉えたにすぎない。しかし，紛争後社会における政治暴力について，分析対象を従来注目されていた内戦から小規模なものを含めた政治暴力に拡張したことにより，先行研究で議論されてきた内戦を再発させる規定要因の分析を踏まえて，小規模なものを含めた政治暴力の再発の要因を論じることが可能となった。本章の分析結果は，紛争後社会において，民主主義体制の導入からおおよそ 4 年から 6 年半は，小規模のものを含めた政治暴力を抑制する効果をもたないというものであった。では，本来民主主義体制がもつ政治暴力を抑制する効果が，この特定の期間において生じないのはなぜなのか。この疑問を解いていくにあたっては，国家建設が途上であるという点を加味し，上記に示したような，反政府勢力が暴力手段を用いるか否かの意思決定を分析していくことが有用になると考えられる。

補　遺

補遺 3-1　紛争エピソードと事例一覧

紛争エピソード国名 (country)	反政府の紛争当事者 (conflict)	紛争終了年	紛争再発年
ボリビア	Popular Revolutionary Movement MNR (Movimiento Nacionalista Revolucionario) ELN (Ejército de Liberación Nacional de Bolivia)	1946	1952 1967
中国	PLA (Chinese People's Liberation Army)	1950	
ギリシャ	DSE (Democratic Army of Greece)	1949	
イラン	KDPI (Kurdistan Democratic Party of Iran) KDPI KDPI KDPI	1988	1990 1993 1996
フィリピン	HUK (Hukbalahap/Hukbo ng Bayan Laban sa Hapon) CPP(The Communist Party of the Philippines), Military Faction (forces of Honasan, Abenina & Zumel) CPP CPP	1954	1969 1997 1999
ソ連	BDPS (United Democratic Resistance Movement)	1948	
ソ連	UPA (Ukranian Insurgent Army)	1950	
中国	Taiwanese insurgents	1947	
パラグアイ	Opposition coalition (Febreristas, Liberals and Communists) Military faction (forces of Alfredo Stroessner) Military Faction (forces of Andres Rodriguez)	1947	1954 1989
ミャンマー	KNUP(Karen National United Party), KNU(Karen National Union) KNU KNU KNU	1992	1995 1997 2005
ミャンマー	CPB-RF (Comunitst Party of Burma Red Flag), CPB (Communist Party of Burma), PVO (the Peoples Volunteer Organisation), "White Band" faction ABSDF (All Burma Students Democratic Front)	1988	1990

第 3 章 紛争後社会における小規模な政治暴力の発生

	ABSDF		1994
ミャンマー	APLP (Arakan Peoples Liberation Party), Mujahid Party, ANLP (Arakan National Liberation Party), CPA (Communist Party of Arakan), RPF (Rohingya Patriotic Front), ALP (Arakan Liberation Party)	1988	
	ARIF (Arakan Rohingya Isalmic Front), RSO(Rohingya Solidarity Organisation)		1991
	RSO		1994
コスタリカ	National Liberation Army	1948	
イエメン (北部)	Opposition coalition	1948	
	Royalists		1962
	National Democratic Front		1980
	AQAP (Al-Qaida in the Arabian Peninsula)		2009
ミャンマー	KIO (Kachin Independence Organisation Army)	1992	
グアテマラ	FAR (Fuerzas Armadas Rebeldes) I, FAR II, EGP (Ejército Guerrillero de los Pobres), ORPA (La Organización del Pueblo en Armas), URNG (Unidad Revolucionaria Nacional Guatemalteca)	1995	
中国	Tibet	1950	
	Tibet		1956
	Tibet		1959
インドネシア	Republic of South Moluccas	1950	
タイ	CPT (Communist Party of Thailand)	1982	
キューバ	M-26-7	1958	
	Cuban Revolutionary Council		1961
インドネシア	Darul Islam	1953	
	Darul Islam, PRRI (Pemerintahan Revolusioner Republik Indonesia), Permesta		1958
アルゼンチン	ERP (Ejército Revolucionario del Pueblo), Monteneros	1977	
インド	NNC (Naga National Council)	1959	
	NNC		1961
	NSCN (National Socialist Council of Nagaland)-IM		1992
	NSCN-IM		2000
	NSCN-K		2005
イラク	Military Faction (Free Officers Movement), Military faction (forces of Colonel Abdul Wahab al-Shawaf)	1959	
	NCRC (National Council for the Revolutionary Command), Military faction (forces of Brigadier Arif)		1963

81

	SCIRI (Supreme Council for Islamic Revolution in Iraq)		1982
	SCIRI		1987
	SCIRI		1991
	Al-Mahdi Army, Ansar al-Islam, ISI (Islamic State of Iraq)		2004
レバノン	Independent Nasserite Movement /Mourabitoun militia	1958	
	LNM, LAA,Amal, NUF, Lebanese Forces -Hobeika faction,Lebanese Army (Aoun)		1975
ラオス	Pathet Lao, Neutralists	1961	
	Pathet Lao		1963
	LRM (Laos Resistance Movement)		1989
ミャンマー	NSH (Noom Suk Harn), SSIA (Shan State Independence Army), SNUF (Shan National United Front), SSA (Shan State Army), SURA (Shan United Revolutionary Army), SSNLO (Shan State nationalities Liberation Organisation)	1970	
	SURA (Shan United Revolutionary Army), SSRA (Shan State Revolutionary Army), TRC (Tai Revolutionary Council), MTA (Mon Tai Army)		1976
	Shan (1993-2002)		1993
	SSA (Shan State Army)-S		2005
エチオピア	TPLF (Tigray People's Liberation Front), EPRP (Ethiopian People's Revolutionary Party), EDU (Ethiopian Democratic Union), EPDM (Ethiopian People's Democratic Movement), Military faction (forces of Amsha Desta and Merid Negusie), EPRDF (Ethiopian People's Revolutionary Democratic Front)	1991	
ネパール	CPN-M (Communist Party of Nepal-Maoist)	2006	
フランス	OAS (Organisation Armée Secrète)	1962	
イラク	KDP (Kurdistan Democratic Party)	1970	
	KDP, PUK (Patriotic Union of Kurdistan), KDP-QM		1973
	PUK		1996
エチオピア	ELF (Eritrean Liberation Front), EPLF (Eritrean People's Liberation Front), ELF-PLF (Eritrean Liberation Front-Popular Liberation Forces)	1991	
	Eritrea		1998
スーダン	Anya Nya/SSLM (South Sudan Liberation Movement)	1972	
	Southern Sudan (1983-2004)		1983
コンゴ/ザイール	CNL (National Liberation Council)	1965	

第 3 章　紛争後社会における小規模な政治暴力の発生

	Opposition militias FLNC (Front National pour la Libération du Congo) AFDL (Alliances des Forces Democratiques pour la Libération du Congo-Zaïre), RCD (Rassemblement Congolais pour la Démocratie), RCD-ML, MLC (Mouvement de Libération du Congo) CNDP (Congrès National pour la Défense du Peuple)		1967 1977 1996 2006
ブルンジ	CNDD (Conseil National Pour la Défense de la Démocratie), Frolina, Palipehutu-FNL (Parti pour la libération du peuple hutu -Forces nationales de libération), CNDD-FDD (Conseil National Pour la Défense de la Démocratie-Forces pour la Défense de la Démocratie) Palipehutu-FNL	2006 	 2008
チャド	MOSANAT (Mouvement pour le Salut National du Tchad), Revolutionary Forces of 1 April, Islamic Legion, MPS (Le Mouvement patriotique du Salut), Military faction (forces of Maldoum Bada Abbas), MDD (Mouvement pour le développement et la démocratie), CNR (Comité National de Redressement), CSNPD (Conseil de Salut National pour la Paix et la Démocratie), FNT(Front National du Tchad) FARF (Forces Armees pour la Republique Federale), MDD, MDJT (Mouvement pour la Démocratie et la Justice au Tchad) FUCD (Front Uni pour le Changement Democratie), UFDD (Union des Forces pour la Démocratie et le Développement), RAFD (Rassemblement des Forces Démocratiques), AN, UFR (Union des Forces Républicaine)	1994	 2002 2005
ドミニカ共和国	Military faction (Constitutionalists)	1965	
インドネシア	OPM (Organisasi Papua Merdeka)	1978	
ペルー	Sendero Luminoso, MRTA (Movimiento Revolucionario Túpac Amaru) Sendero Luminoso	1999	 2007
インド	MNF (Mizo National Front)	1968	
南アフリカ	SWAPO (South-West Africa People's Organisation)	1988	
シリア	Muslim Brotherhood	1982	
カンボジア	Khmer Rouge/FUNK (Front Uni National Khmer)	1975	

	KNUFNS (Kampuchea United Front for National Salvation), Khmer Rouge, KPNLF (Khmer People's National Liberation Front), FUNCINPEC (Front uni National pour un Cambodge Idépendant, Neutre, Pacifique et coopératif)		1978
ナイジェリア	Republic of Biafra	1970	
ギニア	RFDG (Rassemblement des Forces Démocratiques de Guinée)	2001	
フィリピン	MIM (Muslim Independence Movement), MNLF (Moro National Liberation Front), MILF (Moro Islamic Liberation Front)	1990	
	MNLF, ASG (Abu Sayyaf), MILF, MNLF-NM, MNLF-HM		1993
パキスタン	Mukti Bahini	1971	
スリランカ	JVP (Janatha Vimukthi Peramuna)	1971	
	JVP		1989
ウガンダ	Fronasa (Front for National Salvation), Kikosi Maalum, UNLA (Uganda National Liberation Army)	1979	
	FUNA (Former Uganda Army), NRA (National Resistance Army), UNRF(Uganda National Rescue Front)		1981
イギリス	PIRA (Provisional Irish Republican Army)	1991	
	PIRA		1998
エルサルバドル	ERP (Ejército Revolucionario del Pueblo), FPL (Fuerzas Populares de Liberación "Farabundo Martí"), FMLN (Frente Farabundo Martí para la Liberación Nacional)	1991	
オマーン	PFLO (Popular Front for the Liberation of Oman)	1975	
ローデシア/ジンバブエ	ZANU (Zimbabwe African National Union), ZAPU (Zimbabwe African People's Union), PF (Zimbabwe African National Union-Patriotic Front)	1979	
チリ	Military faction (forces of Augusto Pinochet, Toribio Merino and Leigh Guzman)	1973	
バングラデシュ	JSS (Jana Samhati Samiti) /SB (Shanti Bahini)	1992	
パキスタン	Baluchi separatists	1977	
	BLA (Balochistan Liberation Army), Baluch Ittehad, BRA (Balochistan Republican Army)		2004
アンゴラ	FNLA (Frente Nacional de Libertação de Angola), UNITA (União Nacional para a Independência Total de	1995	

第3章　紛争後社会における小規模な政治暴力の発生

	Angola)		
	UNITA		1998
エチオピア	WSLF (Western Somali Liberation Front)	1983	
	ONLF (Ogaden National Liberation Front)		1996
	ONLF		1998
	ONLF		2004
インドネシア	Fretilin (Frente Revolucionária de Timor-Leste Independente)	1989	
	Fretilin		1992
	Fretilin		1997
東ティモール	Militia against independence	1999	
	Military faction(petitioners, gangs)		2006
モロッコ	POLISARIO (Frente Popular de Liberación de Saguía el Hamra y Río de Oro)	1989	
モザンビーク	Renamo (Resistência Nacional Moçambicana)	1992	
アフガニスタン	PDPA (People's Democratic Party of Afghanistan), Jam'iyyat-i Islami-yi Afghanistan, Harakat-i Inqilab-i Islami-yi Afghanistan, Jabha-yi Nijat-i Milli-yi Afghanistan, Mahaz-i Milli-yi Islami-yi Afghanistan, Hizb-i Islami-yi Afghanistan -Khalis faction, Hizb-i Islami-yi Afghanistan -Hekmatyar faction, Ittihad-i Islami Bara-yi Azadi-yi Afghanistan, Harakat-i Islami-yi Afghanistan, Hizb-i Wahdat, Military faction (forces of Shahnawaz Tanay), Junbish-i Milli-yi Islami, Taleban, UIFSA (United Islamic Front for Salvation of Afghanistan)	2001	
	Taleban, Hizb-i Islami-yi Afghanistan -Hekmatyar faction		2003
ニカラグア	FSLN (Frente Sandinista de Liberación Nacional)	1979	
	Contras/FDN (Fuerza Democrática Nicaragüense)		1981
ソマリア	SNM (Somali National Movement), SPM (Somali Patriotic Movement), USC (United Somali Congress), USC/SNA (Somali National Alliance) (1996), SRRC (Somali Reconciliation and Restoration Council) (2002)	2002	
	ARS (Alliance for the Re-liberation of Somalia) /UIC (Union of Islamic Courts), Harakat Ras Kamboni, Al-Shabaab, Hizbul-Islam		2006
イラン	MEK (Mujahedin-e Khalq)	1982	
	MEK		1986

	MEK		1991
	MEK		1997
	MEK		1999
	PJAK (Kurdistan Free Life Party), Jondullah		2005
リベリア	NPFL (National Patriotic Front of Liberia), INPFL (Independent National Patriotic Front of Liberia)	1995	
	LURD (Liberians United for Reconciliation and Democracy), MODEL (Movement for Democracy in Liberia)		2000
南アフリカ	ANC (African National Congress)	1988	
インド	Sikh insurgents	1993	
スリランカ	LTTE (Liberation Tigers of Tamil Eelam), TELO (Tamil Eelam Liberation Organization), EPRLF (Eelam People's Revolutionary Liberation Front)	2001	
	LTTE		2003
	LTTE		2005
イエメン (南部)	Yemenite Socialist Party -Abdul Fattah Ismail faction	1986	
インド	ULFA (United Liberation Front of Assam)	1991	
	ULFA		1994
インドネシア	GAM (Gerakan Aceh Merdeka)	1991	
	GAM		1999
ルワンダ	FPR (Front Patriotique Rwandais)	1994	
	FDLR (Forces Démocratiques de Libération du Rwanda)		1997
	FDLR		2009
シエラレオネ	RUF (Revolutionary United Front), AFRC (Armed Forces Revolutionary Council), Kamajors, WSB (West Side Boys)	2000	
ユーゴスラビア	Republic of Croatia, Croatian irregulars	1991	
アゼルバイジャン	Republic of Nagorno-Karabakh	1994	
	Republic of Nagorno-Karabakh		2005
ボスニア・ヘルツェゴビナ	Serbian Republic of Bosnia and Herzegovina, Serbian irregulars	1995	
エジプト	al-Gamaa al-Islamiyya	1998	
ジョージア	Republic of Abkhazia	1993	
タジキスタン	UTO (United Tajik Opposition)	1996	
	UTO, Movement for Peace in Tajikistan		1998
ボスニア・ヘルツェゴビナ	Croatian Republic of Bosnia and Herzegovina, Croatian irregulars	1994	

第3章　紛争後社会における小規模な政治暴力の発生

ロシア	Republic of Chechnya (Ichkeria) Republic of Chechnya (Ichkeria)	1996	1999
イエメン	Democratic Republic of Yemen	1994	
パキスタン	MQM (Mutttahida Qaumi Movement) TNSM (Tehreek-e-Nafaz-e-Shariat-e-Mohammadi), TTP (Tehrik-i-Taliban Pakistan)	1996	2007
コンゴ／ ブラザヴィル	Cobras, Cocoyes, Ninjas, Ntsiloulous Ntsiloulous	1999	2002
ギニアビサウ	Military Junta for the Consolidation of Democracy, Peace and Justice	1999	
ユーゴスラビア	UCK (Ushtria Çlirimtare e Kosovës)	1999	
米国	al-Qaida (The Base) al-Qaida (The Base)	2002	2004
コートジボワール	MPCI (Mouvement Patriotique de Côte d'Ivoir), MPIGO (Mouvement Populaire Ivoirien du Grand Ouest), MJP (Mouvement pour la Justice et la Pai), FN (Forces Nouvelles de Côte d'Ivoire)	2004	

注：紛争が再発した場合には，その再発年のみを示す。

補遺 3-2　モデル 1 における民主主義体制の 2 重対数プロット

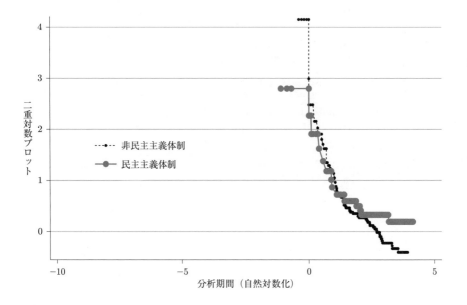

第4章

紛争後社会における政治勢力の組織的転換

1 はじめに

　本章は，2つ目の問いである「民主主義体制がなぜ政治暴力を抑制する効果を発揮しないのか」に答えるための分析を行う。第3章では，「民主主義体制の導入が政治暴力の再発に対してどのような影響を与えるのか」という問いに対して，おおよそ内戦終結直後から最大6年半までの間は，民主主義体制の存在は，政治暴力の再発リスクを低めないという分析結果を提示した。この分析結果から，民主主義体制は本来非暴力的な政治手段として導入されることが多いが，なぜすぐに暴力を抑制することができないのかという疑問が生まれる。前章では，治安を維持し暴力を統制する国家の能力（治安維持能力）が脆弱であるためと論じたが，分析は因果効果の推定にとどまった。

　そこで，民主化と治安維持能力の脆弱性が政治暴力を生み出す因果メカニズムを明らかにすることが求められよう。この因果メカニズムを明らかにすることは，民主化によって政治的競争における非暴力的手段が導入されれば，暴力は減少すると理解されてきた議論の前提を再検討する機会ともなる。そこで，政治勢力が直面する権力分掌の交渉経緯に焦点をあてて，暴力を用いるコストをどのように捉えるか，そしてなぜ政治勢力が暴力を選択するか，そのメカニズムを明らかにしたい。

　先行研究では紛争後社会における民主化と国家建設がその結果としてもた

らす暴力については別個にその因果関係が扱われてきた。そこで本章では，まず民主化と国家建設の両方の視点を導入する意義を検討し，そうした状況下におかれた政治勢力間の権力分掌に関わる交渉経緯を分析する。この分析では交渉当事者間の合意が守られないというコミットメント問題（Fearon 1995a, 1998a）の議論を素地とし，交渉に直面した各勢力が，政党への転換や国家組織への編入を図るなかで，どのような条件のもとでこの問題が発生するかを論じる。そして，問題が解決できず反政府勢力は武器を所持し続けるか，あるいはこの問題を緩和・解消して政党や国家組織への転換を選択するかが分析の焦点となる。本章では，この非主流派の意思決定過程を説明するための因果メカニズムを，フォーマルモデルによって提示する。

次にこのモデルの分析結果に基づき，東ティモール独立に伴い1999年から2004年までの期間に行われた，非主流派の組織的転換を巡る勢力間の交渉経緯を分析する。東ティモールでは国連の暫定統治下のもと，人々の大方の支持に基づき選挙の実施と国家機関の創設が積極的に推し進められた。暴力を抑制する効果をもつとされてきた第三者の存在もあったが，CPD-RDTL，サグラダ・ファミリア（Sagrada Familia）といった反政府勢力が活発化した。一方，政党への転換を果たしたPD（Partido Democrático，民主党）や，インドネシアに対する抵抗運動を担った元ファリンティルの戦闘員のなかで国家組織への編入に成功した勢力がいる。そこで，各勢力の組織転換が決定づけられる民主化と国家建設の初期段階にある権力分掌に関わる交渉に着目する。

以下，まず第2節で，民主化から生じる暴力と国家建設から生じる暴力について検討し，国家建設のなかでも治安維持能力の構築が最優先課題である点を指摘する。そして，政治勢力がどのように民主化と国家建設に関わるのかを明らかにするために，政治勢力間の交渉過程に焦点をあてることを提案する。第3節では，モデルを構築し，コミットメント問題の生起と緩和・解消の可能性を検討する。第4節では，第3節で明示したモデルに基づき，東ティモールの諸勢力が経験した，反政府勢力としての武力維持，交渉を妥結したのちの国家機関への編入の成否，政党への転換の事例を検証する。最後の小括では，結論と今後の研究課題を提示する。

2　民主化と国家建設の試みと暴力

　紛争後社会における民主化は，暴力を抑制する効果が期待される一方で，暴力を生み出す可能性もあることから，諸刃の剣といえる。第1章で述べたように，本書では，民主化とは非民主主義体制から民主主義体制へ転換することで，競争的で自由・公正な選挙が実施されることを指す。とくに内戦終結後は，エリート間の政治競争が非暴力化するかが問題である。民主主義体制では，選挙という非暴力的手段を通じて代表者になる勝者と敗者が生まれるが，敗者は次回の選挙まで，政治的競争の結果を受け入れることが前提にある（e.g., Przeworski 1991）。しかし，このルールを遵守しきれないアクターが，暴力を起こすことがある。この民主化が行われる環境下で，政治勢力がもつ戦略的検討のひとつは，この非暴力的な政治的競争の場に参加するのか否かである。この政治参加のためには，政治勢力は政党への組織転換を迫られる。

　一方，国内の治安を維持し暴力を統制する能力を構築する過程である国家建設にも，政治勢力は大きく関心を寄せることになろう。その理由は第1に，政治勢力が行動を起こす際には，国家が秩序を保つ能力をもっているかどうか，見極めるからである。内戦終結直後は，前章まで論じてきたように，治安部門そのものが欠如しているか，あるいは治安部門は存在していても，国家の構成員が治安部門の行動を合法的と認めるのかは不透明である。このようなとき，各政治勢力は暴力を政治手段として用いやすい。また，政党への転換など非暴力的手段を政治勢力が採用するとき，これまで武装してきた政治勢力が武器を放棄できるかどうかが，紛争後社会が非暴力的な環境を整備するために直面する課題である。他の勢力も同時に武器を放棄することを確認し，自身の安全確保ができなければ，各勢力は武器を放棄しないであろう[1]。このように，国家がもつ治安維持能力の欠如あるいは不足は，政治勢力を不安にさせる。

　第2の理由は，政治勢力が国家建設に参加できる可能性があるためである。国家建設への参加とは，治安部門が組織編成されるとき，政治勢力の一部が

---

[1] 国連や民間警備会社などの第三者が治安を確保するための支援を提供しているが，この効果は千差万別である（Edelstein 2009; Avant 2009）。

この治安部門の要員として採用されることを意味する。言い換えれば，法と秩序の回復のための公権力の創設は政治勢力にとっては権力分掌の手段のひとつであり，誰が治安維持能力をもつかは，彼らにとって重要な問題である。民族対立が顕著なボスニア・ヘルツェゴビナでは，1995年のデイトン合意により，クロアチア人で構成されるHVO（Hrvatsko Vijeće Obrane）軍と，ボスニア人で構成されるABiH（Army of Bosnia and Herzegovina）軍がボスニア・ヘルツェゴビナ連邦軍（Federation Army of Bosnia and Herzegovina）に統合されるはずであった。しかし，どの軍も外国からの財政支援を受けつつ並存し（Kaldor 2003），連邦軍に統合されたのは約10年後の2006年であった。アフガニスタンでは2001年のボン合意において新しい国軍にどの勢力が加入するのかは定めなかった。そのため，国軍ではなく反タリバン同盟に所属する各勢力が，それぞれ実権を握る各地域において実質的な治安維持を担当している（Giustozzi 2009）。このように武器をもった勢力は，停戦を迎えても武力を即座に手放すことを躊躇する。誰も武器を手放す必要がない国家間紛争と異なり，国内紛争後の場合は，国家権力が暴力管理することを人々から認められるには，それ以外の武装勢力は武器を手放す必要がある（Kathman and Shannon 2016）。安全などの保障を与えずして，各勢力に自分たちの身を守る武器を手放すことは期待できないだろう。

　以上の議論を踏まえれば，民主化と国家建設が同時に進行すると，政治勢力は武力を手放し政党へ転換する，あるいは治安維持能力に関わる権力分掌を模索できる可能性に直面する。合意により内戦が終結すれば，その合意は各勢力にとって暴力に基づく交渉手段を制限することを意味し，非暴力的手段による政治的競争の場が整えられる段階となる。ただし，なんらかの不満があると合意は覆されて暴力が再び用いられることはままある。たとえばアンゴラでは政府（MPLA: Movimento Popular de Libertação de Angola）と反政府勢力UNITA（União Nacional para a Independência Total de Angola）の間で，合意が締結されては破られ，暴力が繰り返し生起した。1991年のビセセ合意（Bicesse Accords）は，一党制から複数政党制への制度変更，UNITA軍事部門の政府軍への統合などの条項を盛り込んでおり，UNITAが非暴力的な政治に参加するための環境を整えていき，停戦後，大統領選挙と議会選挙が

実施された。しかし発表された投票結果に不満をもつ UNITA は，大統領選の決選投票への参加を拒否し，内戦が再発した。1994 年のルサカ合意（Lusaka Accords）は，ビセス合意と同じく政府と UNITA の間で政治上，軍事上の権力分掌を定めたが，UNITA が軍の武装解除の合意に反して自身の軍を維持した（Hartzell and Hoddie 2007, 122）。そして UNITA はそのまま第二次コンゴ戦争に参加したのである。このように UNITA は，政党としての選挙への参加や武装解除を予定していたにもかかわらず，2 度にわたって合意を破棄し，武装の維持を選んだ。しかしながら，2002 年 2 月 UNITA の創設者が MPLA によって暗殺されると，同年 4 月に UNITA の幹部と MPLA はルサカ合意の内容を踏襲したルエナ合意文書（Luena Memorandum of Understanding）を取り交わし，UNITA は自ら武装解除と政党への転換を宣言した（Vines and Oruitemeka 2009）。

　このように，暴力から非暴力へと政治的競争の手段を転換させようとする紛争当事者間の合意は破棄され，暴力が再発することもあれば，合意が維持され暴力発生を回避できることもある。そこで，紛争後社会における暴力がなぜ発生するのかを理解するには，停戦ののちの競争的で自由・公正な選挙の実施と，国家機関の創設に向けた権力分掌を決定していく過程を分析することが重要である。

2-1　紛争後社会における権力分掌の交渉

　停戦ののち各政治勢力は，民主化に向けた第 1 回目の選挙以前に，権力分掌の可能性を探るべく交渉をしばしば展開する。そのような交渉は，軍事力，新政府内の閣僚ポストの配分や領土配分，言語政策や教育政策などに関する取り決めを生み出すことがある。一般に紛争終結の方法には，紛争当事者一方の軍事的な勝利により終結する場合と，交渉によって終結する場合がある。第 2 章で確認したように，権力分掌の合意を締結して暴力行為を終了させようとする試みは，冷戦終結以後，主要な国内紛争の終結の方法となっている。しかしながら，交渉に基づく紛争の終結は，実際には合意内容が曖昧なままもたらされ，権力分掌の中身が明確でない，あるいは合意が履行されることを保障するものではない。そのため，当事者間にさまざまな憶測をもたらし，再び暴力を

用いる可能性があると，先行研究では検討されてきた。一方第3章では，交渉による紛争終結は小規模なものを含めた政治暴力の再発リスクを必ずしも高めないことを分析から確認した。こうした議論を踏まえれば，かりに交渉に基づく紛争の終結により合意がなされても，合意の内容は解釈を加えられたりして修正あるいは更新され，停戦後も駆け引きが生じうる。そのなかで暴力を選択する源泉である当事者間の憶測，不満や不安がなぜ生じるのか，それらは緩和・解消されるのかを，明らかにすることが求められるだろう。

　Fearon (1995a, 1998a) は，自由選挙を行い，新しく国家機関を設立する過程のなかで権力分掌の合意が破棄される「コミットメント問題」が浮上することを指摘した[2]。この議論では，政治勢力の間には政治上にも軍事上にも，力に差がある多数派と少数派がいる。多数派が新国家における代表者になるが，いったん新国家が設立されれば公権力を掌握でき，自らの軍事力が増強するので，権力分掌の合意を破棄する可能性がある。このことを少数派は見越して武力を維持するという問題をフィアロンは提起したのである。コミットメント問題がほぼ不可避的であり，民主化と国家建設が進むところではこの問題が生じざるをえないことを示唆する。ここからは，この問題提起から派生する議論を追ってみる。

　まず，なぜ合意が遵守されない不安が生じるのか，その根源はいくつかあると思われる。第1にこれまで先行研究が議論してきたように，治安維持能力の不在であり，安全を確保してくれる者も，交渉結果を担保する者もいない無政府状態であるため，紛争当事者が，合意の履行について疑心暗鬼になる (e.g., Sisk 2010)。第2に，交渉相手に対して交渉に至るまでに互いに不信をもつからだと思われる。本書では第1章で確認したように，紛争中の紛争当事者間だけでなく，さまざまな政治勢力が権力分掌の交渉に加わる可能性を加味するとした。当事者同士は紛争中に対立した当事者であったのか，上意下達の主従関係にあったのか，あるいは対立していた当事者のなかから生まれた新興勢力であるのかなど，さまざまな関係がありうる。それまでの2者の関係が協調的あるいは対立的であったのかなどの歴史的な経験が，不安をどれだけ

---

[2] フィアロンの議論の多くは主に国際紛争下でのコミットメント問題を論じているが (e.g., Fearon 1995b)，本章が着目したのは国内紛争終結におけるコミットメント問題である。

生み出すかを決定づけると考えられる。第3に，交渉に基づく合意の履行を取り巻く環境の変化がある。合意の履行が危ぶまれる理由として，第1に挙げた無政府状態であることとも関連するが，外生的に合意の履行の前提となる安全確保が脅かされる可能性がある。たとえば近隣国の治安悪化が波及する，あるいは国内の一地域の治安悪化が全国に波及し，合意の履行が困難になる場合がある（e.g., Fearon and Laitin 2004）。こうした外部条件の変化については，治安そのものだけではなく，感染症の蔓延や経済状況の悪化など，社会経済条件が変化することによって，基本的な社会生活の確保ができなくなる可能性も含まれるだろう。最後に，交渉による合意の履行に伴う費用は誰が負担するかは，しばしば問題となる（Stedman 2002）。つまり，合意を履行するための財源確保の有無も合意の信憑性に影響を及ぼす要素である。

次に「コミットメント問題」の発生を回避すべく，合意内容や交渉過程の性質を問う研究群がある。Walter（2002）は武装解除のプロセスにおいて，第三者の監視あるいは強制の重要性を挙げた。交渉当事者は互いに情報の不確実性をもち，合意履行をモニタリングする能力がなく，どの勢力も軍事力に基づく一方的勝利を望んでいるという。その場合，合意を破棄しようとするインセンティブが働き，コストのかかるシグナル（costly signal）は有効でないという。そして，確実に合意が履行されるという信憑性を反政府側（非主流派）に与えるためには第三者による監視あるいは強制が必要であると議論する。Matanock（2017）は，合意に選挙実施を明記することにより，選挙サイクルを通じて選挙への期待が収れんしていき，第三者は軍事的措置ではなく援助をはじめとする低いコストで状況に関与することで，コミットメント問題を解決できると主張する。Hartzell and Hoddie（2007）も，第三者の監視，とくに平和維持活動（PKO）による介入がある場合に合意が履行される環境が整いやすいと主張する。ただし，そのうえで合意が暴力を抑制する効果をもたらすのはその取り決め方であると強調し，とくに交渉当事者が抱える，権力分掌の合意を遵守するための2種類のコストに着目した。第1に，権力分掌の取り決めにより国家権力へのアクセスが限定される，つまり特定の勢力による権力の独占はできないというコストである。第2に，合意の履行を開始すれば，各勢力の指導者がこの合意を破棄した際に非難を浴びるコストである。そ

こで，より多面的に合意を形成することで国家権力の独占を防ぎ，そうした合意を履行する活動が相手に信頼感を与えるという。多面的な合意形成というコストのかかるシグナルが発生することによりコミットメントの信憑性が強まり，暴力が抑制されやすくなると論じている（Hartzell and Hoddie 2007, 92）。

以上のコミットメント問題が起こる理由とその対処を論じる先行研究に対し，紛争後社会における選挙の実施と国家機関の設立の過程を踏まえて，いくつかの検討を行いたい。国家権力につき広範囲の政策分野にわたる権力分掌が，暴力の抑制をもたらすとの主張と（Hartzell and Hoddie 2007），武装解除のプロセスに焦点をあて，この合意の確実な履行こそが重要であるとの主張（Walter 2002）は，どの政策分野を優先すべきかという疑問を想起させる。権力分掌の対象は，軍事力，領土，新政府の公職ポスト，国家のもつ資源の配分など多岐にわたる。たとえばインドネシアのアチェでは，反政府勢力 GAM（Gerakan Aceh Merdeka）の政治目標は独立であったが，2005 年のヘルシンキ和平合意ではインドネシアにとどまったままでの自治を選択した。GAM 側は武装解除に応じる一方，地方政党の設立や天然資源からの税収入の分与が焦点となった。元フィンランド大統領アハティサーリによる調停のもと，両者が納得いくまで駆け引きがくり広げられた（メリカリオ 2007）。このように交渉は政治目的を果たそうとしながら双方の要求の間で妥協を見出す過程である。政治勢力間にある政策争点は各事例で異なることを踏まえると，すべての政策分野で合意を取り付けることは，これまでの合意内容を観察しても現実としては難しい（Stedman 2002）。合意に至る過程のなかでも，合意の幅を広げる以外に，どのような合意内容とその後の履行のあり方が暴力を回避できるのか，議論の余地がある。

次に当事者の不満・不安を除去する方法のひとつに，第三者介入が挙げられる。より具体的には，合意履行のモニタリングあるいは強制が，当事者たちに安心感を与えて合意の破棄が回避されやすくなるという主張である。この主張は国際関係の議論がもとになっていて，無政府状態にある国家間関係において，紛争当事国間の交渉が，その後の合意履行をいかに確保するかという問題から着想を得ている。この問題での外部からの強制の度合いが交渉結果に影響するとの議論から類推して，国内秩序がない一国内社会でも第三者介入がもつ

役割があるとする（Fearon 1998b）。国連 PKO の役割のひとつに合意履行の監視や強制の役割を挙げ，Fortna（2008）は，中立的な監視あるいは強制的な執行権をもつ PKO がいずれも平和維持に貢献すると論じた。Lindley（2007）も同様に監視や強制の役割が平和維持に一定程度有効であるという。Walter（2002）は，武装解除の合意が確実に履行されるように，つまり突如武装解除の約束が破棄されないよう，第三者が監視あるいは強制するのは有効だと主張する。

　ただし第三者の役割は，合意履行に特化した監視と強制にとどまらない。ハーツェル（Caroline Hartzell）とホディ（Matthew Hoddie）は，合意の履行を強制することは逆に紛争当事者間に相手が履行することに悲観的である点を示すので有効ではなく，むしろ第三者介入の役割とは，紛争当事者が互いの意思や履行の進捗状況を把握できるようにコミュニケーションの仲介役を務めることだと述べる（e.g., Hartzell and Hoddie 2007, 106）。Hartzell and Hoddie（2005）は，内戦終結直後 5 年間は平和裏な選挙の実施を行えるよう監視する役割があるとして，第三者介入が有効であると分析した。また，Fortna（2008）は，国連 PKO がもちうる多機能な役割として，紛争当事者間のコミュニケーションの仲介，選挙監視，平和の配当とよばれる雇用創出，治安部門の創設の支援，国際支援を受けやすい環境の創出，などを列挙する（Fortna 2008, 102）。そして事例分析の結果，紛争当事者の経済的な要求に対して PKO が対応することにより内戦の再発を抑制できると主張する。ここでの第三者介入は，合意履行という将来を見据えて，当事者間の調停に立ち入って情報を付与するあるいは交渉の道筋を立てる役割も含まれているのである。

　このように，交渉の発生時から非主流派の不安が生じるさまざまな要因に対して，第三者が不安を軟化・解消させる効果をもつことが期待できる。つまり，非主流派の不安に対処する手法として治安面はさることながら，社会経済面や財政面における第三者の役割もありうる。ただしこの実証に関しては紛争当事者の不安が生じる分野が多方面にまたがるため，分析は途上にある。武装勢力が組織的転換するという文脈において，第三者あるいは外部条件がもつ役割を分析することは有用であろう。

　これまでの議論の多くは，交渉結果が明示的に書かれた文書がある合意が主

な分析対象となっている[3]。ただし，アフガニスタンのボン合意における軍事分野の取り決めのように，その合意内容は多様な解釈が可能で，停戦後に実質的な取り決めが決定される場合や，当事者間の合意が文書で取り交わされない場合もある。停戦後，選挙の実施や国家機関の構築を進める時期は，紛争中に取り交わした合意を履行する時期でもあるが，その合意内容に修正を施す時期でもある。したがって，当事者間の交渉は，明示的，黙示的な交渉いずれも含まれる。当事者間の交渉の時期とは，ある合意が取り交わされた時期から，選挙の実施，本格的な国家機関の構築が始まる時期までを対象とするのが適切だろう。

以上を踏まえると，コミットメント問題の緩和・解消の可能性について，先行研究が設定した前提や交渉の環境を，不安・不満をもつ各勢力の視点から精査し分析を深める余地がある。非主流派に不安が生じる原因は，合意履行を確実視できない点にあり，従来の研究によれば，第三者は，交渉当事者のさまざまな不安を緩和・解消する役割をもちうる。一方各勢力は，合意を取り付けるなかで，暴力手段を失うなどのコストも加味し，政策案をすり合わせていく。特定の政策分野やイシューに関わる交渉を展開していくなかでは，その特定の政策争点に関わる合意の履行に対する不安を抱えることも多い。その不安に沿ってどのような第三者の関わり方が，彼らの非暴力的手段の選択を促すのかを検討することも有用であろう。そして，政治勢力間の歴史的関係や，近隣国の治安悪化や合意履行のための財源確保の欠如などの外部条件の変化によって非主流派の不安が増幅・緩和されていくというような，交渉当事者がさらされる状況の理解も欠かせない。

そこで，権力分掌の交渉のすえに紛争当事者が武力を維持するか，それとも放棄するかという意思決定のメカニズムを説明するため，紛争後社会では彼らには暴力とならんでどのような政治手段の選択，つまり組織転換の選択肢があるかを確認していく。そして，暴力を起こすコストと比較して，そうした組織転換にはどのようなコストが生じるかを検討することとしたい。

---

3 Hoddie and Hartzell（2005）は，権力分掌の合意には，インフォーマルなものを含めるとしている。

2-2　政治勢力の組織的転換

　先行研究に依拠すれば，紛争後社会における武装勢力の組織的転換の選択肢には（1）政党への転換，（2）武装の維持，（3）交渉妥結後の国家組織への編入，がある。これらの選択肢と密接に関わる概念として，DDRがある。DDRとは，武装解除（Disarmament），動員解除（Demobilization），再統合（Reintegration）の3つの段階を経るプロセスであり，紛争当事者に武器を放棄させるうえで重要な役割を果たす。1つ目のDの武装解除とは，紛争地域における小型武器，軽火器，重武器の回収・破棄である。2つ目のDの動員解除とは，紛争当事者による軍事組織解体の開始，および元戦闘員が市民生活へ移行するプロセスである。Rの再統合とは，社会復帰を目指して，通常の市民生活を元戦闘員とその家族に提供するプロセスを指す。さらにこの延長線上で，金銭的補償や栄誉を国から与える施策が適用される場合がある[4]。このように，政党への転換に代わる主な選択肢は，交渉を妥結させたのち国家組織に編入することであるが，組織上勢力が解散され社会に戻ることもある。以下では，この3つの選択肢について検討していく。

　第1に政党への転換とは，選挙への参加を表明し，暴力ではなく発言によって政治的主張を発信し，折衝によって自らの目的を果たす行動をとることを意味する。このような転換に成功した例として，モザンビークの抵抗勢力であったRENAMO（Resistência Nacional Moçambicana）が挙げられる。モザンビークでは1975年の独立からまもなく政府軍とRENAMOの間で内戦が開始されたが，1992年の和平合意に基づく内戦の終結が決定すると政党への転換を果たした。そして，RENAMOはモザンビーク政治において主力野党の座を得るようになった（Manning 2008）。同じく本節冒頭で提示したアンゴラでも，内戦終結後，反政府勢力が第1野党となった。政府（与党MPLA）と反政府勢力UNITAが和平交渉を繰り返していたが，UNITAが和平合意を破棄し，暴力の再発を余儀なくされていた。しかし2002年の停戦合意以降，両者は1994年のルサカ合意を遵守した。2008年の国政選挙ではMPLAが勝利

---

[4] UN Document. S/2000/101, 11 February 2000.

を収め，UNITA は第 1 野党となり，政党への転換を成功させている。その一方で，合意によって政党への転換が保証されたにもかかわらず，政党として存続しなかったケースもみられる。シエラレオネの反政府勢力 RUF（Revolutionary United Front）は，1999 年のロメ和平合意において政党としての登録と結社，表現の自由が確保されていた。しかし，RUF 指導者のサンコー（Foday Sankoh）が特別裁判所に出廷して以来，その後継者は財政的困難に陥り政党としての組織力を欠いていった（Mitton 2009）。このような事例分析を踏まえて，政党として持続するための人的資源，組織能力，さらには支持者の獲得といった内部条件，そして国際支援の有無といった外部条件が整っていることが，武装勢力が政党への転換を成功させる要因と指摘できる（Kovacs 2008, 140）。

　これから選挙を控える政府（主流派）と反政府勢力（非主流派）が抱えるリスクについて，Shugart（1992）は，政府と反政府勢力が，暴力と選挙それぞれにより生じるコストを比較して行動を決定すると論じる。政府は，反政府勢力を鎮圧（suppression）するコストと，反政府勢力の政治参加を許容する寛容（tolerance）のコストを比較する。反政府勢力は，暴力を継続する抵抗（resistance）のコストと，選挙に参加（participation）するコストを比較する。政府の寛容コストが鎮圧コストを下回り，反政府勢力の参加コストが抵抗コストを下回ったときに各勢力は非暴力を選択し，選挙に参加する。この議論に沿えば，上記で示した RENAMO や UNITA，RUF といった非主流派の組織転換の分析では，参加コストが抵抗コストより小さいときに政党への転換を決定することがわかる。つまり，政党へ転換する負担が小さく，政党に転換したあとも組織を維持できるかが非主流派の政党転換の決定要因なのである。

　次に，武力を維持する選択がある。コロンビアでは，1960 年代から 80 年代にかけて活動した 7 つの左翼ゲリラ勢力のうち，多くが武装解除，動員解除を進め一部のメンバーが政治参加した。その一方で，FARC（the Fuerzas Armadas Reolucionarias de Colombia）と ELN（the Ejéercito de Liberación Nacional）はその武力を維持し続けた（Guáqueta 2009）。同様に，ウガンダ北部で 20 年以上活動を継続する LRA（Lord's Resistance Army）は，一部の元戦闘員に対する DDR が進められながらも，中核幹部が政府軍との停戦に向け

た交渉・合意締結とその破棄を繰り返し，反政府勢力としての活動を維持している（Borzello 2009）。武器の放棄を躊躇する要因として，政党へと転換する組織的能力の欠如，人員や財政不足，支持者の不足といった内部条件，あるいは政党として議席を得る見込みがないような選挙制度，国際社会の支援の欠如，第三者の監視がないなどの外部条件がある（De Zeewu (ed.) 2008, 20-23）。さらに，武器を手にとりやすい，貧困のため武装勢力に参加して報酬を得たい，犯罪に対処する制度が欠如しているなどといった状況が，武装勢力を維持させやすいという（Höglund 2008, 89）。こうした指摘は，Shugart (1992) の議論に沿えば，非主流派は，選挙への参加コストが大きいほど，また抵抗コストが小さいほど，武力を維持することを示している。

第3に交渉妥結後の国家組織への編入は，紛争後社会において武装勢力を非武装化する手段のひとつである。非主流派は主流派との交渉を終えることとなり，国家組織への加入のほか，国家等から補償などを得て一般市民に戻ることも含まれる。ここでは本書の主題に沿って，国家機関のなかでもとくに治安当局への編入について考えてみる。

主流派（政府）側が元戦闘員を採用する理由は，内戦終結後の秩序を回復させる必要があるためである。つまり，国軍や国家警察といった国内外の治安を担う治安当局を立て直す際に，当局が早急に再構築され，治安維持を担うという即効性が求められることから，元戦闘員らのもつ能力に期待するのである (e.g., Höglund 2008, 91-92)。ただし既存の軍隊や警察は，それ自体が反対派を攻撃，弾圧した紛争当事者の一部であるため，治安当局による公権力行使が合法的であると人々が認めるかは定かではない状態である。そのため治安部門が治安維持を担う役割を果たすには，市民からの信頼を醸成する必要がある (Cawthra and Luckham 2003, 312)。したがって元戦闘員を治安当局に採用するには，信頼醸成のためにDDRプロセスを経て十分な訓練を積む必要があるが，それは長期的な実践によってしか培われないものである。

元戦闘員らの立場からすれば，武装解除は交戦能力を喪失することを意味し躊躇する可能性がある。したがって政府側は，彼らに安全確保の手段を提供する必要がある。治安部門への編入は，元戦闘員らにとって安全確保のためには恰好の手段である。アフガニスタンでは，各政治勢力が，当面の現金や社会的

地位を得たいがために国軍要員の地位を要求したが，政府は要求に見合った国軍要員のポストを十分提供することができず，政府に忠実な勢力のメンバーを優先して採用するにとどまった（Giustozzi 2009）。

　治安当局へ編入されるためには，元戦闘員らは DDR を経る必要がある。DDR を成功づける要因は，DDR を受容するとの指導者層の決断，武力組織あるいは政党としての体力がないという内部組織的な条件，そして国際支援の有無といった外部条件が挙げられる。先行研究は，この外部条件，とくに国際支援を受けて DDR の施策がどのように形成されるかに着目する。一方，彼らの内戦中に犯した罪に対し正義を要求する必要もあり，DDR と正義の追求との間での施策のバランスが重要だとの指摘もある（Berdel and Ucko (eds.) 2009）。

　このように，武装勢力が DDR を経て治安当局へ編入する場合には，政府側も武装勢力も何かを失うリスクを抱える。政府が元戦闘員らを編入させるには，DDR のプログラムを編成し十分な訓練と長期的な治安当局としての活動を担うことによって，人々からの信頼を醸成していく必要がある。この長期的なコストの大きさは，各政治勢力が内戦中にどれだけの被害を及ぼしたかなどの組織的な特徴，および政府とどれほど敵対してきたのかなどの政府との関係で決定すると考えられる。政府側が治安当局への編入を認める際には政府側にもコストが生じるのであり，本章では便宜的に編入コストと呼ぶ。

　非主流派にとって治安当局への編入がどれほど適切かどうかも，各勢力によって異なる。政治勢力にとっての民主化とは，政党としての政治参加を選び，議会での議席を得て交渉を持続することを意味する。一方，治安当局に編入するとは，権力分掌に関して決着がつくという点で交渉は収束し，その限りで終結することとなる。交渉の内容が望ましければ満足するが，交渉内容がその勢力にとって望ましくない，あるいは民主化後も交渉を継続したいといった要望もあるだろう。このような場合，当該勢力には交渉を妥結することに満足できず，政党あるいは武装勢力として交渉を継続するという選択肢がある。つまり，交渉ができなくなることは，政治的目的を果たせなくなる可能性がある。本章では，非主流派に生じる，交渉の機会を手放すコストを便宜的に出口コストと呼ぶ。

	武装維持	新政府との妥結	政党化
主流派	鎮圧コスト	編入コスト	寛容コスト
非主流派	抵抗コスト	出口コスト	参加コスト

表 4-1　権力分掌の過程において主流派と非主流派が抱えるコスト

　本節は，非主流派がもつ組織転換の選択肢を提示し，その組織転換に主流派，非主流派にとってどのようなコストが生じるかを論じてきた（表 4-1 参照）。従来の研究には分析上の課題が 3 つ残されていると考える。

　ひとつは，民主化に伴う政党への転換，あるいは国家建設に伴う国家機関への編入という，政治勢力がもつ組織的転換の選択肢が，多くの先行研究では別個に議論されていることである。紛争後社会における政治勢力の政党化についての事例分析を所収した De Zeewu（ed.）（2008）や政党化と暴力手段の維持のコストを比較した Shugart（1992）は，非主流派が政党への転換と暴力維持の選択肢の間で意思決定することを論じた。Berdel and Ucko（eds.）（2009）は各地における DDR が成功（治安当局への編入を含む）するかあるいは失敗して暴力を選択する非主流派の事例を分析している[5]。こうした研究では，それぞれ政党への転換か否か，治安当局への編入か否かの二者択一のなかでコストが発生することを示し，コストが小さい選択肢をとると論じる。

　しかし，紛争後社会において，民主化と国家建設が同時に進行しているとするのならば，非主流派にとって政党への転換，国家組織への編入いずれも組織転換の選択肢となる。その場合には，これら 2 つの選択肢は，武力の維持という 3 つ目の選択肢とあわせて分析する必要があるだろう。

　次に，従来の研究ではひとつの組織的転換の有無について，その決定要因を探るため，ひとつの非主流派を時系列で追って分析することが多い。その分析では特定の帰結に至るまでの複数の要因が言及されるが，どの要因がどれだけ重視されるかは各事例によって異なる。たとえば，De Zeeuw（ed.）（2008）は，エルサルバドル，モザンビーク，シエラレオネをはじめとする 8 か国の政治勢力による政党への組織転換が成功あるいは失敗に至った過程を分析し

---

[5] Berdel and Ucko（eds.）（2009）のシエラレオネの RUF やアンゴラの UNITA を扱った章では，本章で示している DDR より広い定義で政治的な統合（political reintegration）を含めたため，政党に転じた勢力の例を挙げている。

た。Berdel and Ucko (eds.) (2009) は，紛争後社会において DDR プロセスを経た勢力を取り上げ，DDR がどれほど成功あるいは失敗するかという観点から分析した。こうした分析は各帰結に成功と失敗，あるいはその混合のバリエーションがあることと，各事例に政治的，文化的，歴史的な文脈の差異があることが強調されており示唆に富むものである。

　しかし，先行研究の各分析では取り上げる決定要因が各文脈によって異なり，当事者そのものが抱える負担が何であるかが不明であり，事例同士の比較が難しいままとなっている。そのため，なぜある勢力は武力の維持を決定するかという本章のような問いをもって事例を扱う際には，どの帰結に焦点をあてるかにより分析が幾通りも生じる可能性がある。たとえば，ある勢力が交渉を妥結して治安当局に編入されるか，あるいは暴力を選択するかに分析の焦点を置いた場合，DDR を経る機会がなかった，各勢力に政治的目的の追求がみられなかった，といった分析が可能である。一方，同じ勢力を分析対象として政党への転換か暴力かという選択肢を分析の焦点に置いた場合には，内部的な組織改革が困難である，選挙において有権者からの支持が確保できない，といった説明が考えられる。確かに複数の要因が絡み合い，各勢力が組織転換を決定したと考えることは妥当である。ただし一勢力が辿った道程が成功した，失敗した，という視点だけから追っていては，そもそも各勢力にどのような選択肢があったかを理解し，各帰結に至る効用を比較し，どの選択肢が選ばれたかを理解することは難しい。非暴力化に向けた組織転換の選択肢を，どの勢力も同じようにもつ。しかし，なぜある勢力が武力の維持を選択したかは，そのほかの非暴力化のための選択肢がなぜ選ばれなかったのかを含めて議論しなければ，各勢力が置かれた環境のなかでの真の決定要因を捉えきることはできない。

　また事例研究の多くは，主に非主流派のコストについて深く考察している。これは分析の関心が非主流派の組織転換にあるためと思われる。しかし，Shugart (1992) が関心を寄せたように，非主流派が組織転換を決定するまで，交渉相手である主流派との駆け引きがあることに着目したい。非主流派の組織転換に伴い主流派が抱えるコストを加味することにより，非主流派と主流派との戦略的相互作用を明らかにできるだろう。

そこで本章では，紛争後社会においてそれまで武力を保持していた勢力が，民主化ならびに国家建設に伴って組織転換を迫られるなか，第1回目の選挙が行われるまでの事前交渉において，どのような条件のもとで自らの運命を決定するかを検討する。フォーマルモデルによる考察は，交渉当事者の間の相互作用のなかで，もちうる複数の選択肢のなかからひとつの選択肢が選ばれる条件を明確にできることから，本章が提示する問いの分析に有用である。

3　モデル構築と分析

政治勢力が3つの組織的転換のうちどれを選ぶのか，その条件を明らかにするために，モデルを構築する。以下はモデル構築のための設定を行い，3-1項では均衡分析とアクターが選ぶ最適な政策の値を確認する。3-2項は，その分析結果をまとめたものである。

このモデルには，主流派（L: Leading Faction）と非主流派（F: Follower）の2者のプレイヤーが存在し，前者のLがアジェンダセッターである。2者の間で係争対象となっている政策あるいは政策群を $x \in X = [0,1]$ と置く。主流派，非主流派は長年の紛争を通じて勢力の大きさ，政策で何を望んでいるかなどの特徴を互いに既知であるため，完全情報ゲームである[6]。

各者の効用は，主に政策における立ち位置と，非主流派の組織転換によって生じるコストから成り立つ。まず，主流派と非主流派が交渉する政策は，政策空間の0と1の間のいずれかの位置で決定される。2者が交渉する政策とは，領土，新しい国家機関におけるポスト，福祉の再分配，言語，教育課程，旧兵士に対する処遇などである。政策空間において，主流派が採用する政策は x_L，非主流派が採用する政策は x_F である。主流派の理想の政策は政策空間上において $x_L = 0$ であり，非主流派の理想の政策は $x_F = 1$ である。ここでの両者の効用の一部はゲームが終了した際の政策の位置 x からの距離で測ることができ，x の値が各派の理想の政策から離れるほど利得は下がる。したがって，ある政策の実現からえられる主流派の効用は $-|x_L - x|$，非主流派の効用は

---

[6]　主流派と非主流派の間でどの政策あるいは政策群を交渉しているかは，個別事例で明らかになる。本節では，「政策」と統一する。

$-|x_F - x|$ である.

前節で論じたように,各派には暴力を用いることによりコストが生じる.主流派は,非主流派による暴力を抑圧しなければならない.その際,武器,人員などの物理的な投入のみならず,その行動が合法的であると人々から許容されない場合,鎮圧コスト $C_L \geq 0$ を負う.非主流派は,暴力を交渉手段として持続的に用いるための武器,人員の調達やその維持,また,暴力が人々から許容されない場合,抵抗コスト $C_F \geq 0$ が伴う.各派とも,こうしたコストを全く負担ではないと考えていれば,値は0である(各パラメーターの補足説明は補遺4-1参照).

各派がもつ政治的交渉力

政治的交渉力とは,議会内における政治勢力がもつ,法律案を通過させるための力の大きさである.主流派と非主流派がともに政党に転じた場合には,選挙で一定程度の支持を得られると,民主化後の議会で議席をもつ.この議会における,主流派の政治的交渉力を $\delta \in [0,1]$,非主流派の政治的交渉力を $1-\delta$ とする.主流派のもつ議席数が,法律案を通過させるための閾値を超えている場合は,その勢力がもつ政治的交渉力は $\delta = 1$ である.閾値は通常,各国の憲法などの明文化された規定や慣行などの非公式なルールによって設定され,同じ国のなかでも法律案の性質によって異なる閾値が設定されている場合もある.たとえば,議会内における可決条件が絶対過半数である場合には,ある勢力が単独で法律案を通過させるには,議席数が全議席数の1/2を超える必要がある[7].つまり,主流派が単独で1/2以上の議席を有していれば,政治的交渉力は $\delta = 1$ となる.議席数が全議席数の1/2未満であるが一定の議席を有している場合は,他の政党との連合を組んで政治的交渉力を増強できる可能性があり,主流派の政治的交渉力は $0 < \delta < 1$ をとる.議席をもたない場合は,$\delta = 0$ であり,主流派は,議会上において政治的交渉力を全くもたないことを意味する[8].

---

[7] 本章の事例分析の対象となる東ティモールの閾値については,以下のとおり.東ティモール憲法(横田訳 2006)によれば,「一部の法律案を除いて,法律案が議会を通過して大統領が公布の有無を判断するには,国民議会の絶対過半数が承認する必要がある」(東ティモール憲法第88条2および3).

[8] 民主化後の議会内における政治的交渉力については,Fearon(1995a)を参照した.なお,再度

第 4 章　紛争後社会における政治勢力の組織的転換

交渉継続の好ましさ

　次に，各派がもつ交渉継続の好ましさを定義する。第 2 節で論じたように，交渉の結果，非主流派は政党となるか，あるいは新政府との妥結に基づき，国家機関（治安部門）のメンバーとして受け入れられるか，補償を得るなどによって勢力そのものは従来の目的を失い，解散する。この交渉に伴う非主流派の組織転換において，主流派はどのような負担を強いられるかを検討する。非主流派が新政府と妥結する場合，主流派は DDR や訓練を中長期的なプログラムとして組むため，プログラムに対する財政負担や，新しい治安部門の信頼醸成を形成していくまでに暴力が再発するリスクを抱える。一方で，政党となった非主流派と交渉を継続すると，新しい議会で係争となるさまざまな問題に関し交渉をもちかけられて負担が増加する可能性がある。このような主流派の懸念を一般化すると，主流派は寛容コストと編入コストの大きさを比較し（各コストに関しては前節参照），交渉の妥結と，議会内での交渉継続のどちらかを望ましいと考えることとなる。そこで交渉を継続することの望ましさの度合いを θ_L とし，$\theta_L \geq 0$ とする。交渉の継続と，交渉を妥結することの間で無差別の場合，$\theta_L = 1$ とする。$\theta_L > 1$ のとき，交渉の継続が交渉の妥結より望ましく，$\theta_L < 1$ のとき，交渉の妥結が交渉の継続より望ましいと考える。

　同じく，非主流派も交渉妥結と継続の間で選好をもつので，非主流派の交渉継続の好ましさを θ_F と表し，$\theta_F \geq 0$ とする。非主流派の選好を決定づける要因のひとつは，政策の内容である。主流派との政策争点について民主化以前に決着をつけるか，あるいは議会で実現できるものかを検討する。また，政党として交渉を継続するための組織的な能力が十分であるかを検討する。ここでは，第 2 節で論じたように，非主流派がもつ参加コストと出口コストの大きさの比較を含めて，交渉の継続の好ましさを決定する。交渉の継続と，交渉を妥結することの間で無差別の場合，$\theta_F = 1$ とする。$\theta_F > 1$ のとき，交渉継続が交渉の妥結より望ましいと考え，$\theta_F < 1$ のとき，交渉の妥結が交渉継続よ

確認しておくと，本書における主流派とは，政権を担うあるいは担いうる勢力のことである（第 2 章 2-2 項を参照）。政権を担う勢力が議会において全く議席をもたないという状況は，一般的に考えにくい。ただし，その状況は，大統領制において大統領が政党を率いない無所属の政治家である場合，首相・内閣が特定の政党・議員と結びついていない専門家内閣である場合など，現実に生じることも十分ありうる。

り望ましいと考える。

　武力行使による戦勝率

　暴力に至った場合の武力行使による勝率を，主流派は $p \in (0, 1)$，非主流派は $1-p$ とする。

　コミットメントの実現可能性に対する予想

　合意に至った政策 x というコミットメントが確実に履行されるのかについて，各勢力がもつ不安はコミットメントに対する不信となり，両者にとって交渉の成否を決定づける要因のひとつとなる。前節で論じたように，治安維持能力の不在はいわゆる無政府状態であることを意味するので，不信が増大しやすい状況である。勢力間の信頼関係は，それまでの2者間の歴史的経験に基づいて形成されており，その関係によって不信の度合いが決まる。さらに，合意を履行する際の治安や経済状況も不信の度合いを決定づける要素である。そこで，歴史的な経験，治安や経済状況といった要因からの影響を受けた，政党へ転換する場合のコミットメントの実現可能性に対する予想を示す事前確率を r，新政府と妥結した場合のコミットメントの実現可能性に対する予想を示す事前確率を q と設定する。

　合意が確実に履行されるという予想をもつか否かは，交渉における両者の選択に大きく影響を及ぼす。紛争後社会の文脈では，第三者による監視あるいは強制は，交渉当事者の不信を拭う有効策とされてきている。前節で確認した従来の事例分析でも，政党への転換，政府への懐柔いずれの場合にも，第三者介入によって各勢力に合意を破棄しないように促すことが可能だという点を示している。したがって，本章では事前確率 r および事前確率 q は，第三者介入の有無や，近隣国の治安状況，社会経済状況の変化，合意履行のための財政確保の有無など，なんらかの外生的要因によって高められたり，逆に低められたりすると考える。

　手番

　ゲームの手番は以下のとおりである（図4-1）。

　①ノード t_1 において，主流派（L）が非主流派（F）に対し，交渉の機会を付与するか否かを決定する。

　②主流派が交渉の機会を設けなければ，ノード t_2 において，非主流派は政

第4章　紛争後社会における政治勢力の組織的転換

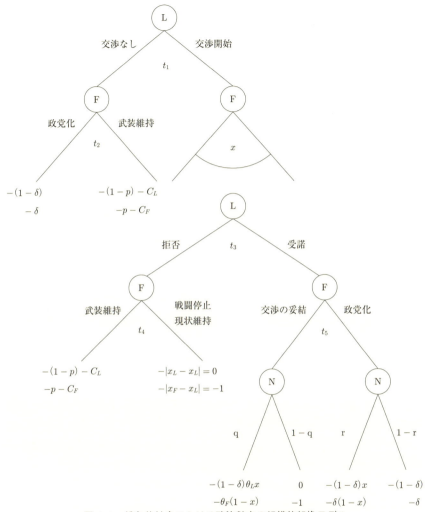

図 4-1　紛争後社会における政治勢力の組織的転換モデル

党に転じるかあるいは武装維持するかの選択をする。

③非主流派が交渉の機会を得れば，非主流派が政策 x を0と1の間で提案する。主流派はノード t_3 において，非主流派が提案する政策 x を受諾するか拒否するかを決定する。

④主流派が非主流派の提案する政策 x を拒否すると，ノード t_4 において非主流派は武装を維持するか，現状維持のいずれかを選択する．反対に主流派が非主流派の政策を受諾する場合，ノード t_5 において，非主流派は，主流派との交渉を妥結するか，もしくは政党に転じるかを決定する．

⑤非主流派が交渉を妥結するか，あるいは政党に転じるかは，コミットメントがどれほど信頼にたるものかを示す事前確率 r ならびに事前確率 q で決定する．

3-1 分　析

本ゲームは完全情報ゲームであるため，後ろ向き帰納法で解く．本節で明らかになるとおりこのゲームには，パラメータの値に応じて唯一の部分ゲーム完全均衡が存在する（補遺4-2参照）．そのなかには，主流派が交渉を拒んで非主流派が政党化する均衡がある（ケース19および27，ケースは補遺4-3参照）．主流派が交渉を拒否する理由は，交渉が進んだ場合，主流派にとっての武装勢力に対応する際の負担（抑圧コストと戦勝率）が，政党化する非主流派との民主化後の交渉において生じる負担よりも大きいからである．より端的にいえば，主流派が交渉のすえ，非主流派が提案した政策を拒否した際に非主流派が武装維持する事態を避けたいのである．また，主流派が交渉に進むことを拒んで，非主流派が武力を維持する均衡もある（ケース20および28）．主流派にとって，交渉の機会を提供した場合に武装勢力に対応する負担の大きさが変わらず，交渉が進んで非主流派の政党への転換を選ぶことにより生じる負担（編入コスト，寛容コストからなる）がより大きい場合，政党への転換を避けたいがために，交渉提案がないまま非主流派は武装を維持することとなる．このような状況下では，非主流派がもつ，「さもなくば武装を維持する」との脅しは，主流派に何ら影響を及ぼさない．

ここでは，交渉が進みながらも暴力を維持する勢力がいる理由に分析の関心を寄せているので，交渉に進んだケースに特化して分析する．まず主流派は，武力を用いる負担が大きく，政治的交渉力が完全ではない場合，非主流派に交渉の機会を付与する．非主流派による「さもなくば武装を維持する」との脅しに信憑性があるのは，非主流派の戦勝率が高く，抵抗コストが小さい場合であ

る（$p + C_F \leq 1$）。この状況を受けて，主流派は交渉の機会を提供したうえで非主流派が提示する政策 x を受諾あるいは拒否する。以上の状況を所与として，次のとおり3つの命題を導出する（このほかの命題については，補遺4-3参照）。

命題1-1 非主流派は，政党への転換より新政府との妥結を望ましく思っているが，提案した政策が拒否されれば武力維持を選択する状況下で，主流派は，新政府との妥結による損失より武力行使の負担が大きい場合に交渉を開始し，提案された政策を受諾する。この場合，非主流派は新政府と妥結する（ケース2，補遺4-3）。

命題2 非主流派は，新政府との妥結より政党への転換を望ましく思っているが，提案した政策が拒否されれば武力維持を選択する状況下で，主流派は政党への転換による損失より武力行使の負担が大きい場合に交渉を開始し，提案された政策を受諾する。この場合，非主流派は政党に転換する。（ケース10，補遺4-3）。

命題3-1 非主流派は，政党への転換より新政府との妥結が望ましいが，提案した政策が拒否されれば武装維持を選択する状況下にある。主流派は，交渉がない場合の非主流派との交渉の継続による損失は交渉開始後の武力行使の負担より大きいため，交渉を開始する。非主流派が政策を提案すると，非主流派との交渉妥結による損失が武力行使の負担より大きいため，交渉の場を提供しながらも提案された政策を拒否する。この場合，非主流派は武装を維持する（ケース5，補遺4-3）。

ここから，上記の3つの帰結が生じる際の非主流派が提案する政策は，どのようなものが最適であるかを探る（補遺4-4）。非主流派が新政府と妥結するときには，2つの最適な政策がある（命題1-1）。ひとつは，主流派が受諾できる閾値である $x^* = x_L^1 \equiv \frac{1-p+C_L}{q(1-\delta)\theta_L}$ を提案することである。主流派が，低い戦勝率，高い抑圧コストを抱える，あるいは交渉を妥結させたい傾向が強いほど，この閾値は非主流派の理想の政策に近くなる。つまり主流派の武力維持や交渉継続にかかる負担が増えるほど，非主流派は自分の好ましい政策を提案できる（補遺4-4の3.1.1）。また，非主流派がコミットメントの実現可能性を高く予想することは，非主流派は自分が好む政策にひきつけて提案しやすくな

り，新政府と妥結を望むほど重要である．反対に，主流派が高い戦勝率，低い抑圧コストを抱える，あるいは交渉を継続したいと望むほど，非主流派は，新政府と妥結するためには譲歩して妥協案を提案しなければならない（補遺 4-4 の 3.2.1)．

次に，非主流派が政党に転換する場合の主流派が受諾できる政策の閾値である x_L^2 との関係をみる．$x_L^2 < x_F < x_L^1$ の場合，非主流派が提案する最適な政策は，つねに新政府と妥結する場合の主流派が受諾する政策の閾値を満たすことから，$x^* = x_F \equiv \frac{(1-\delta) - q(1+\theta_F)}{q\theta_F - r\delta}$ である（補遺 4-4 の 3.2.2)．つまり非主流派は，政党へ転換するときより望ましい政策を提案することができる．また非主流派は，コミットメントの実現可能性を高く予想するほど，より理想に近い政策を提案することができる．

以上の 2 つの状況において，非主流派は，抵抗コストが低く，戦勝率が高く，または交渉の妥結を強く望むほど，武力の維持が新政府との妥結より望ましい状態となる．この状態では主流派が受諾する政策の閾値では許容できなくなり，この閾値を超える政策を提案する（$x^* > x_L^1$）（命題 3-1)．

非主流派が政党に転換する場合に非主流派が提案する最適な政策は，$x^* = x_L^2 \equiv \frac{(1-\delta) - q(1+\theta_F)}{q\theta_F - r\delta}$ である（命題 2)．$x_L^2 \geq x_F$ であるとき，主流派は，戦勝率が低く，抑圧コストが高く，もしくは，政治的交渉力が十分にあるとき，非主流派による理想に近い政策の提案に対し妥協しやすい状態である（補遺 4-4 の 3.2.3)．非主流派がコミットメントの実現可能性を高く予想することも，非主流派が理想に近い政策の提案をしやすく，主流派もそれを受け入れやすくなる条件である．

$x_L^2 < x_L^1 < x_F$ の場合，主流派の戦勝率が高く，抑圧コストが低く，もしくは政治的交渉力が低いほど，非主流派が受け入れる政策の閾値は低くなる（補遺 4-4 の 3.1.2)．この条件に対し，抵抗コストが小さく，交渉を継続させたいとの強い希望をもつ，あるいはコミットメントの実現可能性を高くもつことによって，非主流派は主流派が受け入れられる政策を提案することができる．

以上の議論を，表 4-2 にまとめる．あわせて，第 4 節で行う事例分析にて該当するケースを示しておく．

第4章 紛争後社会における政治勢力の組織的転換

政策の位置	暴力回避のための最適な政策提案	武装維持する際の政策提案	パラメータの条件	事例	命題
交渉の妥結					
$x_L^1 < x_F$	$x^* = x_L^1$	$x^* > x_L^1$	$C_L \uparrow p \downarrow \theta_L \uparrow \theta_F \downarrow q \uparrow$	CPD-RDTL	命題 3-1
$x_L^1 \geq x_F$	$x^* = x_L^1$			元兵士の若手グループ	命題 1-1
$x_L^2 < x_F < x_L^1$	$x^* = x_F$	$x^* > x_F$		元兵士, 退役兵士	
政党への転換					
$x_L^2 < x_F$	$x^* = x_L^2$	$x^* > x_L^2$	$C_L \uparrow p \downarrow \delta \uparrow \theta_F \uparrow C_F \uparrow r \uparrow$		命題 2
$x_L^2 \geq x_F$				PD	

表 4-2 暴力を回避するための諸条件と本章で扱う事例

3-2 脅しの信憑性,コミットメント問題の発生と回避

交渉の機会を非主流派に与えることなく暴力に陥るケースでは,前節で確認したとおり,非主流派が暴力を負担と考えず,また主流派が武力行使により勝利し自分の理想の政策が実現することを見込んでいるので,そもそも非主流派による脅しは信憑性が伴わない。したがって,主流派が交渉を開始したときに生じる,非主流派による信憑性のある脅しがあるもとでの3つの帰結を検討した。このとき,非主流派が武力維持を選択する条件は $C_F + p < 1$ である。この条件は,非主流派にとって暴力にかかる抵抗コストが小さくなるほど,あるいは非主流派の暴力による勝率が上がるほど,暴力による脅しは信憑性を増すことを示している。

暴力による脅しを感じとる主流派は,交渉を通じて非主流派の提示する政策 x を拒否するかあるいは受諾するかを選択する。まず,暴力を回避するには提示された政策を受諾する必要がある。提示された政策がどのようなものであっても暴力を回避できる可能性はあるが,政党への転換あるいは交渉妥結を成功させるにはいくつかの条件を満たす必要がある。逆にそれらの条件が満たせなければ,非主流派は武力の維持を決定するのである。

前項での分析結果は,権力分掌の交渉ではコミットメント問題が発生するこ

とを物語っている。非主流派によるコミットメントへの信頼性が低い場合，彼らが武装を維持することがある点は先行研究で指摘されてきたが，本章では，そのほかの条件も非主流派の組織転換に影響を及ぼすことがわかる。主流派がもつ武力を用いることの負担つまり，戦勝率と抑圧コストの大きさは，主流派が受諾できる政策の範囲を決定づける。よって非主流派は主流派が納得するような妥協策を提示しなければ，暴力を用いざるを得なくなる。表4-2にある，武装維持をする際の政策提案とは，主流派の納得できない提案を意味する。次節ではこのケースに該当する，反政府勢力CPD-RDTLと主流派の交渉を扱う。

　この章の分析は，コミットメント問題を緩和するための，いくつかの新しい示唆をもたらしている。つまり政治的交渉力と組織転換に基づくコストの関係をモデルに導入したことで，コミットメント問題を緩和するいくつかの条件を見出すことができた。第1に，交渉力をもたない勢力への政党化を促すための条件である。圧倒的な政治的交渉力をもつ主流派とそのような交渉力をもたない非主流派の関係において，非主流派が政党化か暴力かを選ぶ二者択一を前提とした従来の議論では，非主流派は暴力を選択する以外に政治的主張を継続する方法がなかった。なぜなら，選挙で勝ち議席を得る可能性はきわめて低く，暴力に訴えるしか手段がないからである。したがっていかに参加コストを下げ，政党化を促すかが議論されてきた (e.g., Shugart 1992; Kovacs 2008)。他方本章では，主流派の理想ではない政策を提示した非主流派が，議会における政治的交渉力がないにもかかわらず，政党化を選択しうることを示した。この帰結が成立するには，主流派が暴力を用いる負担が大きくなるほど提案を受諾する閾値が上がること，あるいは交渉の継続が望ましいことが条件として挙げられる。非主流派が交渉継続の意思を強くもつこと，そしてコミットメントの実現可能性に対する予想が高いことも，政党の転換の可能性を高める。対立争点についての合意の実現が確実であると非主流派が見込むことで，暴力の回避が可能となるのである。次節では，このケースに該当する，東ティモールの民主党 (PD) の事例を分析する。

　第2に，新政府との妥結は，主流派あるいは非主流派のどちらかの強い意思が働き実現することが明らかとなった。従来は，治安部門への編入は，主流

派の主導で親密性をもつ，あるいは仲間とみなされる好みのメンバーを優先して登用するという説明がなされていた（Giustozzi 2009）。本章では，政治的交渉力の大きさにかかわらず，主流派の武力行使にかかる負担が大きいほど，非主流派は理想に近い政策を提示できることを示した。また主流派が交渉の妥結を強く望めば，主流派は政策面でより妥協する。このケースについては，次節にて元兵士の若手グループの事例を分析する。非主流派にとっては，コミットメントの信頼性が高いこと，あるいは交渉妥結を強く望むことが，主流派が受け入れられる政策を提案するための条件となる。次節における元兵士・退役兵士の事例では，これらの条件が整わなかったケースとして分析する。

4　東ティモールの事例分析

　ここから前節において形成したモデルを用いて，東ティモールの各政治勢力による組織転換に至る意思決定を検証する。東ティモールの事例を本書で扱うことについては第1章にて論じたが，とくに東ティモールの事例が本章のモデルを検証するにふさわしい理由としては，次の2つが挙げられる。

　第1に，民主化と並んで国家建設がまさに同時に行われ，これを多くの人々が望んでいた，という点である。独立か，インドネシア下での自治かを問う国連監視下での直接投票は，投票率が98.6パーセント，そのうち独立支持票が78.5パーセントに達しており，大方の東ティモール人が独立の第一歩を踏み出すことに賛同した。したがって，先行研究が暴力の再発の要因として指摘する社会の亀裂（e.g., Kaufmann 1996）は限定的で，新しく国をつくり，指導者を選ぶことに不満をもつ人々は少数派であった。そのようななかで，ある政治勢力が暴力を選択するならば，それは周囲からの支持を得づらくとも，自らの政治的目的を追求しようとする意思の表れとみられるだろう。このように暴力を起こしにくい環境であるということは，非主流派にとって暴力を用いるコスト（抵抗コスト）が生じることを意味する。にもかかわらず暴力を選択した勢力がいたのであれば，分析上抵抗コスト以外の暴力を促す要因を精査する余地を残しており，本章のモデルを用いた分析は有用と思われる。

　第2に，国連による平和維持活動が存在する環境下で，東ティモールには

政党に転換する，交渉が妥結して組織が解体し国家組織に転換する，社会に再統合する，あるいは反政府勢力として武装を維持するという帰結のバリエーションがある，という点である。これは，第三者による合意の監視あるいは強制が暴力の再発の回避に有効であるという議論を踏まえると，そのような第三者の存在がある環境下においてでも，各政治勢力の意思決定に多様性があったことを意味する。このようなさまざまな帰結から，第三者がどのように交渉当事者に関与したか，そして交渉当事者がどのように関与を受け止めたのか，確認できる。

　東ティモールでは，国際社会からも，一般市民の間でも，民主化に加えて国家建設も望ましいとして進められ，非暴力による政治的競争の確立を目指したが，それにもかかわらず暴力を維持する勢力が生まれた。ここに，紛争後社会の政治勢力間の交渉に焦点を置く本章の分析にとって，東ティモールを取り上げる意義がある。

4-1　東ティモールの政治背景

　東ティモールは，1974年にポルトガルにおけるカーネーション革命が勃発するまで，同国による植民地支配下に置かれていた。この革命により植民地維持を重要視していたカエターノ政権が崩壊すると，東ティモール人による複数の政党が結集し1975年に「東ティモール民主共和国」独立を宣言したが，直後にインドネシア軍が侵攻した。このインドネシアの侵攻は，共産主義的志向をもつ勢力による東ティモールの統治が実現することを憂慮したためといわれる。そこでインドネシア軍は，コモド作戦と呼ばれる対東ティモール不安定化政策を進めた。翌年にインドネシアは27番目の州として東ティモール併合の声明を発表した。1970年代後半より東ティモールの各派による民族解放運動が展開されたが，インドネシアに対する抵抗運動と同時に東ティモール勢力間でも内部抗争が始まり，1999年までの死者数は約10万2800人に上った（CAVR 2005, 44）。

　この間の歴史を紐解くと，東ティモール勢力のなかにも，自決権行使や独立を熱望する勢力と，インドネシアへの併合を好む勢力とが混在し，インドネシアに対する抵抗運動と並んで東ティモール内でも政治的な攻防が続い

第4章　紛争後社会における政治勢力の組織的転換

ていることがわかる。1974年時に発足したのは，インドネシアとの併合を謳う APODITI (Associação Popular Democrática Timorense：ティモール人民民主協会)，ポルトガルとの連邦を主張するUDT (União Democrática Timorense：ティモール民主同盟)，そして独立の権利や植民地主義の拒否をマニフェストに取り込んだ ASDT (Associação Social Democrática de Timor：ティモール社会民主協会) であった。このほかにも，KOTA (Klibur Oan Timor Asuwain：ティモール闘志連合)，労働党などが結成されたが，のちに APODITI と一体となり，独立派と対峙してインドネシアによる侵略の協力者となっていった (松野 2002, 45-50)。とくに，1975年のフレティリン (Frente Revolucionária do Liberatação Nacional de Timor Leste：東ティモール独立革命戦線) による独立宣言直後，インドネシア政府は，UDT, APODITI などの勢力とともに東ティモールはインドネシアの一部であるとするバリボ宣言を署名したと主張した。そのうえで，12月初旬にはスロジャ作戦と呼ばれる軍事行動を開始している。この経緯を踏まえインドネシア側は，UDT らの樹立した臨時政府によって，インドネシアに対して併合を希望する請願書が提出されたと主張した。そして 1976年7月にその併合案が議会で可決，承認されることにより，インドネシアは併合の妥当性を示そうとしたのである。

　独立派を牽引したのは，ASDT を母体として翌年 1975年に組織改編し，東ティモール独立を宣言したフレティリンであった。このフレティリンと併合派の間では，1974年から，東ティモールの地位を巡る対立から，互いの支持者に対する略奪，誘拐，殺害を含む暴力が発生した (CAVR 2005, 56-58, 59-60)。

　一方，独立派内の政治抗争も激化していった。当時フレティリンに所属していたシャナナ・グスマン (Xanana Gusmão)，ジョゼ・ラモス-ホルタ (José Ramos-Horta)，マリ・アルカティリ (Mari Alkatiri) は，独立後8年が経過した 2010年現在，東ティモールの政治勢力図をなす三つ巴を構成している (Yamada 2010)。彼らの軌跡を追うと，抵抗運動の歴史の様相が浮かび上がってくる。1999年までの間，フレティリンは軍事部門ファリンティル (Forças Armanadas de Libertação Nacional de Timor Leste: FALINTIL) を組織化し抵抗運動の主力を担っていた。しかし，フレティリン内での抗争も激しく，フ

ァリンティルの指導者であったグスマンは，同組織内の強硬派から一線を画し「マウベレ（苦闘する者）の統一」を標語に全国的に抵抗運動を纏め上げることに努めた。1987 年にグスマンがフレティリンより脱党し，新たにラモス-ホルタとともに超党派組織 CNRM（Counselho Nasional Resistência Maubere）を設立したために，アルカティリの率いるフレティリンの主導力は急速に失われた。この際には併合派であった UDT も CNRM に参加することとなり，それまで袂を分かっていた勢力が連携するようになった。その後 1998 年に，CNRM は CNRT（Conselho Nacional de Resistência Timorense：東ティモール民族抵抗評議会）に改編され，CNRT は東ティモールの独立後の将来像を見据えて政策方針を集約した「マグナカルタ」を掲げた（Walsh 2011）。そして，CNRT は東ティモール人を代表する組織として国際社会の主な交渉相手となる[9]。

このように分散化していた東ティモール内の各政治勢力はいったん CNRT のもとに結集され，1999 年 8 月，東ティモールは国連管理下の直接投票を迎えた。民主国家としての独立という揺籃期において，新たな政治的競争の場が設けられ，この CNRT は再度分散化していった。つまり，CNRT がインドネシアに対する抵抗という共通目標を失い，各勢力が自らの目的を追求するようになったのである。この動きは，これまで抵抗運動としてゲリラ戦を戦ってきた各勢力が，どのような政治的立場に転換していくかという意思決定の過程として捉えられる。2002 年 5 月 20 日に「東ティモール民主共和国」の成立が宣言されたのち，選挙の実施と国家機関の構築に向けた勢力間の交渉が繰り広げ

---

[9] CNRT は抵抗運動の結束を高めて，状況を訴えるべく国連人権委員会，各国議会での外交活動や各国の市民社会との連携を活発化させていった（e.g., 田中・福武 2013）。1997 年に国連事務総長特使に就任したジャムシード・マーカーは，東ティモール問題に関するインドネシア・ポルトガル政府間の交渉がはじまると，CNRT を含む東ティモールのあらゆる勢力間のインフォーマルな「全東ティモール人包括対話」（AIETD: All Inclusive East Timorese Dialogue）の開催も並行的に側面支援した（Marker 2003）。AIETD は原則として東ティモールの政治的議論をすることを禁止し文化的側面の議論に限定したため，政治面の交渉には至っていないが，独立派（主にCNRT），併合派も含めて多様な立場の勢力が対面したこと自体が成功であったと Marker は評価している（Marker 2003, 65）。その後，1999 年末から 2002 年の独立まで，国連が PKO ミッション UNTAET を派遣して，東ティモールの暫定統治を行った。東ティモールとしての最終決定権は同ミッションの事務総長特別代表に委ねられていたが，意思決定過程において東ティモール人の政治的代表との数々の協議が執り行われており，その相手が CNRT であった。

られたのである。

　CNRT は，1999年以降続々と東ティモールに支援を提供する国連東ティモール暫定統治機構（UNTAET: United Nations Transitional Administration for East Timor）をはじめとする国際組織や各国援助機関の主な交渉相手であった。したがって本章の分析では，CNRT を初期の主流派とみなす。CNRT の中心人物は，その代表であったグスマンである。ただし，CNRT は，2001年8月の制憲議会選挙を念頭に各派が選挙準備に入るため，同年6月に正式に解散した。この時期から，制憲議会選挙で最も多くの議席を獲得したフレティリンを主流派とみなすこととする（補遺4-5選挙結果参照）。このフレティリンの中心人物は，この政党の事務局長であったアルカティリである。2002年4月にはグスマンが無所属で大統領選挙に立候補し，当選した。2002年5月の独立に伴い，政治上の主権は東ティモールに移譲された一方，2004年5月まで国連 PKO に治安維持を委ねていた。それまで国連平和維持隊と国連警察が一時的に東ティモールの治安維持の責任をもち，治安部門の創設を並行して支援した。したがって，本章の分析は1999年以降2004年5月までを対象とする。

4-2　政治勢力の組織転換

武装の維持

　暴力を交渉手段としてもつ非主流派（反政府勢力）の代表格は，CPD-RDTL（Conselho Popular Democrático Defesa da República Democrática de Timor-Leste）である[10]。この勢力は，もともとフレティリンの軍事部門ファリンティル（FALINTIL）に属していた兵士らであった。CPD-RDTL は，1999年に結集したのちに併合派民兵と結託して暴力を交えた政治キャンペーンを展開し，CNRT と東ティモールの西部，東部と幅広い範囲で対峙し，散発的に暴力行為を繰り返していた（e.g., Babo-Soares 2012; 伊勢崎 2001, 164, 206, 216）。この勢力は，1975年の独立宣言が有効であると主張し，当時の国連による暫定統治とその独立への動きすら認めず，自らが正式と認める国旗を掲げていた（Da Costa 2000; Shoesmith 2011, 24-25; Smith 2004）。

---

[10] 他にサグラダ・ファミリアやコリマウ2000などの反政府勢力が存在するが，ここでは最も代表的で先行研究において多く指摘されている CPD-RDTL を考察する。

そして CPD-RDTL は，自らが東ティモールを統治することに関心を示したが，どの勢力にも開かれていた 2001 年の制憲議会選挙には参加しなかった（McCarthy 2002, 27）。独立後，はやくもグスマン大統領は最優先の課題として治安を挙げ（Gusmão 2005），CPD-RDTL の度重なる暴力とそれに対する市民の懸念をあらわにした（Gusmão 2003）。しかしながら CPD-RDTL は 2002 年 12 月の首都ディリで発生した暴動に，その他の反政府勢力であるサグラダ・ファミリアとともに参加するなど攻勢を強めていた（Hasegawa 2013, 93）。

そこで主流派のフレティリンとグスマン大統領は，CPD-RDTL が繰り返す暴力の抑制に取り掛かることとした。交渉の場として設けたのが，2003 年 1 月に開催された一般公開の国民対話（National Dialogue）であり，フレティリン事務局長のアルカティリ首相のほかグスマン大統領，非主流派側の CPD-RDTL のメンバー総勢 50 名，そして国連 PKO の代表[11]であるデメロ氏が参加した（Hasegawa 2013, 31）。

この対話において政策争点となったのが，CPD-RDTL が提案した，CPD-RDTL メンバーの国軍への編入であった。この提案をアルカティリは拒否し，CPD-RDTL のスポークスマンであるクリスティアノ・ダ・コスタ（Cristiano da Costa）は対話の継続をさらに追求したが，アルカティリら主流派は沈黙を保った（Hasegawa 2013, 32-33）。その後，2003 年に政府は CPD-RDTL に法的措置も辞さない旨を伝えているが，同勢力は，住民に対し政府発行の身分証明証を放棄するよう要求する脅迫行為などを続けた（Smith 2004）。2005 年には国家警察が CPD-RDTL に対する捜索活動（Hasegawa 2013, 86）を実施するなどの対応を強めたものの，2012 年現在においても東ティモール国旗を掲げていた若者に対し被害を加えるなど，CPD-RDTL は暴力行為を繰り返している[12]。

---

[11] 2002 年 5 月，国連 PKO は UNTAET から UNMISET（United Nations Mission of Support in East Timor）に引き継がれた。このミッションの主な任務は安全保障および国内の治安維持を一義的に担うことと，行政・司法分野への支援であった。

[12] Early Warning Early Response Mapping System. "Youth Beaten by CPD-RDTL" 20 May, 2012. https://belun.crowdmap.com/reports/view/162?l=ja_JP（最終閲覧日 2012 年 5 月 29 日）

前節の結果に沿って武装維持を決めた CPD-RDTL の事例を分析する（命題3-1）。CPD-RDTL は独立を認めないという政治的信条をもち，政党への転換は新独立国家を認めてしまうため，政党化の選択肢はなかった。これは，参加コストが編入コストを圧倒的に上回っていたことを示す。また，万が一政党化しても，反独立派という政治的志向が有権者からの支持を得られないことは想像にかたくなく，政治的交渉力はなかった。CPD-RDTL の抵抗コストは十分に小さかったことが挙げられる。

以上の点から，主流派は CPD-RDTL の暴力の脅しに信頼性があったなか，自身がもつ抑圧コストが低いことを確信した。一般公開された国民対話において，政府側の判断に市民がとくに不満を示さなかった点は，CPD-RDTL に対する抑圧コストが十分に低いと政府が判断できる材料となった (e.g., Hasegawa 2013, 32)（補遺 4-4 の 3.2.1）。

かつてはファリンティルという組織のもとで戦友であった 2 者の間の政策争点は，いずれも妥協点を見出すことは難しかった。CPD-RDTL がもつ1975 年の独立宣言を有効とする政治的信条は，独立が決まった直接投票の結果と照らし合わせると市民の選好と合致しない。また政治的交渉力はフレティリン側にあったので，CPD-RDTL は交渉の妥結を図り，国軍への編入案を提示したが，主流派は受け入れられなかった。治安部門の編成は独立までにほぼ決定していたことから（田中 2011），主流派は限られたポストしかない治安部門への編入を認める状態にはなかった。つまり，主流派にとって交渉の妥結も交渉の継続も望ましくなかった。

第三者としての国連 PKO は治安維持の第一義的責任を負っていたが，CPD-RDTL と主流派間の交渉に積極的にかかわらず推移を注視するにとどまった。理想の政策案は交渉の継続では実現しないことから治安部門への編入という選択肢を非主流派が自らとったが，それでも交渉は決裂した。提示された政策案は受け入れがたく，武力行使に伴う負担が限定的であった主流派に，暴力を回避する条件は整っていなかった。

交渉の妥結，国家組織への転換

抵抗運動に寄与したとされる軍事組織ファリンティルの構成要員のうち，グスマンや数名の幹部は主流派に属することとなったが，それ以外は元兵士と認

定され，非主流派とみなすことができる。その元兵士らのなかでも中核メンバーは，1999 年末から UNTAET によって兵舎に収容されていた。

　主流派の CNRT と非主流派の元兵士の間における政策争点は，国軍への編入そのものであった。実は当初の CNRT は国軍創設に消極的であったが，のちに 650 名ほどの要員を国軍へ採用することとした（CNRM——; Hood 2006）[13]。この国軍創設が決定した背景にはファリンティルの元兵士らからの強い要望がある（石塚 2008）。その際，ファリンティルを統率したグスマンは，元兵士が収容されていた兵舎における物資が不足して処遇が妥当ではなく，元兵士らの社会生活の保障や名誉付与といった要望が満たされていないことから，「反乱を起こしかねない」と指摘している（King's College 2003）。そこでグスマンは元兵士らを国軍に編入させることによって，彼らの要求を満たすことが暴力を回避する最善策と考えるようになった。

　これは，非主流派が反乱を起こしうるという，信憑性のある脅しを主流派に向けていたと理解できる。元兵士は，兵舎に収容されている間は完全な動員解除には至っていなかった。つまり次の処遇の決定を待つ状態にあり[14]，グスマンが懸念したように不満がたまれば元兵士らが暴力に訴えることはたやすかった。また当時，西ティモール（インドネシアの領域内）へ逃亡した民兵が東ティモールに戻り市民に危害を加える可能性が高まってきており，インドネシア側との間の国境管理を強化するためにも，早急の国軍創設が必要と CNRT は判断した（Walsh 2011）。このように，もともと国軍の創設は想定されておらず，主流派は状況に応じて妥協案を模索していくこととなった。つまり，国軍の創設を巡って主流派の政策の理想点と非主流派の政策の理想点は合致していなかった。

　兵舎にいた元兵士たちのうち，国軍にはグスマン側近の要員が選出され，それ以外の中核要員 1300 名は社会再統合プログラム（Falintil Reinsertion Assistance Program: FRAP）への参加が決定した。一方，FRAP に採用された

13　当時，元兵士の数は最大で約 3 万と推定された。この推定数は，兵士の活動の支援者や短期間の関与なども含めた総数と考えられている。国軍への採用過程では，約 1900 名が採用検討の対象者となった（e.g., McCarthy 2002）。

14　兵舎からの脱走を試みた兵士たちに対しては，首都にいたファリンティル幹部（Taun Matan Luak）が使者を通じて，兵舎にとどまるよう指示していた（McCarthy 2002, 31）。

要員や，FRAP にすら採用されなかった要員や国軍への採用に漏れた者も少なくなかった。彼らは不満を持ち始め，長年の抵抗運動に対する貢献を認める名誉の付与や恩給，補償制度を所望するようになった。しかし，恩給や保障，年金の給付は即断的な実行には至らず，不満を持ち続けたメンバーの一部が CPD-RDTL など反政府勢力に加わった（Rees 2002; King's College 2003）。2002 年のディリ騒動並びに 2004 年のディリ騒動は，反政府的な示威活動が暴動に発展しており，この暴動の中核は L7, AC75, ORSANCO といった元兵士・退役兵士グループである。つまり，処遇に満足できなかった元兵士，退役兵士の不満が表出した暴動なのである（e.g., Scambary 2009; Babo-Soares 2012）。

　ここから，前節のモデルに沿って，2 つの元兵士グループを分析する（命題 1-1）。1999 年に兵舎に収容されたファリンティルの元兵士らは，主流派の判断によって異なる運命を辿ることとなった。元兵士らにとっては新規の国軍への編入が一番望ましい策であったが，この編入から排除された要員は，補償制度などによる社会生活への復帰を強く望んだ。彼らにとって必要なのは彼らの独立運動への貢献に対する社会的認知を得ることと，生活の糧をもつことであった。ただし，補償制度の確立や生活支援の政策を実現させるにあたって，彼らに政党化という選択肢はなかった。ほかに政治的な目的はもってないうえ，独立運動の主導者であるグスマンの統率のもとに行動していた要員たちは，政党としての組織維持や支持を集める組織的能力を持ち合わせているわけではない。つまり，彼らにとっては参加コストが大変高いことから交渉を妥結させることが最優先であった。

　しかし，主流派の立場からすると，国軍のポストは数に限りがあった。国軍への編入が非主流派にとっての理想政策であるなか，交渉を妥結させたいという主流派の思いが一致したのが若手グループである（補遺 4-4 の 3.1.1）。国軍に主流派が CNRT に忠実な要員のみを採用したことに対する批判は強まったが（King's College 2003），採用基準としては 22 歳未満で高校卒業という条件があった（McCarthy 2002, 35; La'o Hamutuk 2005）。主流派がこの基準を設定した理由は，編入コストの違いであろう。老齢の元兵士や教育経験の浅い要員と比較すれば，若手で教育のある要員はより長く軍に貢献でき，彼らを採

用・訓練することが最も編入コストが低い。若手グループの国軍への編入要望は主流派にとって最も望ましかったのである。

ついで，国軍編入から漏れた要員に対して主流派が用意した次策は，社会再統合プログラムの提供であった。しかし内容のみならず資金が不足しており，該当要員に十分な補償や社会復帰を促すプログラムとはならず，元兵士らの要望を満たせなかった（McCarthy 2002）。さらに，FRAPにも参加することができない元兵士らも多くいた。

彼らの要望を知りつくしていたグスマンは，元兵士・退役兵士の正確な人数を把握したうえで補償制度を立ち上げることとした（補遺4-4の3.2.2）。これは，非主流派との新たなコミットメントと捉えることができる。非主流派は理想ではない代替案を主流派に提示し，主流派がこれに応えることで妥協し，交渉の妥結を図ったのである。

しかし新たなコミットメントは，制度の立ち上げや登録手続きに時間を要し，資金不足に悩まされ履行は遅延した。補償と年金制度を立ち上げるため，グスマンと政府は2002年8月に退後兵士の委員会を複数設立した。ただしこうした委員会の作業が進み，政府が元兵士への補償付与を履行したのは2006年以降である[15]。非主流派の不満がくすぶっていき，結果コミットメントの信頼性は失われていった。

コミットメントの信頼性を保つ試みはなかったのだろうか。第三者である国連と国際社会は，補償，恩給制度の立ち上げとその履行を支援することに消極的であった。1999年から2002年5月までの間，暫定統治機構として執行権をもったUNTAETは，東ティモールの政治勢力間の交渉について直接的に関与していない。国軍や警察の要員採用の過程は主流派CNRTに一任された（McCarthy 2002; Shoesmith 2003）。一方，兵舎に収容された元兵士らは，彼らへの支援を用意するのは国連をはじめとする国際社会だと考えてい

---

[15] 設立された退役兵士の委員会は，Association of Veterans of the Resistance (AVR) と，the Falintil Veterans Foundation (FVF)，Ex-Combatants Associationである（King's College 2003, para.53）。その後，退役兵士の不満は2004年の反政府デモによって顕著に表れた。この際グスマン大統領（当時）主催の対話集会で政府に対し直訴する機会がもたれたことを機に，退役兵士と元兵士の登録作業が加速し，2006年にメダル授与式が執り行われ，年金制度が設立された（RDTL 2006）。

た（McCarthy 2002, 30）。しかし国際社会から FRAP に十分な財源は投入されず，グスマンの立ち上げた委員会に対しても積極的な支援は行っていない。むしろ，国際社会はのちに自前の財源での実施を黙示的に東ティモール政府に対して勧告している（World Bank 2004）[16]。東ティモール政府は他に手立てがないとして，国際機関や大使館，支援機関に元兵士，退役兵士らへの財政支援を求め続けていた（Hasegawa 2013, 34）。

　元兵士に対する処遇の提供という合意履行に対する主流派の措置と，第三者の関与の不足は元兵士らに不満をもたらした。国際社会からの反応が芳しくなかったため，主流派は自前でコミットメントを果たそうとしたが履行は遅延していった。国軍の加入から排除された一部の元兵士が反政府勢力に加わったのは，こうした合意の不履行に対する不満からであった。主流派と非主流派の間で社会再統合，補償，年金制度といった妥協策に合意があったものの，主流派と非主流派の間のコミットメントの実現可能性に対する予想の事前確率 q が低いままであったため，非主流派は暴力を選択したのである。

政党への転換

　民主党（PD）は，2001 年の制憲議会選挙の 2 か月前に突如創設された政党である[17]。PD は，インドネシアに対する抵抗運動のなかでも諜報活動に従事した知識人や元学生たちが中心となって立ち上げた政党で，その政治的標的はフレティリンであった。PD の党首フェルナンド「ラサマ」デ・アラウジョ（Fernando "La Sama" de Araújo）は，学生組織 RENETIL（Resistensia Nacional dos Estudante de Timor Leste）のリーダーで，1999 年以来，学生組

---

[16] 支援対象に元兵士と一般市民を含み，短期の雇用創出と職業能力の習得を主要目的とした社会再統合プログラム（RESPECT）への財政支援は主に日本が拠出したが（のちにタイが加わる），その他のドナーは関心を示さなかった（e.g., Hasegawa 2013）。

[17] 制憲議会選挙に出馬した政党として注目された他の政党は以下のとおり。第 1 に 1975 年に最初の独立宣言をした Francisco Xavier do Amaral が再結成した ASDT がある。第 2 に PSD（Partido Social Democrata）は，1974 年に設立された UDT の創設者であり，1992 年にインドネシア政府から知事に任命された Màrio Viegas Carrascalão が立ち上げた中道右派の政党である。第 3 に 1999 年の直接投票の直前にフレティリンのリーダー格であった Abilio Araújo が立ち上げた PNT（Partido Nacionalista Timorense）がある（Hohe 2002b; Babo-Soares 2012; Shoesmith 2013）。補遺 4-5 に示した制憲議会選挙の政党別得票結果をみると，上記 3 つの政党に加え多くの少数政党があり分析が可能な対象である。ただし本章の分析の目的を踏まえ，主流派に対する不満を最も表していた政党である PD を選択した。

織が抵抗運動に寄与した功績が十分に認められていないという不満をもっていた (e.g., Babo-Soares 2012)。ラサマとその仲間は，1975年の独立宣言に関わった世代とは区別される，インドネシア統治下にいて教育を受けた若手の世代であると自負していた (De Araujo 2003)。グスマン大統領は，ラサマと同じ刑務所に投獄されていた経験があり[18]，当時若手の世代と唯一接触のある，独立運動世代の人物であった (e.g., Nixon 2012)。1999年の直接投票に向けて，ラサマを始めRENETILら学生組織は，人々に独立派支持を訴えるキャンペーンを展開しようとグスマンと接触していた (De Araujo 2003)。したがってPDのメンバーは，グスマンとは一定の信頼関係を有していたが，権力分掌に関わる交渉の際の相手はフレティリンであり，その中心人物であるアルカティリとは事前の接触が皆無であったといえる。ラサマは，政党の立ち上げの際には，「政治指導者たちの過去の不作法，あるいは彼らの過ちに対する憎しみや復讐」があることに言及しつつ，政党それぞれの信条を尊重し，協力しあうと宣言した (De Araujo 2001)。PDを政党として維持させることを表明し，キャンペーンに参加した。

　主流派フレティリンと非主流派のPDの間における政策争点は，言語政策をめぐるものであった。ラサマは，フレティリンが掲げるポルトガル語の公用語化が実現すれば，インドネシア下で教育された若い世代が排除されてしまうという危機感を強めていた (King 2003)。PDは，東ティモールの現地語であるテトゥン語の推進を掲げた。これは一般市民の感覚に最も近い言語政策に対する提案であった。2001年当時，東ティモール人の80パーセントがテトゥン語を，43パーセントがインドネシア語を話す一方，ポルトガル語を話すのは人口の5パーセントにすぎなかった (RDTL 2002, para.1.8.)。ポルトガル語は，70年代までの高等教育を受けていた者，あるいはその後ポルトガル，アンゴラ，モザンビークといったポルトガル語圏に脱出していたエリートは使用するものの，一般市民には馴染みのない言語だったのである。反政府勢力のCPD-RDTLですら，公用語にはテトゥン語とポルトガル語の併用を提唱していた。ポルトガル語のみを公用語として採用することには多くの東テ

---

[18] 1991年サンタクルス虐殺事件後の学生デモに対する責任処罰として，ラサマには禁固9年の刑が下された (松野 2002, 167)。

第 4 章　紛争後社会における政治勢力の組織的転換

ィモール人が反対であった。インドネシアやアジアの国々，豪州など近隣国との社会経済関係を維持しなければならない小国にとって，英語やインドネシア語の習得が重要と考える人も少なからずいた（Kingsbury 2009）。しかし 2000 年の CNRT の決定を引き継いで，フレティリンはポルトガル語のみの公用語採用を憲法草案に盛り込んだ（Kingsbury 2009, 93）。CNRT の決定とは，ポルトガル語を公用語とし，テトゥン語を国語として指定するが，後者の公用語への採用については 5 年から 10 年後に検討するとの内容であった。また，英語とインドネシア語については実用言語（working language）として採用した（Walsh 2011）。

　フレティリンは，1975 年以来の抵抗運動の立役者であるというイメージと知名度を生かして，政治的支持を獲得できると自負していた。アルカティリは，制憲議会選挙前にフレティリンは 80 から 85 パーセントの得票率を得られると見込んでいた（King 2003）。さらにアルカティリは，フレティリンが東ティモールの人々の真の代表であり続けるべきであり，他の政治リーダー，政党あるいは政治機関がフレティリンと同様の地位をもつことはふさわしくないと信じていた（Niner 2007, 122）。そのため，フレティリンは制憲議会選挙の同選挙の実施を前倒しして，早々に権力を奪取したいと考えていた（Regan 2003, 37-38）。アルカティリをはじめとするポルトガル語圏から帰国したエリートたちが，国連の暫定統治下で東ティモール人を代表する組織として設置された国家評議会（National Council）のポストを占めており（Federer 2005, 90），その多くがフレティリンに属していた。フレティリンが政治的影響力を強めていることは誰にとっても明白であった（Wallis 2014, 83）。

　そのなかで，フレティリンにとって PD は脅威になっていったと考えられる。2001 年の制憲議会選挙において，フレティリン以外に地方で選挙キャンペーンを展開する体力をもっていた政党のひとつが PD であった（Hohe 2002b）[19]。フレティリンも PD も，当時の選挙キャンペーンの手法は，新生国家において実行したい政策を議論するというものではなかった。文盲率の高

19　Chopra（2000）は，1999 年 10 月以降，CNRT は村落選挙を通じて諜報活動を担った Internal Political Front が独自に組織の再結成を始めていたと指摘する。この Internal Political Front に参画していたピント氏は後に PD に参画した。

127

い地方において短期間で政治的支持を獲得するため,諜報活動で使用していたコードネームを使って党員を呼び合うことで,彼らが抵抗運動にどれだけ貢献したかを訴え,有権者の支持を得ようとした。独立に最大の貢献をしたフレティリンに対する人々の支持に対して,いかに PD も独立運動に貢献したのかを示すこととなり,フレティリンはそのような PD をキャンペーンで非難した。一方 PD はグスマンの支持を得て,フレティリンの挑発的な手法を批判した (Shoesmith 2013)。

PD がもつ強みは,地方での密接な人的関係にあった。たとえば PD は,東ティモールの第 2 の都市バウカウで活動する自警団と密接なネットワークを有していた。その指導者であるピント氏 (Manual Pinto) は,当該地域の独立支持派治安部の元リーダーであり,UNTAET 下の国家委員会の地域代表でもあり,そして PD の地域代表を務めていた (Hasegawa 2013, 39)。さらに PD の所属党員は,人口の 70 パーセントが居住する地方において,広範囲に人的ネットワークを有していた (Ryan 2007)。1999 年の直接投票の際に,統合派によるキャンペーンに対抗するため,独立派は戸別訪問をして独立派支持を訴えた。そのような地道な活動をしたのが若手活動家であった (De Araujo 2003)。抵抗運動時代の諜報活動や戸別訪問によって培った人的関係は人々を動員する能力があり,フレティリンにとって脅威となったといえる。独立以後も,地方における PD のキャンペーンに対し,フレティリンが「PD はクーデタを起こそうとしている」と反論し,フレティリンのこのような反応にラサマは国連関係者に不満を漏らした (Hasegawa 2013, 78)[20]。このように PD のもつキャパシティは,フレティリンからみれば実力行使の潜在性を併せ持つ存在として認識されていたのである。

---

[20] 2002 年 5 月の独立以降,フレティリンと野党の政治的対立は深まった。PD, PST を含む 8 つの野党が連合で協定を結び,少数派の意見を顧みないアルカティリ首相や,与党の意見を代弁しようとする国会議長フランシスコ・グテレス(通称ル・オロ)への批判を繰り返した (Smith 2004)。2003 年 3 月には,アルカティリ首相の野党を顧みない発言に反発したラサマが政治的表明を発出し,首相の数々の暴言を非民主主義的だと批判した。PD, *Political Statement on 24 March 2003*; PD, Strengthening Democracy: Telling the Truth about the Reaction of the Prime Minister and the President of Parliament against PD's Political Statement of 24 March 2003. http://www.etan.org/(最終閲覧日 2015 年 10 月 14 日)

民主化後の政治的交渉力はフレティリン側にあった。PD は 2001 年制憲議会選挙では 7 議席を得て第 2 党に躍進した一方で，フレティリンは 88 席中 56 席を獲得した。この圧倒的支持をもって，フレティリンはすでに用意していたポルトガル語で書かれた憲法草案を制憲議会に提出し，憲法に関わる議論を主導した。ただし，憲法草案が制憲議会において可決されるには 60 票が必要であったことから，フレティリンは他党との協力が必要であった。そこでフレティリンは 1975 年以来協力と対立を繰り返してきた ASDT，KOTA，PST との連携を模索し，2002 年 3 月，72 票をもって憲法が確定した（Cotton 2004; Wallis 2014, 107）。制憲議会に限っては，PD に政治的交渉力を拡大できる余地はあったが，PD はフレティリンと組まない限り政治的交渉力を実質的に強めることはできないため，それは非現実的な選択であっただろう。

民主化後に政治的交渉力をもたない PD は，それでも自らの理想に近い言語政策の実現を模索し，結果成功したのである。憲法策定のための市民公聴会は開催されたものの議論の結果はほとんど反映されず，制憲議会内でも実質的な議論はほとんどみられなかった（Wallis 2014, 305; Molner 2009, 76）。しかし，フレティリンの挙げた草案における数少ない変更のひとつは，ポルトガル語とテトゥン語の 2 つが公用語に指定されたことであり，議会内の「若手議員」からの反対意見にフレティリンが歩み寄る結果となった（Wallis 2014, 105）。この変更点は，ポルトガル語の導入を実現させる一方で，PD の言語政策案も取り入れるもので，主流派にとって妥協策であった。また憲法には，テトゥン語そのほかの東ティモール内で使われる民族言語を尊重し，発展させることが明記された（RDTL Constitution 2002, section13）。この憲法における国語の制定は，これを政策争点として掲げていた PD にとって最も重要な成果であっただろう[21]。この成果に至った要因には，次の 2 つが考えられる。第 1 に，民主化の促進，貧困削減，経済発展，初等教育，農業の推進といったそのほかの主要な政策について政策争点の対立はみられず（e.g., Saldanha 2008），両者は妥協点を見出しやすかった。第 2 に PD は，CNRT の政治部門

---

[21] 2002 年 6 月，野党のみならず，与党の一部議員も，議会に付される議決案がポルトガル語のみで上程されることから，テトゥン語への翻訳が必要であるとアルカティリ首相に訴えている。Lusa. "Bill Proposals should be translated into Tetum, say MPs." 27 June, 2002.

で活躍し地方に幅広く人的ネットワークを有していたことから，政党としての持続性を十分に満たせると自負しており，参加コストは十分に低く，交渉の継続を望むようになったと考えられる。

　承認されたこの憲法草案が合意されて履行されるという実現可能性を，PD はどのように高めたのだろうか。学生組織 RENETIL の抵抗運動における功績を認められなかったこと，地方でのキャンペーンにおけるフレティリンからの妨害などを踏まえれば，PD と主流派の間の信頼関係は芳しくなかった。制憲議会選挙の結果が発表された直後，ラサマは，特定の人物がいくつもの公的ポストを兼職すべきでなく，「この国を統治するのは当分国連であり，フレティリンではない」と述べ独立するまでの国連がもつ役割を主張した[22]。Chopra (2000) が指摘するように，UNTAET が東ティモール人の意思を十分に反映しない独断的な意思決定を進めたことに東ティモール人から不満が表出した。その反面，UNTAET が政治勢力の間で中立性を維持した点において，東ティモール人は一定の評価をしていた。また，1999 年以降のそのような国連ミッションの存在によって，主流派が抑圧コストを少なく見積もることはなかったであろう。国連安全保障理事会において，アルカティリ首相自ら，独立までの安全確保，制度構築，来る大統領選挙の実施に国際社会の支援が必要だと訴えた[23]。国連事務総長は 2001 年の 10 月に，ミッションの規模の縮小は余儀なくされるも，2002 年 5 月以降の PKO がどのような支援をすべきかを，軍事部門，文民警察部門，行政支援部門の規模も含め具体的に提案した[24]。この提案により国連は，独立後も第三者として存在し続けると国内外にコミットしたのである。2002 年 5 月の独立が平和裏に進み，制憲議会での交渉結果が無事憲法公布に至ると見越せたことが，PD が暴力行使を回避した

---

[22] ETAN. "Fernando Lasama: PD not yet Contacted on Cabinet Composition (Suara Timor Lorosae, front page)," *East Timor Headlines*, 11 September 2001. http://www.etan.org/et2001c/september/09-15/11ethead.htm#Fernando Lasama (最終閲覧日 2015 年 10 月 14 日)

[23] UN Transitional Administration in East Timor (2001) UNTAET Daily Briefing 16 November 2001. http://reliefweb.int/report/timor-leste/untaet-daily-briefing-16-nov-2001 (最終閲覧日 2017 年 5 月 1 日).

[24] UN Document. A/2001/983, 18 October, 2001, para.55-80.

要因のひとつと考えられる。

　前節のモデルの分析に沿うと，PDの政党への転換は，命題2が成立したことを示している。非主流派であるPDの地方における影響力は，フレティリンに脅威をもたらした。この脅威があるなか，治安維持を第一義的に担っていた国連PKOの存在により，主流派の抑圧コストは高いままであった。この状況によりPDは民主化後の政治的交渉力をもたなくとも，主流派の理想ではない言語政策案を提示し，主流派がそれを憲法草案に盛り込むという合意が成立した（補遺4-4の3.2.3）。非主流派がもつコミットメントの実現可能性に対する予想を高めたのは，独立後の駐留を確定させていた第三者介入である国連PKOであった。

　事例間比較

　分析した事例は，いずれも非主流派の暴力による脅しがある一方，主流派は圧倒的な政治的交渉力をもっていた。しかし2者がもつ武装維持の負担やそのほかの条件によって，暴力に至ることもあればそれを回避できることも明らかとなった。主流派との交渉が決裂したCPD-RDTLや元ファリンティル兵士の一部は，武装維持を選択した。一方，交渉のすえ，若手兵士のグループは国軍への編入を遂げ，PDは政党へ転換し，暴力を回避できている。どの非主流派も，政党化した後の議会内の政治的交渉力は無に等しいことから，政策争点については民主化後の議会内での解決は難しい見通しがあった。だからこそ民主化以前の交渉で政策争点に決着をつけることが非主流派にとって重要であった。

　CPD-RDTLには，独立回避という政治的信条から政党への転換の選択肢はなかった。そこで国軍への編入を提案したが，この交渉案を主流派は受け入れられなかった。主流派は政策争点に関し非主流派と妥協点を見出せないうえ，CPD-RDTLに対する抑圧コストが低かったこと，政策争点の決着を先送りにせざるをえないという意思が固かったことにより，主流派が提案を拒否し非主流派が暴力を選択した。

　元ファリンティル兵士らに対する主流派の対応は，若手グループとそれ以外のグループの間で分かれることとなった。主流派は元兵士らの治安部門編入の要望に対し，自前の資源が許す限りの妥協案を提示したものの，元兵士の不

満を吸収しきれなかった。当初，主流派は国軍の創設に消極的であったが，暴力的手段をとるのを否定できない元兵士らの状況を考慮して，国軍創設そのものが妥協案となった。限りある国軍のポストのなか，若手兵士の国軍への編入は，主流派にとって編入コストが最も低い相手であったことにより実現した。つまりこの帰結で主流派は，親密性が深い往年の元兵士らではなく，将来に自分に降りかかる負担が最小限となる相手を認めたのである。

　他方，国軍編入の要望が満たされなかった元兵士・退役兵士らは，暴力による脅しを背景にグスマンら主流派から新たなコミットメントを得ることができた。しかし次策として用意された社会再統合プログラムは内容に乏しく，補償と年金制度は施行遅延に直面した。これらは合意の不履行とみなされ，不満を募らせた元兵士は反政府勢力に加わっていった。元来，主流派と非主流派は独立運動を共に戦ってきた元仲間であり，主流派は非主流派の要求を当初から注視していたにもかかわらず，彼らの武装維持を回避できなかったのである。2者の関係は良好であったが，合意の履行の実現可能性に対する予想が低くなり，非主流派は暴力を選択した。この事例では，財政支援という外生的な要因によって，コミットメントの実現可能性に対する予想を高められる余地があったことが明らかとなった。

　政党へ転換したPDは，政治的交渉力が限定的で憲法制定の議論を主導できない立場であった。従来の理解では，そのような少数派は政党への転換に悲観して暴力を選びとってもおかしくはないとされる。しかし，ポルトガル語のみの公用語制定に強い懸念を抱いたPDは政党化への意思を強くもち，主流派から妥協案を引き出した。これを可能としたのは，PDがもつ全国にまたがる人的ネットワークであり，これが主流派に対して信憑性のある脅しとなった。そして，政策争点であった憲法におけるテトゥン語の公用語制定という合意を憲法公布にまで至らせたのは，独立前後に駐留する国連PKOのプレゼンスであった。国連PKOの存在が必要であった主流派にとって抑圧コストは高いままであり，妥協点をPDと模索しやすい状況であった。また，主流派のフレティリンと非主流派PDは，同じCNRTに属していたものの当初から信頼関係は薄く，非主流派がもつ合意履行の実現可能性に対する予想は低かった。しかし第三者の存在が合意履行まで続くとの確信が，この予想を高める役

第 4 章　紛争後社会における政治勢力の組織的転換

割を果たした。

　最後に，コミットメントの実現可能性を高める外生的要因について指摘しておきたい。本章では，交渉当事者間で合意に達した場合，第三者が非主流派のコミットメントの実現可能性に対する予想を高める役割を担えることが確認できる。ファリンティル元兵士・退役兵士が参加する社会再統合プログラム，補償制度，恩給などに対して財政支援を拡充することは，合意履行の確実な実現を可能にしうる措置であった。選挙と独立前後における平和維持の役割をもつ国連ミッションの駐留は，PD と主流派の間の合意履行を確実に進める役割，つまり憲法公布に至るという確信を非主流派にもたせる役割があった。こうした分析に鑑みれば，第 2 節で論じたように，交渉当事者の安全確保に関する不安への対処だけではなく，政策履行のための財源の不安や歴史的経験から生じる不信の除去が，第三者の役割になりうるのである。

5　小　括

　平和な環境を整備するにあたって，各政治勢力が暴力から非暴力へと政治手段を転換することは理想的とされ，そのような環境整備には第三者も含めて努力がなされてきた。それにもかかわらず政治勢力が暴力を生み出すのはなぜかという疑問に対し，本章は，権力分掌の交渉に直面する政治勢力がもつミクロな視点を導入し，彼らが抱える組織的転換の選択肢と意思決定に関わる制約を提示して答えようとした。このとき，多くの先行研究では別個に議論されていた，民主化に伴う政党への転換と，国家建設に伴う治安部門への編入はともに，暴力の維持という選択肢とならんで，民主化と国家建設が同時進行する場合の組織転換の選択肢であると考察し，政治勢力にはその 3 つの選択肢があることを前提に議論を進めた。

　本章は，政治勢力が，民主化に加えて国家建設が進む状況下で明らかになってくる自分たちの将来像を見据えて，暴力を採用するか否かを決定することを示した。非主流派にとって内戦終結直後に武力を手放すことは，自らの安全確保を勘案すれば相当のリスクである。また，政党へ転換したり交渉を妥結して組織を解体するといった組織的な転換にもコストが生じる。一方主流派にとっ

133

ても暴力手段を用いることに負担がかからない状況で，受け入れがたい政策案が提出されてしまうと非主流派に残されたのは暴力のみである。

　しかしながら，このような状況下でもコミットメント問題を緩和するいくつかの条件を満たせば暴力の回避は可能である。非主流派が政策争点では妥協してでも，議会のなかで主流派との交渉を継続したいという意思が強い場合，非主流派は政党への転換を選ぶ。もうひとつは民主化後の議会における政治的交渉力を期待できないので，主流派が非主流派の理想に近い案を受け入れることであるが，非主流派が暴力を選ばないようコミットメントを維持し実現させるための工夫が必要である。また，非主流派が交渉の妥結を決めるケースとは，主流派が政策争点では非主流派に譲ってでも，交渉継続を全く望まない場合である。もうひとつは，非主流派が政策争点では主流派に妥協してでも一回限りの交渉で決着をつけたいという意思が強いケースであるが，コミットメントが実現するとの確信をもつことが必要である。

　本章の分析は，権力分掌の交渉のありかたにいくつかの示唆をもたらしている。交渉当事者双方にとって，暴力を用いないことにはそれなりの負担が伴うのであり，それを負担してでも暴力を回避したいとアクターが考える条件を満たすことは必ずしも容易ではない。しかしながら，紛争後社会において暴力を回避できる可能性はある。非主流派は，信憑性のある脅しを主流派に与えられれば，民主化後の議会における政治的交渉力がなくとも，主流派から妥協を引き出して政策に合意を取り付けることができる。この合意が確実に履行されると見通すことができれば，非主流派は政党化を選ぶのである。東ティモールでは，PDが言語政策について主流派と合意を取り付けた。ここから合意が滞りなく履行され，PDの政党化に至ったのは，PDがもつ人的ネットワークにより信憑性のある脅しを示し，また，憲法が公布されるという確実な合意履行の見通しがあったからであった。

　非主流派が主流派と一回限りの交渉で妥結を図る場合，主流派の都合に見合う政策案であれば，非主流派の希望に沿った合意も可能である。東ティモールのケースでは，数ある治安部門への編入希望のなかから，親密な仲間ではなく，主流派が抱える将来の国家建設の課題に見合った勢力を非主流派は冷静に選んだ。結果，ファリンティルの若手兵士グループが国軍に採用され，それ

以外のグループの希望は叶わなかった。一方非主流派も，盲目的に理想の政策を追求するのではない。政党への転換に悲観的であるほど，つまり政策争点を民主化後の議会で交渉する力がないと見通すと，主流派の政策案に妥協してでも，事前の交渉で政策争点に決着をつけようとする。ただし，その政策の実現を見越せなければ非主流派は暴力を選択することに，主流派は留意しなければならない。

　次に，コミットメントの実現可能性に対する予想を誰がどのように改善できるのかという問題については，さまざまな可能性がある。まずそれまでの主流派と非主流派の関係を過信してはならないことが明らかになった。東ティモールのケースでは，抵抗運動の仲間同士で 2 者の関係が従来良好であっても，合意の実行性が伴わないことは非主流派にとって致命的である。つまり，コミットメント問題の緩和に向けて合意履行の実現可能性を高める努力は，それまでの信頼関係の良好度に関係なく必要なのである。そして本章はその努力の内容について議論を深める余地はないが，少なくとも傍観的な第三者の存在だけでコミットメントの実現可能性を高めることはできない。東ティモールでは，1999 年の直接投票以来，第 1 回目の選挙と国家建設に向けて政治勢力間の交渉が活発化した。国連あるいは国際支援機関などの第三者は，民主化の実現という側面ではコミットメントの実現可能性を高める存在であったが，治安部門の創設という別の側面ではそのような存在ではなかった。定義上第三者は必ずしも国際支援である必要はないが，市民社会が国家に対する監視機能を十分に果たしにくい紛争後社会においては，第三者がその主要な機能を担うことがある（Wantchekon 2004）。紛争後社会における第三者の役割を探るには，交渉ごとに何が交渉当事者の不安をかき立てているのかを見極める必要がある。

　また第三者の役割は，安全確保のための平和維持の措置や，財政的な支援となど多様である。アクターの視点，とくに非主流派の視点からコミットメント問題を緩和するにあたっては，それが軍事的な手段によるのか，あるいは非軍事的な措置かも重要であるが，そのなかに幅広い介入の選択肢があることに留意したい。当時東ティモールに対する外部アクターのなかでは，一義的に意思決定権をもった国連の関わりが大きい。国連ミッションが多機能であったことを踏まえると，各機能がどのような役割を果たせるか精査することも外せない

だろう。

　政党の転換（民主化）と国家機関への編入（国家建設）の間の関係については，決して一方の成功が他方に負の影響をもたらすわけではなく，負の影響を及ぼしあうというような排他的な関係ではない。第2章で確認した従来の研究では，民主化と国家建設を同時に進めると対立を促進させるばかりであるので，同時に進行させることには悲観的な議論が主流であった（e.g., Rokkan 1975; Tilly 1975; Paris 2004; Rose and Shin 2001; Wantchekon 2004; ダール 2014）。しかし，本章の分析結果は，各勢力が志向する政策争点や，コミットメントの実現可能性に対する予想を改善させる方法はさまざまにあることから，それぞれの権力分掌の交渉に工夫を加えることで，政党の転換，国家建設のいずれも成功する可能性を示している。つまり，個別の権力分掌の交渉とその交渉結果から生じる合意の履行を慎重に行うことが肝要であろう。

　今後の研究課題としては，大きくわけて，モデルの前提と現実の間に観察される差異を改善していくことと，モデルの検証を拡張することが考えられる。モデルの前提のひとつは，ある勢力が特定の組織に転換することを想定していた。他方，パレスチナのハマス，南スーダンのSPLA/M（Sudan People's Liberation Army/Movement），アフガニスタンのHezb-e Islamiにみられるように，政治部門と軍事部門を両方打ち立て，非暴力と暴力を使い分ける勢力がいる。このような状況を分析するには，モデル上では混合戦略を導入することによって，政治手段の使い分けをする勢力の分析が可能になりうる。またモデルはプレイヤーが2者であることを想定していたが，3者以上のプレイヤーがある政策を巡って競争する場合もあろう。そのような場合の均衡を分析する余地も残されている。最後に，本書が構築したモデルの帰結に対する検証は東ティモールの事例だけで行ったが，その他の事例分析を増やせば検証に強靱性をもたせ，議論を深められるだろう。その際第三者の役割を加えて分析すれば，紛争後社会における暴力回避のための方策も検討できる。

　本章のモデルと事例分析から得られた結論を踏まえると，国家建設が途上である場合に民主主義体制が政治暴力を抑制する効果を発揮しえないのはなぜかという問いに対して以下のような答えを導き出せるだろう。政治勢力は政党として交渉を継続するか，あるいは交渉を一回限りとして治安部門への編入と

いった組織的転換を迫られるが，その組織的転換よりも武装を維持するほうが得策と考えるためである。民主化と国家建設の本格化に向けて，内戦終結直後から始まる主流派と非主流派の間における権力分掌に関する交渉は，非主流派の組織的転換を決定づけていく過程である。この過程のなかで，武装の維持自体のコストが他の組織転換と比較して低いことが自明であり，権力分掌に関わる合意の履行が確実であるという見込みがないと，やはり武装の維持が最も得策であると非主流派は判断する。そして，この暴力を抑制しうる対処法はあるものの，両者にとってコストのかかることであり，容易には暴力を回避できない。このように，民主主義体制の導入と国家建設が開始すると，そうした新しい政治的競争の場の転換に対応した結果，暴力手段を選択する政治勢力が現れる，という点が明らかになったといえよう。

補　遺

補遺 4-1　パラメータの定義に関する補足

　主流派が最大の政治的交渉力をもつ場合，$\delta = 1$ と表される。$0 < \delta < 1$ の場合，主流派が民主化後の議会で保有する議席数（すなわち，交渉力）は，法案を通過させるために必要な閾値以下であることを意味する。$\delta = 0$ の場合，主流派が全く交渉力をもたないことを意味する。

　主流派がもつ交渉継続の好ましさは，編入コストと寛容コスト（$\theta_L \geq 0$）との比較により決定する。$\theta_L > 1$ の場合，主流派は，民主化後の議会にて政策を議論することを好む。$\theta_L < 1$ の場合，主流派は，民主化前に交渉を妥結させることを好む。また，それら2つの戦略に対する選好が無差別である場合，$\theta_L = 1$ である。同様に，非主流派は，交渉継続の好ましさをもつ。その選好は，参加コストと出口コスト（$\theta_F \geq 0$）との比較により決定される。$\theta_F > 1$ の場合，非主流派は，民主化後の議会にて政策を議論することを好む。$\theta_F < 1$ の場合，非主流派は，民主化前に交渉を妥結させることを好む。また，それら2つの戦略に対する選好が無差別である場合，$\theta_F = 1$ である。

補遺 4-2 利　　得

手番 t_2 において，F が政党化を選択する場合，L の利得は $-\delta|x_L - x_L| - (1-\delta)|x_L - x_F| = -(1-\delta)$，$F$ の利得は $-\delta|x_L - x_F| - (1-\delta)|x_F - x_F| = -\delta$ である。他方で，F が武装維持を選択する場合，L の利得は $-p|x_L - x_L| - (1-p)|x_L - x_F| - C_L = -(1-p) - C_L$，$F$ の利得は $-p|x_F - x_L| - (1-p)|x_F - x_F| = -p - C_F$ である。

t_3 において x を拒否し，t_4 において F が武装維持を選択する場合，L の利得は $-p|x_L - x_L| - (1-p)|x_L - x_F| = -(1-p) - C_L$，$F$ の利得は $-p|x_F - x_L| - (1-p)|x_F - x_F| = -p - C_F$ である。t_3 において x を拒否し，t_4 において F が戦闘停止を選択する場合，L の利得は $-|x_L - x_L| = 0$，F の利得は $-|x_F - x_L| = -1$ である。

t_3 において x を受諾し，t_5 において F が交渉妥結を選択する場合，L の利得は $-(1-\delta)\theta_L|x_L - x| = -(1-\delta)\theta_L x$ である。その交渉妥結が失敗に終わった場合，L の利得は $-|x_L - x_L| = 0$ である。よって，L の期待利得は，$E_L(q) = -q(1-\delta)\theta_L x$ となる。主流派との交渉妥結を選択する場合，F の利得は，$-\theta_F|x_F - x| = -\theta_F(1-x)$ である。その交渉妥結が失敗に終わった場合，F の利得は $-|x_F - x_L| = -1$ である。よって，F の期待利得は，$E_F(q) = -q\theta_F(1-x) - (1-q) = -1 + q(1 - \theta_F(1-x))$ となる。

x を受諾し，t_5 において F が政党化を選択する場合，L の利得は $-\delta|x_L - x_L| - (1-\delta)|x_L - x| = -(1-\delta)x$ である。F の政党化が失敗に終わった場合，L の利得は $-\delta|x_L - x_L| - (1-\delta)|x_L - x_F| = -(1-\delta)$ である。よって，L の期待利得は，$E_L(r) = -r(1-\delta)x - (1-r)(1-\delta)$ となる。

t_5 において政党化を選択する場合，F の利得は，$-\delta|x_F - x| - (1-\delta)|x_F - x_F| = -\delta(1-x)$ である。政党化が失敗に終わった場合，F の利得は $-\delta|x_L - x_F| - (1-\delta)|x_F - x_F| = -\delta$ である。よって，F の期待利得は，$E_F(r) = -r\delta(1-x) - (1-r)\delta = \delta(rx - 1)$ となる。

補遺 4-3 解　　法

完備情報下での逐次手番ゲームであるため，後ろ向き帰納法を用いて部分ゲ

第4章 紛争後社会における政治勢力の組織的転換

ーム完全均衡を求める。

手番 t_3 において L が x を受諾する場合，t_5 では F に2つの選択肢がある。$E_F(q) \geq E_F(r)$ である場合，F は交渉妥結を選択する。この場合の条件は，

$$-1 + q(1 - \theta_F(1-x)) > \delta(xr - 1) \tag{1}$$

と表される。反対に，

$$-1 + q(1 - \theta_F(1-x)) < \delta(xr - 1) \tag{2}$$

の場合，F は政党化を選択する。

t_3 において L が x を拒否する場合，t_4 では F に2つの選択肢がある。$-p - C_F \geq -1$，すなわち，

$$C_F + p \leq 1 \tag{3}$$

である場合，F は武装維持を選択し，反対に，

$$C_F + p > 1 \tag{4}$$

である場合，F は戦闘を停止する。

F が x を提案したのち，不等式 (1) と (3) が成立している（すなわち，t_5 において F が交渉妥結を，t_4 において武装維持を選択する状況）と仮定すると，$E_L(q) > -(1-p) - C_L$ の場合，L は x を受諾する。この最後の条件は，

$$-q(1-\delta)\theta_L x > -(1-p) - C_L \tag{5}$$

と表される。

F が x を提案したのち，不等式 (1) と (4) が成立している（すなわち，t_5 において F が交渉妥結を，t_4 において戦闘停止を選択する）と仮定すると，$E_L(q) > 0$ の場合，L は x を受諾する。この最後の条件は，

$$-q(1-\delta)\theta_L x > 0 \tag{6}$$

と表される。

F が x を提案したのち，不等式 (2) と (3) が成立している（すなわち，t_5 に

おいて F が政党化を選択し，t_4 において武装維持を選択する）と仮定すると，$E_L(r) > -(1-p) - C_L$ の場合，L は x を受諾する．この最後の条件は，

$$-r(1-\delta)x - (1-\delta)(1-r) > -(1-p) - C_L \tag{7}$$

と表される．

F が x を提案したのち，不等式 (2) と (4) が成立している（すなわち，t_5 において F が政党化を選択し，t_4 において戦闘停止を選択する）と仮定すると，

$$-r(1-\delta)x - (1-\delta)(1-r) > 0 \tag{8}$$

である場合，L は x を受諾する．

F が x を提案したのち，不等式 (1) と (3) が成立している（すなわち，F が t_5 において交渉妥結を選択し，t_4 において武装維持を選択する）と仮定すると，$E_L(q) < -(1-p) - C_L$ の場合，L は x を拒否する．この最後の条件は，

$$-q(1-\delta)\theta_L x < -(1-p) - C_L \tag{9}$$

と表される．

F が x を提案したのち，不等式 (1) と (4) が成立している（すなわち，t_5 において F が交渉妥結を選択し，t_4 において戦闘停止を選択する）と仮定すると，$E_L(q) < 0$ の場合，L は x を拒否する．この最後の条件は，

$$-q(1-\delta)\theta_L x < 0 \tag{10}$$

と表される．

F が x を提案したのち，不等式 (2) と (3) が成立している（すなわち，F が t_5 において政党化を選択し，t_4 において武装維持を選択する）と仮定すると，$E_L(r) < -(1-p) - C_L$ の場合，L は x を拒否する．この最後の条件は，

$$-r(1-\delta)x - (1-\delta)(1-r) < -(1-p) - C_L \tag{11}$$

と表される．

F が x を提案したのち，不等式 (2) と (4) が成立している（すなわち，F が t_5 において政党化を選択し，t_4 において戦闘停止を選択する）と仮定すると，

$E_L(r) < 0$ の場合, L は x を拒否する. この最後の条件は,

$$-r(1-\delta)x - (1-\delta)(1-r) < 0 \tag{12}$$

と表される.

　不等式 (1), (3), (5) が成立している (すなわち, F が t_5 において交渉妥結, t_4 において武装維持を選択し, L が t_3 において x を受諾する) と仮定すると, t_1 において L が交渉なしを選択したのち, $-\delta > E_F(q)$ の場合, t_2 において F は政党化を選択する. この最後の条件は,

$$-\delta > -1 + q(1 - \theta_F(1-x)) \tag{13}$$

と表される.

　不等式 (1), (4), (6) が成立している (すなわち, F が t_5 において交渉妥結を, t_4 において戦闘停止を選択し, L が t_3 において x を受諾する) と仮定すると, t_1 において L が交渉なしを選択したのち, $-\delta > E_F(q)$ の場合, t_2 において F は政党化を選択する. この最後の条件は,

$$-\delta > -1 + q(1 - \theta_F(1-x)) \tag{14}$$

と表される.

　不等式 (2), (3), (7) が成立している (すなわち, F が t_5 において政党化を, t_4 において武装維持を選択し, L が t_3 において x を受諾する) と仮定すると, t_1 において L が交渉なしを選択したのち, $-\delta > E_F(r)$ の場合, t_2 において F は政党化を選択する. この最後の条件は,

$$-\delta > \delta(xr - 1) \tag{15}$$

と表される. この不等式は成立しえない.

　不等式 (2), (4), (8) が成立している (すなわち, F が t_5 において政党化を, t_4 において戦闘停止を選択し, L が t_3 において x を受諾する) と仮定すると, t_1 において L が交渉なしを選択したのち, $-\delta > E_F(r)$ の場合, t_2 において F は政党化を選択する. この最後の条件は,

$$-\delta > \delta(xr - 1) \tag{16}$$

と表される。この不等式は成立しえない。

　不等式 (1), (3), (9) が成立している（すなわち, F が t_5 において交渉妥結を, t_4 において武装維持を選択し, L が t_3 において x を拒否する）と仮定すると, t_1 において L が交渉なしを選択したのち,

$$-\delta > -p - C_F \tag{17}$$

である場合, t_2 において F は政党化を選択する。

　不等式 (1), (4), (10) が成立している（すなわち, F が t_5 において交渉妥結を, t_4 において戦闘停止を選択し, L が t_3 において x を拒否する）と仮定すると, t_1 において L が交渉なしを選択したのち,

$$-\delta > -1 \tag{18}$$

である場合, t_2 において F は政党化を選択する。

　不等式 (2), (3), (11) が成立している（すなわち, F が t_5 において政党化を, t_4 において戦闘継続を選択し, L が t_3 において x を拒否する）と仮定すると, t_1 において L が交渉なしを選択したのち,

$$-\delta > -p - C_F \tag{19}$$

である場合, t_2 において F は政党化を選択する。

　不等式 (2), (4), (12) が成立している（すなわち, F が t_5 において政党化を, t_4 において戦闘停止を選択し, L が t_3 において x を拒否する）と仮定すると, t_1 において L が交渉なしを選択したのち,

$$-\delta > -1 \tag{20}$$

である場合, t_2 において F は政党化を選択する。

　不等式 (1), (3), (5) が成立している（すなわち, F が t_5 において交渉妥結を, t_4 において武装維持を選択し, L が t_3 において x を受諾する）と仮定すると, t_1 において L が交渉なしを選択したのち, $-p - C_F > E_F(q)$ の場

合，t_2 において F は武装維持を選択する．この最後の条件は，

$$-p - C_F > -1 + q(1 - \theta_F(1-x)) \tag{21}$$

と表される．

　不等式 (1), (4), (6) が成立している（すなわち，F が t_5 において交渉妥結を，t_4 において戦闘停止を選択し，L が t_3 において x を受諾する）と仮定すると，t_1 において L が交渉なしを選択したのち，$-p - C_F > E_F(q)$ の場合，t_2 において F は武装維持を選択する．この最後の条件は，

$$-p - C_F > -1 + q(1 - \theta_F(1-x)) \tag{22}$$

と表される．

　不等式 (2), (3), (7) が成立している（すなわち，F が t_5 において政党化を，t_4 において武装維持を選択し，L が t_3 において x を受諾する）と仮定すると，t_1 において L が交渉なしを選択したのち，$-p - C_F > E_F(r)$ の場合，t_2 において F は武装維持を選択する．この最後の条件は，

$$-p - C_F > \delta(xr - 1) \tag{23}$$

と表される．

　不等式 (2), (4), (8) が成立している（すなわち，F が t_5 において政党化を，t_4 において戦闘停止を選択し，L が t_3 において x を受諾する）と仮定すると，t_1 において L が交渉なしを選択したのち，$-p - C_F > E_F(r)$ の場合，t_2 において F は武装維持を選択する．この最後の条件は，

$$-p - C_F > \delta(xr - 1) \tag{24}$$

と表される．

　不等式 (1), (3), (9) が成立している（すなわち，F が t_5 において交渉妥結を，t_4 において武装維持を選択し，L が t_3 において x を拒否する）と仮定すると，t_1 において L が交渉なしを選択したのち，

$$-p - C_F > -p - C_F \tag{25}$$

である場合，t_2 において F は武装維持を選択する．この不等式の両辺は同値である．

不等式 (1), (4), (10) が成立している（すなわち，F が t_5 において交渉妥結を，t_4 において戦闘停止を選択し，L が t_3 において x を拒否する）と仮定すると，t_1 において L が交渉なしを選択したのち，

$$-p - C_F > -1 \tag{26}$$

である場合，t_2 において F は武装維持を選択する．

不等式 (2), (3), (11) が成立している（すなわち，F が t_5 において政党化を，t_4 において武装維持を選択し，L が t_3 において x を拒否する）と仮定すると，t_1 において L が交渉なしを選択したのち，

$$-p - C_F > -p - C_F \tag{27}$$

である場合，t_2 において F は武装維持を選択する．この不等式の両辺は同値である．

不等式 (2), (4), (12) が成立している（すなわち，F が t_5 において政党化を，t_4 において戦闘停止を選択し，L が t_3 において x を拒否する）と仮定すると，t_1 において L が交渉なしを選択したのち，

$$-p - C_F > -1 \tag{28}$$

である場合，t_2 において F は武装維持を選択する．

不等式 (1), (3), (5), (13) が成立している（すなわち，F が t_5 において交渉妥結を，t_4 において武装維持を選択し，L が t_3 において x を受諾し，そして，F が t_2 において政党化を選択する）と仮定すると，$-(1-\delta) > E_L(q)$ の場合，L は交渉なしを選択する．この最後の条件は，

$$-(1-\delta) > -q(1-\delta)\theta_L x \tag{29}$$

と表される．

不等式 (1), (4), (6), (14) が成立している（すなわち，F が t_5 において交渉妥結を，t_4 において戦闘停止を選択し，L が t_3 において x を受諾し，そし

て，F が t_2 において政党化を選択する）と仮定すると，$-(1-\delta) > E_L(q)$ の場合，L は交渉なしを選択する。この最後の条件は，

$$-(1-\delta) > -q(1-\delta)\theta_L x \tag{30}$$

と表される。

　不等式 (2), (3), (7), (15) が成立している（すなわち，F が t_5 において政党化を，t_4 において武装維持を選択し，L が t_3 において x を受諾し，そして，F が t_2 において政党化を選択する）と仮定すると，$-(1-\delta) > E_L(r)$ の場合，L は交渉なしを選択する。この最後の条件は，

$$-(1-\delta) > -r(1-\delta)x - (1-\delta)(1-r) \tag{31}$$

と表される。

　不等式 (2), (4), (8), (16) が成立している（すなわち，F が t_5 において政党化を，t_4 において戦闘停止を選択し，L が t_3 において x を受諾し，そして，F が t_2 において政党化を選択する）と仮定すると，$-(1-\delta) > E_L(r)$ の場合，L は交渉なしを選択する。この最後の条件は，

$$-(1-\delta) > -r(1-\delta)x - (1-\delta)(1-r) \tag{32}$$

と表される。

　不等式 (1), (3), (9), (17) が成立している（すなわち，F が t_5 において交渉妥結を，t_4 において武装維持を選択し，L が t_3 において x を拒否し，そして，F が t_2 において政党化を選択する）と仮定すると，

$$-(1-\delta) > -(1-p) - C_L \tag{33}$$

である場合，L は交渉なしを選択する。

　不等式 (1), (4), (10), (18) が成立している（すなわち，F が t_5 において交渉妥結を，t_4 において戦闘停止を選択し，L が t_3 において x を拒否し，そして，F が t_2 において政党化を選択する）と仮定すると，

$$-(1-\delta) > 0 \tag{34}$$

である場合，L は交渉なしを選択する。$\delta = 1$ である場合，この不等式の両辺は無差別になる。

不等式 (2), (3), (11), (19) が成立している（すなわち，F が t_5 において政党化を，t_4 において戦闘継続を選択し，L が t_3 において x を拒否し，そして，F が t_2 において政党化を選択する）と仮定すると，

$$-(1-\delta) > -(1-p) - C_L \tag{35}$$

である場合，L は交渉なしを選択する。

不等式 (2), (4), (12), (20) が成立している（すなわち，F が t_5 において政党化を，t_4 において戦闘停止を選択し，L が t_3 において x を拒否し，そして，F が t_2 において政党化を選択する）と仮定すると，

$$-(1-\delta) > 0 \tag{36}$$

である場合，L は交渉なしを選択する。$\delta = 1$ である場合，この不等式の両辺は無差別になる。

不等式 (1), (3), (5), (21) が成立している（すなわち，F が t_5 において交渉妥結を，t_4 において戦闘継続を選択し，L が t_3 において x を拒否し，そして，F が t_2 において武装維持を選択する）と仮定すると，$-(1-p) - C_L > E_L(q)$ の場合，L は交渉なしを選択する。この最後の条件は，

$$-(1-p) - C_L > -q(1-\delta)\theta_L x \tag{37}$$

と表される。

不等式 (1), (4), (6), (22) が成立している（すなわち，F が t_5 において交渉妥結を，t_4 において戦闘停止を選択し，L が t_3 において x を受諾し，そして，F が t_2 において武装維持を選択する）と仮定すると，$-(1-p) - C_L > E_L(q)$ の場合，L は交渉なしを選択する。この最後の条件は，

$$-(1-p) - C_L > -q(1-\delta)\theta_L x \tag{38}$$

と表される。

不等式 (2), (3), (7), (23) が成立している（すなわち，F が t_5 において政

党化を，t_4 において武装維持を選択し，L が t_3 において x を受諾し，そして，F が t_2 において武装維持を選択する）と仮定すると，$-(1-p)-C_L > E_L(r)$ の場合，L は交渉なしを選択する．この最後の条件は，

$$-(1-p)-C_L > -r(1-\delta)x-(1-\delta)(1-r) \tag{39}$$

と表される．

不等式 (2), (4), (8), (24) が成立している（すなわち，F が t_5 において政党化を，t_4 において戦闘停止を選択し，L が t_3 において x を受諾し，そして，F が t_2 において武装維持を選択する）と仮定すると，$-(1-p)-C_L > E_L(r)$ の場合，L は交渉なしを選択する．この最後の条件は，

$$-(1-p)-C_L > -r(1-\delta)x-(1-\delta)(1-r) \tag{40}$$

と表される．

不等式 (1), (3), (9), (25) が成立している（すなわち，F が t_5 において交渉妥結を，t_4 において武装維持を選択し，L が t_3 において x を受諾し，そして，F が t_2 において武装維持を選択する）と仮定すると，

$$-(1-p)-C_L > -(1-p)-C_L \tag{41}$$

である場合，L は交渉なしを選択する．この不等式の両辺は同値である．

不等式 (1), (4), (10), (26) が成立している（すなわち，F が t_5 において交渉妥結を，t_4 において戦闘停止を選択し，L が t_3 において x を拒否し，そして，F が t_2 において武装維持を選択する）と仮定すると，

$$-(1-p)-C_L > 0 \tag{42}$$

である場合，L は交渉なしを選択する．この不等式は成立しない．

不等式 (2), (3), (11), (27) が成立している（すなわち，F が t_5 において政党化を，t_4 において武装維持を選択し，L が t_3 において x を拒否し，そして，F が t_2 において武装維持を選択する）と仮定すると，

$$-(1-p)-C_L > -(1-p)-C_L \tag{43}$$

である場合，L は交渉なしを選択する。この不等式の両辺は同値である。

不等式 (2)，(4)，(12)，(28) が成立している（すなわち，F が t_5 において政党化を，t_4 において戦闘停止を選択し，L が t_3 において x を拒否し，そして，F が t_2 において武装維持を選択する）と仮定すると，

$$-(1-p) - C_L > 0 \tag{44}$$

である場合，L は交渉なしを選択する。この不等式は成立しない。

不等式 (1)，(3)，(5)，(13) が成立している（すなわち，F が t_5 において交渉妥結を，t_4 において武装維持を選択し，L が t_3 において x を受諾し，そして，F が t_2 において政党化を選択する）と仮定すると，$-(1-\delta) < E_L(q)$ の場合，L は交渉開始を選択する。この最後の条件は，

$$-(1-\delta) < -q(1-\delta)\theta_L x \tag{45}$$

と表される。$\delta = 1$ である場合，この不等式の両辺は無差別になる。

不等式 (1)，(4)，(6)，(14) が成立している（すなわち，F が t_5 において交渉妥結を，t_4 において戦闘停止を選択し，L が t_3 において x を受諾し，そして，F が t_2 において政党化を選択する）と仮定すると，$-(1-\delta) < E_L(q)$ の場合，L は交渉開始を選択する。この最後の条件は，

$$-(1-\delta) < -q(1-\delta)\theta_L x \tag{46}$$

と表される。$\delta = 1$ である場合，この不等式の両辺は無差別になる。

不等式 (2)，(3)，(7)，(15) が成立している（すなわち，F が t_5 において政党化を，t_4 において武装維持を選択し，L が t_3 において x を受諾し，そして，F が t_2 において政党化を選択する）と仮定すると，$-(1-\delta) < E_L(r)$ の場合，L は交渉開始を選択する。この最後の条件は，

$$-(1-\delta) < -r(1-\delta)x - (1-\delta)(1-r) \tag{47}$$

と表される。$\delta = 1$ である場合，この不等式の両辺は無差別になる。

不等式 (2)，(4)，(8)，(16) が成立している（すなわち，F が t_5 において政党化を，t_4 において戦闘停止を選択し，L が t_3 において x を受諾し，そして，

第 4 章　紛争後社会における政治勢力の組織的転換

F が t_2 において政党化を選択する）と仮定すると，$-(1-\delta) < E_L(r)$ の場合，L は交渉開始を選択する．具体的には，この場合の条件は，

$$-(1-\delta) < -r(1-\delta)x - (1-\delta)(1-r) \tag{48}$$

と表される．$\delta = 1$ である場合，この不等式の両辺は無差別になる．

　不等式 (1), (3), (9), (17) が成立している（すなわち，F が t_5 において交渉妥結を，t_4 において武装維持を選択し，L が t_3 において x を拒否し，そして，F が t_2 において政党化を選択する）と仮定すると，

$$-(1-\delta) < -(1-p) - C_L \tag{49}$$

である場合，L は交渉開始を選択する．

　不等式 (1), (4), (10), (18) が成立している（すなわち，F が t_5 において交渉妥結を，t_4 において戦闘停止を選択し，L が t_3 において x を拒否し，そして，F が t_2 において政党化を選択する）と仮定すると，

$$-(1-\delta) < 0 \tag{50}$$

である場合，L は交渉開始を選択する．$\delta = 1$ である場合，この不等式の両辺は無差別になる．

　不等式 (2), (3), (11), (19) が成立している（すなわち，F が t_5 において政党化を，t_4 において武装維持を選択し，L が t_3 において x を拒否し，そして，F が t_2 において政党化を選択する）と仮定すると，

$$-(1-\delta) < -(1-p) - C_L \tag{51}$$

である場合，L は交渉開始を選択する．

　不等式 (2), (4), (12), (20) が成立している（すなわち，F が t_5 において政党化を，t_4 において戦闘停止を選択し，L が t_3 において x を拒否し，そして，F が t_2 において政党化を選択する）と仮定すると，

$$-(1-\delta) < 0 \tag{52}$$

である場合，L は交渉開始を選択する．$\delta = 1$ である場合，この不等式の両辺

は無差別になる。

不等式 (1), (3), (5), (21) が成立している（すなわち, F が t_5 において交渉妥結を, t_4 において武装維持を選択し, L が t_3 において x を受諾し, そして, F が t_2 において武装維持を選択する）と仮定すると, $-(1-p)-C_L < E_L(q)$ の場合, L は交渉開始を選択する。この最後の条件は,

$$-(1-p)-C_L < -q(1-\delta)\theta_L x \tag{53}$$

と表される。

不等式 (1), (4), (6), (22) が成立している（すなわち, F が t_5 において交渉妥結を, t_4 において戦闘停止を選択し, L が t_3 において x を受諾し, そして, F が t_2 において武装維持を選択する）と仮定すると, $-(1-p)-C_L < E_L(q)$ の場合, L は交渉開始を選択する。この最後の条件は,

$$-(1-p)-C_L < -q(1-\delta)\theta_L x \tag{54}$$

と表される。

不等式 (2), (3), (7), (23) が成立している（すなわち, F が t_5 において政党化を, t_4 において武装維持を選択し, L が t_3 において x を受諾し, そして, F が t_2 において武装維持を選択する）と仮定すると, $-(1-p)-C_L < E_L(r)$ の場合, L は交渉開始を選択する。この最後の条件は,

$$-(1-p)-C_L < -r(1-\delta)x - (1-\delta)(1-r) \tag{55}$$

と表される。

不等式 (2), (4), (8), (24) が成立している（すなわち, F が t_5 において政党化を, t_4 において戦闘停止を選択し, L が t_3 において x を受諾し, そして, F が t_2 において武装維持を選択する）と仮定すると, $-(1-p)-C_L < E_L(r)$ の場合, L は交渉開始を選択する。この最後の条件は,

$$-(1-p)-C_L < -r(1-\delta)x - (1-\delta)(1-r) \tag{56}$$

と表される。

不等式 (1), (3), (9), (25) が成立している（すなわち, F が t_5 において交

渉妥結を，t_4 において武装維持を選択し，L が t_3 において x を拒否し，そして，F が t_2 において武装維持を選択する）と仮定すると，

$$-(1-p) - C_L < -(1-p) - C_L \tag{57}$$

である場合，L は交渉開始を選択する．この不等式の両辺は同値である．

不等式 (1)，(4)，(10)，(26) が成立している（すなわち，F が t_5 において交渉妥結を，t_4 において戦闘停止を選択し，L が t_3 において x を受諾し，そして，F が t_2 において武装維持を選択する）と仮定すると，

$$-(1-p) - C_L < 0 \tag{58}$$

である場合，L は交渉開始を選択する．

不等式 (2)，(3)，(11)，(27) が成立している（すなわち，F が t_5 において政党化を，t_4 において武装維持を選択し，L が t_3 において x を拒否し，そして，F が t_2 において武装維持を選択する）と仮定すると，

$$-(1-p) - C_L < -(1-p) - C_L \tag{59}$$

である場合，L は交渉開始を選択する．この不等式の両辺は同値である．

不等式 (2)，(4)，(12)，(28) が成立している（すなわち，F が t_5 において政党化を，t_4 において戦闘停止を選択し，L が t_3 において x を拒否し，そして，F が t_2 において武装維持を選択する）と仮定すると，

$$-(1-p) - C_L < 0 \tag{60}$$

である場合，L は交渉開始を選択する．

このゲームでは，32 通りの戦略の組み合わせがある．各ケースが部分ゲーム完全均衡であるかどうかを明らかにするために，以下では，ケース 1 からケース 32 までの各ケースに関して検討する．

[ケース 1] 不等式 (1)，(3)，(5)，(13)，(45) が成立している場合，F は，t_5 において交渉妥結を，t_4 において武装維持を，t_2 において政党化を選択する．また，L は t_3 において x を受諾し，t_1 において交渉開始を選択する．

$$-1+q(1-\theta_F(1-x)) > \delta(xr-1)$$
$$C_F + p \leq 1$$
$$-q(1-\delta)\theta_L x > -(1-p) - C_L$$
$$-\delta > -1 + q(1-\theta_F(1-x))$$
$$-(1-\delta) < -q(1-\delta)\theta_L x$$

ケース 1 は成立しうる。

[ケース 2] 不等式 (1), (3), (5), (21), (53) が成立している場合, F は, t_5 において交渉妥結を, t_4 において武装維持を, t_2 において武装維持を選択する。また, L は t_3 において x を受諾し, t_1 において交渉開始を選択する。

$$-1+q(1-\theta_F(1-x)) > \delta(xr-1)$$
$$C_F + p \leq 1$$
$$-q(1-\delta)\theta_L x > -(1-p) - C_L$$
$$-p - C_F > -1 + q(1-\theta_F(1-x))$$
$$-(1-p) - C_L < -q(1-\delta)\theta_L x$$

ケース 2 は成立しうる。

[ケース 3] 不等式 (1), (4), (6), (14), (46) が成立している場合, F は, t_5 において交渉妥結を, t_4 において戦闘停止を, t_2 において政党化を選択する。また, L は t_3 において x を受諾し, t_1 において交渉開始を選択する。

$$-1+q(1-\theta_F(1-x)) > \delta(xr-1)$$
$$C_F + p > 1$$
$$-q(1-\delta)\theta_L x > 0$$
$$-\delta > -1 + q(1-\theta_F(1-x))$$
$$-(1-\delta) < -q(1-\delta)\theta_L x$$

不等式 (6) の条件が満たされないため, ケース 3 は成立しえない。

第 4 章　紛争後社会における政治勢力の組織的転換

[ケース 4] 不等式 (1), (4), (6), (22), (54) が成立している場合, F は, t_5 において交渉妥結を, t_4 において戦闘停止を, t_2 において武装維持を選択する。また, L は t_3 において x を受諾し, t_1 において交渉開始を選択する。

$$-1 + q(1 - \theta_F(1-x)) > \delta(xr - 1)$$
$$C_F + p > 1$$
$$-q(1-\delta)\theta_L x > 0$$
$$-p - C_F > -1 + q(1 - \theta_F(1-x))$$
$$-(1-p) - C_L < -q(1-\delta)\theta_L x$$

不等式 (6) の条件が満たされないため, ケース 4 は成立しえない。

[ケース 5] 不等式 (1), (3), (9), (17), (49) が成立している場合, F は, t_5 において交渉妥結を, t_4 において武装維持を, t_2 において政党化を選択する。また, L は t_3 において x を拒否し, t_1 において交渉開始を選択する。

$$-1 + q(1 - \theta_F(1-x)) > \delta(xr - 1)$$
$$C_F + p \leq 1$$
$$-q(1-\delta)\theta_L x < -(1-p) - C_L$$
$$-\delta > -p - C_F$$
$$-(1-\delta) < -(1-p) - C_L$$

ケース 5 は成立しうる。

[ケース 6] 不等式 (1), (3), (9), (25), (57) が成立している場合, F は, t_5 において交渉妥結を, t_4 において武装維持を, t_2 において武装維持を選択する。また, L は t_3 において x を拒否し, t_1 において交渉開始を選択する。

153

$$-1 + q(1 - \theta_F(1-x)) > \delta(xr - 1)$$
$$C_F + p \leq 1$$
$$-q(1-\delta)\theta_L x < -(1-p) - C_L$$
$$-p - C_F > -p - C_F$$
$$-(1-p) - C_L < -(1-p) - C_L$$

不等式 (25) と (57) の両辺はそれぞれ等しい.

　[ケース 7] 不等式 (1), (4), (10), (18), (50) が成立している場合, F は, t_5 において交渉妥結を, t_4 において戦闘停止を, t_2 において政党化を選択する. また, L は t_3 において x を拒否し, t_1 において交渉開始を選択する.

$$-1 + q(1 - \theta_F(1-x)) > \delta(xr - 1)$$
$$C_F + p > 1$$
$$-q(1-\delta)\theta_L x < 0$$
$$-\delta > -1$$
$$-(1-\delta) < 0$$

ケース 7 は成立しうる.

　[ケース 8] 不等式 (1), (4), (10), (26), (58) が成立している場合, F は, t_5 において交渉妥結を, t_4 において戦闘停止を, t_2 において武装維持を選択する. また, L は t_3 において x を拒否し, t_1 において交渉開始を選択する.

$$-1 + q(1 - \theta_F(1-x)) > \delta(xr - 1)$$
$$C_F + p > 1$$
$$-q(1-\delta)\theta_L x < 0$$
$$-p - C_F > -1$$
$$-(1-p) - C_L < 0$$

不等式 (4) と (58) の条件を同時に満たすことはないため, ケース 8 は成立し

えない.

[ケース9] 不等式 (2), (3), (7), (15), (47) が成立している場合, F は, t_5 において政党化を, t_4 において武装維持を, t_2 において政党化を選択する. また, L は t_3 において x を受諾し, t_1 において交渉開始を選択する.

$$-1 + q(1 - \theta_F(1-x)) < \delta(xr - 1)$$
$$C_F + p \leq 1$$
$$-r(1-\delta)x - (1-\delta)(1-r) > -(1-p) - C_L$$
$$-\delta > \delta(xr - 1)$$
$$-(1-\delta) < -r(1-\delta)x - (1-\delta)(1-r)$$

不等式 (15) の条件が満たされないため, ケース9は成立しえない.

[ケース10] 不等式 (2), (3), (7), (23), (55) が成立している場合, F は, t_5 において政党化を, t_4 において武装維持を, t_2 において武装維持を選択する. また, L は t_3 において x を受諾し, t_1 において交渉開始を選択する.

$$-1 + q(1 - \theta_F(1-x)) < \delta(xr - 1)$$
$$C_F + p \leq 1$$
$$-r(1-\delta)x - (1-\delta)(1-r) > -(1-p) - C_L$$
$$-p - C_F > \delta(xr - 1)$$
$$-(1-p) - C_L < -r(1-\delta)x - (1-\delta)(1-r)$$

ケース10は成立しうる.

[ケース11] 不等式 (2), (3), (11), (19), (51) が成立している場合, F は, t_5 において政党化を, t_4 において武装維持を, t_2 において政党化を選択する. また, L は t_3 において x を拒否し, t_1 において交渉開始を選択する.

$$-1+q(1-\theta_F(1-x)) < \delta(xr-1)$$
$$C_F + p \leq 1$$
$$-r(1-\delta)-(1-\delta)(1-r) < -(1-p)-C_L$$
$$-\delta > -p - C_F$$
$$-(1-\delta) < -(1-p) - C_L$$

ケース 11 は成立しうる。

[ケース 12] 不等式 (2), (3), (11), (27), (59) が成立している場合, F は, t_5 において政党化を, t_4 において武装維持を, t_2 において武装維持を選択する。また, L は t_3 において x を拒否し, t_1 において交渉開始を選択する。

$$-1+q(1-\theta_F(1-x)) < \delta(xr-1)$$
$$C_F + p \leq 1$$
$$-r(1-\delta)-(1-\delta)(1-r) < -(1-p)-C_L$$
$$-p - C_F > -p - C_F$$
$$-(1-p) - C_L < -(1-p) - C_L$$

不等式 (27) と (59) の両辺はそれぞれ等しい。

[ケース 13] 不等式 (2), (4), (8), (16), (48) が成立している場合, F は, t_5 において政党化を, t_4 において戦闘停止を, t_2 において政党化を選択する。また, L は t_3 において x を受諾し, t_1 において交渉開始を選択する。

$$-1+q(1-\theta_F(1-x)) < \delta(xr-1)$$
$$C_F + p > 1$$
$$-r(1-\delta)x - (1-\delta)(1-r) > 0$$
$$-\delta > \delta(xr-1)$$
$$-(1-\delta) < -r(1-\delta)x - (1-\delta)(1-r)$$

不等式 (16) の条件が満たされないため, ケース 13 は成立しえない。

[ケース 14] 不等式 (2),(4),(8),(24),(56) が成立している場合, F は, t_5 において政党化を, t_4 において戦闘停止を, t_2 において武装維持を選択する。また, L は t_3 において x を受諾し, t_1 において交渉開始を選択する。

$$-1 + q(1 - \theta_F(1-x)) < \delta(xr - 1)$$
$$C_F + p > 1$$
$$-r(1-\delta)x - (1-\delta)(1-r) > 0$$
$$-p - C_F > \delta(xr - 1)$$
$$-(1-p) - C_L < -r(1-\delta)x - (1-\delta)(1-r)$$

不等式 (8) の条件が満たされないため, ケース 14 は成立しえない。

[ケース 15] 不等式 (2),(4),(12),(20),(52) が成立している場合, F は, t_5 において政党化を, t_4 において戦闘停止を, t_2 において政党化を選択する。また, L は t_3 において x を拒否し, t_1 において交渉開始を選択する。

$$-1 + q(1 - \theta_F(1-x)) < \delta(xr - 1)$$
$$C_F + p > 1$$
$$-r(1-\delta)x - (1-\delta)(1-r) < 0$$
$$-\delta > -1$$
$$-(1-\delta) < 0$$

ケース 15 は成立しうる。

[ケース 16] 不等式 (2),(4),(12),(28),(60) が成立している場合, F は, t_5 において政党化を, t_4 において戦闘停止を, t_2 において武装維持を選択する。また, L は t_3 において x を拒否し, t_1 において交渉開始を選択する。

$$-1 + q(1 - \theta_F(1-x)) < \delta(xr - 1)$$
$$C_F + p > 1$$
$$-r(1-\delta)x - (1-\delta)(1-r) < 0$$
$$-p - C_F > -1$$
$$-(1-p) - C_L < 0$$

不等式 (4) と (28) の条件を同時に満たすことはないため，ケース 16 は成立しえない．

[ケース 17] 不等式 (1)，(3)，(5)，(13)，(29) が成立している場合，F は，t_5 において交渉妥結を，t_4 において武装維持を，t_2 において政党化を選択する．また，L は t_3 において x を受諾し，t_1 において交渉なしを選択する．

$$-1 + q(1 - \theta_F(1-x)) > \delta(xr - 1)$$
$$C_F + p \leq 1$$
$$-q(1-\delta)\theta_L x > -(1-p) - C_L$$
$$-\delta > -1 + q(1 - \theta_F(1-x))$$
$$-(1-\delta) > -q(1-\delta)\theta_L x$$

不等式 (1) と (13) の条件を同時に満たすことはないため，ケース 17 は成立しえない．

[ケース 18] 不等式 (1)，(3)，(5)，(21)，(37) が成立している場合，F は，t_5 において交渉妥結を，t_4 において武装維持を，t_2 において武装維持を選択する．また，L は t_3 において x を受諾し，t_1 において交渉なしを選択する．

$$-1 + q(1 - \theta_F(1-x)) > \delta(xr - 1)$$
$$C_F + p \leq 1$$
$$-q(1-\delta)\theta_L x > -(1-p) - C_L$$
$$-p - C_F > -1 + q(1 - \theta_F(1-x))$$
$$-(1-p) - C_L > -q(1-\delta)\theta_L x$$

不等式 (5) と (37) の条件を同時に満たすことはないため，ケース 18 は成立しえない．

[ケース 19] 不等式 (1)，(3)，(9)，(17)，(33) が成立している場合，F は，t_5 において交渉妥結を，t_4 において武装維持を，t_2 において政党化を選択する．また，L は t_3 において x を拒否し，t_1 において交渉なしを選択する．

$$-1 + q(1 - \theta_F(1-x)) > \delta(xr - 1)$$
$$C_F + p \leq 1$$
$$-q(1-\delta)\theta_L x < -(1-p) - C_L$$
$$-\delta > -p - C_F$$
$$-(1-\delta) > -(1-p) - C_L$$

$0 < \delta < 1$ である場合，ケース 19 は成立しうる．

[ケース 20] 不等式 (1)，(3)，(9)，(25)，(41) が成立している場合，F は，t_5 において交渉妥結を，t_4 において武装維持を，t_2 において武装維持を選択する．また，L は t_3 において x を拒否し，t_1 において交渉なしを選択する．

$$-1 + q(1 - \theta_F(1-x)) > \delta(xr - 1)$$
$$C_F + p \leq 1$$
$$-q(1-\delta)\theta_L x < -(1-p) - C_L$$
$$-(1-p) - C_F > -(1-p) - C_F$$
$$-(1-p) - C_L > -(1-p) - C_L$$

不等式 (25) と (41) の条件はそれぞれ両辺の値が等しい。

[ケース 21] 不等式 (1), (4), (6), (14), (30) が成立している場合, F は, t_5 において交渉妥結を, t_4 において戦闘停止を, t_2 において政党化を選択する。また, L は t_3 において x を受諾し, t_1 において交渉なしを選択する。

$$-1 + q(1 - \theta_F(1-x)) > \delta(xr - 1)$$
$$C_F + p > 1$$
$$-q(1-\delta)\theta_L x > 0$$
$$-\delta > -1 + q(1 - \theta_F(1-x))$$
$$-(1-\delta) > -q(1-\delta)\theta_L x$$

不等式 (6) の条件が満たされないため, ケース 21 は成立しえない。

[ケース 22] 不等式 (1), (4), (6), (22), (38) が成立している場合, F は, t_5 において交渉妥結を, t_4 において戦闘停止を, t_2 において武装維持を選択する。また, L は t_3 において x を受諾し, t_1 において交渉なしを選択する。

$$-1 + q(1 - \theta_F(1-x)) > \delta(xr - 1)$$
$$C_F + p > 1$$
$$-q(1-\delta)\theta_L x > 0$$
$$-p - C_F > -1 + q(1 - \theta_F(1-x))$$
$$-(1-p) - C_L > -q(1-\delta)\theta_L x$$

不等式 (6) の条件が満たされないため, ケース 22 は成立しえない。

[ケース 23] 不等式 (1), (4), (10), (18), (34) が成立している場合, F は, t_5 において交渉妥結を, t_4 において戦闘停止を, t_2 において政党化を選択する。また, L は t_3 において x を拒否し, t_1 において交渉なしを選択する。

第 4 章　紛争後社会における政治勢力の組織的転換

$$-1 + q(1 - \theta_F(1-x)) > \delta(xr - 1)$$
$$C_F + p > 1$$
$$-q(1-\delta)\theta_L x < 0$$
$$-\delta > -1$$
$$-(1-\delta) > 0$$

不等式 (34) の条件が満たされないため，ケース 23 は成立しえない．

[ケース 24] 不等式 (1), (4), (10), (26), (42) が成立している場合，F は，t_5 において交渉妥結を，t_4 において戦闘停止を，t_2 において武装維持を選択する．また，L は t_3 において x を拒否し，t_1 において交渉なしを選択する．

$$-1 + q(1 - \theta_F(1-x)) > \delta(xr - 1)$$
$$C_F + p > 1$$
$$-q(1-\delta)\theta_L x < 0$$
$$-p - C_F > -1$$
$$-(1-p) - C_L > 0$$

不等式 (42) の条件が満たされないため，ケース 24 は成立しえない．

[ケース 25] 不等式 (2), (3), (7), (15), (31) が成立している場合，F は，t_5 において政党化を，t_4 において武装維持を，t_2 において政党化を選択する．また，L は t_3 において x を受諾し，t_1 において交渉なしを選択する．

$$-1 + q(1 - \theta_F(1-x)) < \delta(xr - 1)$$
$$C_F + p \leq 1$$
$$-r(1-\delta)x - (1-\delta)(1-r) > -(1-p) - C_L$$
$$-\delta > \delta(xr - 1)$$
$$-(1-\delta) > -r(1-\delta)x - (1-\delta)(1-r)$$

不等式 (15) の条件が満たされないため，ケース 25 は成立しえない．

[ケース 26] 不等式 (2), (3), (7), (23), (39) が成立している場合, F は, t_5 において政党化を, t_4 において武装維持を, t_2 において武装維持を選択する. また, L は t_3 において x を受諾し, t_1 において交渉なしを選択する.

$$-1 + q(1 - \theta_F(1-x)) < \delta(xr - 1)$$
$$C_F + p \leq 1$$
$$-r(1-\delta)x - (1-\delta)(1-r) > -(1-p) - C_L$$
$$-p - C_F > \delta(xr - 1)$$
$$-(1-p) - C_L > -r(1-\delta)x - (1-\delta)(1-r)$$

不等式 (7) と (39) の条件を同時に満たすことはないため, ケース 26 は成立しえない.

[ケース 27] 不等式 (2), (3), (11), (19), (35) が成立している場合, F は, t_5 において政党化を, t_4 において武装維持を, t_2 において政党化を選択する. また, L は t_3 において x を拒否し, t_1 において交渉なしを選択する.

$$-1 + q(1 - \theta_F(1-x)) < \delta(xr - 1)$$
$$C_F + p \leq 1$$
$$-r(1-\delta) - (1-\delta)(1-r) < -(1-p) - C_L$$
$$-\delta > -p - C_F$$
$$-(1-\delta) > -(1-p) - C_L$$

$0 < \delta < 1$ である場合, ケース 27 は成立しうる.

[ケース 28] 不等式 (2), (3), (11), (27), (43) が成立している場合, F は, t_5 において政党化を, t_4 において武装維持を, t_2 において武装維持を選択する. また, L は t_3 において x を拒否し, t_1 において交渉なしを選択する.

第 4 章 紛争後社会における政治勢力の組織的転換

$$-1 + q(1 - \theta_F(1-x)) < \delta(xr - 1)$$
$$C_F + p \leq 1$$
$$-r(1-\delta) - (1-\delta)(1-r) < -(1-p) - C_L$$
$$-p - C_F > -p - C_F$$
$$-(1-p) - C_L > -(1-p) - C_L$$

不等式 (27) と (43) の両辺はそれぞれ等しい。

[ケース 29] 不等式 (2), (4), (8), (16), (32) が成立している場合, F は, t_5 において政党化を, t_4 において戦闘停止を, t_2 において政党化を選択する。また, L は t_3 において x を受諾し, t_1 において交渉なしを選択する。

$$-1 + q(1 - \theta_F(1-x)) < \delta(xr - 1)$$
$$C_F + p > 1$$
$$-r(1-\delta)x - (1-\delta)(1-r) > 0$$
$$-\delta > \delta(xr - 1)$$
$$-(1-\delta) > -r(1-\delta)x - (1-\delta)(1-r)$$

不等式 (16) の条件が満たされないため, ケース 29 は成立しえない。

[ケース 30] 不等式 (2), (4), (8), (24), (56) が成立している場合, F は, t_5 において政党化を, t_4 において戦闘停止を, t_2 において武装維持を選択する。また, L は t_3 において x を受諾し, t_1 において交渉なしを選択する。

$$-1 + q(1 - \theta_F(1-x)) < \delta(xr - 1)$$
$$C_F + p > 1$$
$$-r(1-\delta)x - (1-\delta)(1-r) > 0$$
$$-p - C_F > \delta(xr - 1)$$
$$-(1-p) - C_L > -r(1-\delta)x - (1-\delta)(1-r)$$

不等式 (8) の条件が満たされないため, ケース 30 は成立しえない。

[ケース31] 不等式 (2), (4), (12), (20), (36) が成立している場合, F は, t_5 において政党化を, t_4 において戦闘停止を, t_2 において政党化を選択する。また, L は t_3 において x を拒否し, t_1 において交渉なしを選択する。

$$-1 + q(1 - \theta_F(1-x)) < \delta(xr - 1)$$
$$C_F + p > 1$$
$$-r(1-\delta)x - (1-\delta)(1-r) < 0$$
$$-\delta > -1$$
$$-(1-\delta) > 0$$

不等式 (36) の条件が満たされないため, ケース31 は成立しえない。

[ケース32] 不等式 (2), (4), (12), (28), (44) が成立している場合, F は, t_5 において政党化を, t_4 において戦闘停止を, t_2 において武装維持を選択する。また, L は t_3 において x を拒否し, t_1 において交渉なしを選択する。

$$-1 + q(1 - \theta_F(1-x)) < \delta(xr - 1)$$
$$C_F + p > 1$$
$$-r(1-\delta)x - (1-\delta)(1-r) < 0$$
$$-p - C_F > -1$$
$$-(1-p) - C_L > 0$$

不等式 (44) の条件が満たされないため, ケース32 は成立しえない。

　上記全ケースの中で, ケース1, 2, 5, 6, 7, 10, 11, 12, 15, 19, 20, 27, 28 において不等式が満たされる（または, 不等式の両辺が同値である）。この各ケースは, パラメータが特定の値をとる部分ゲーム完全均衡となる。本分析では, これらのケースを, 非主流派による組織形成のパターンに応じて分類する。すでに本文中で示したように, ケース19, 20, 27, 28 は, 本分析では焦点を当てないため分析から除外する。ケース7と15に関しても, ゲームが, 組織形成のパターンに影響を及ぼさない戦闘停止に帰着するため除外する。ケース2, 5, 10 はそれぞれ命題1-1, 2, 3-1 として本文に示されてい

る。以下では，上記以外の命題に関して考察する。

命題 1-2 非主流派は，新政府との交渉妥結を望ましく思っているが，提案した政策が拒否されれば武装維持を選択する状況下で，主流派は，t_5 において非主流派と交渉を妥結することにより生じる損失が，t_2 において交渉することなく非主流派が理想の政策と政治的交渉力をもって行動することより生じる負担よりも少ない場合，交渉開始を選択する。そこで，非主流派は x を提案する。主流派は，武力行使の負担が交渉妥結の負担より大きい場合，x を受諾する。この場合，非主流派は，新政府と交渉を妥結する（ケース 1 参照）。

命題 3-2 非主流派は，武装維持の負担が少ないため武装維持を望ましく思っているが，提案した政策が受諾されれば政党化を選択する状況下で，主流派は，t_2 において理想の政策と交渉力をもって行動することにより生じる損失が，t_4 において武力行使にかかる損失よりも大きくなる場合，交渉を開始する。そこで非主流派は x を提案する。主流派は非主流派を政党として迎え入れることで生じる損失が，武力行使にかかる負担よりも大きい場合，主流派は x を拒否する。この場合，非主流派は武装維持を選択する（ケース 11 参照）。

命題 4-1 非主流派は，武装維持にかかる負担が十分に小さい場合，t_4 において武装維持を選択するが，提案した政策が主流派より受諾されれば t_5 において交渉妥結を選択する状況下にある。t_2 において武力行使にかかる負担が，t_4 において武力行使にかかる負担と無差別になる場合，主流派が交渉開始を選択する。非主流派は x を提案する。主流派は，t_5 において非主流派と交渉を妥結することで生じる損失が，t_4 において武力行使にかかる負担よりも大きい場合，t_3 において x を拒否する。この場合，非主流派は武装維持を選択する（ケース 6 参照）。

命題 4-2 非主流派は，武装維持にかかる負担が十分に小さい場合，t_4 において武装維持を選択するが，提案した政策が主流派より受諾されれば t_5 において政党化を選択する状況下にある。t_2 において武力行使にかかる負担が，t_4 において武力行使にかかる負担と無差別になる場合，主流派は交渉開始を選択する。非主流派は x を提案する。主流派は，t_5 において非主流派を政党として迎え入れることで生じる損失が，t_4 において武力行使にかかる負担よ

りも大きい場合，t_3 において x を拒否する．この場合，非主流派は武装維持を選択する（ケース 12 参照）．

補遺 4-4　最後通牒ゲーム

命題 1-1，命題 3-1，命題 2 の下で，F が提案する最適な政策 x を導出する．

1　t_5 における F の決定

t_5 において，F が交渉妥結または政党化を選択する場合の効用は，それぞれ以下のように示される．

$$u_F(comply) = -q\delta_F(1-x) - (1-q) = -1 + q(1-\theta_F(1-x)) \tag{61}$$

$$u_F(compose) = -r\delta(1-x) - (1-r)\delta = \delta(rx-1) \tag{62}$$

これらの式から，F は，t_5 において，$-1 + q(1-\theta_F(1-x)) \geq \delta(xr-1)$ である場合に交渉妥結を選択し，そうでない場合に政党化を選択することがわかる．したがって，

$$x_F \equiv \frac{(1-\delta) - q(1+\theta_F)}{q\theta_F - r\delta} \tag{63}$$

である．

F は，

$$x \geq \frac{(1-\delta) - q(1+\theta_F)}{q\theta_F - r\delta} \tag{64}$$

である場合に交渉妥結を選択する．以下では，(a)$q\theta_F - r\delta > 0$ かつ $x \geq x_F$，そして，(b)$q\theta_F - r\delta < 0$ かつ $x \leq x_F$ という 2 つのケースに分けて検討する．反対に，F は，

$$x < \frac{(1-\delta) - q(1+\theta_F)}{q\theta_F - r\delta} \tag{65}$$

である場合に政党化を選択する．この場合に関しては，以下では，(c)$q\theta_F - r\delta > 0$ かつ $x < x_F$，そして，(d)$q\theta_F - r\delta < 0$ かつ $x > x_F$ の 2 つのケースに分けて検討する．

2　t_3 における L の決定

(a) または (b) の場合，t_3 において，L が x を受諾する，または x を拒否す

る場合の効用は，それぞれ以下のように示される．

$$u_L(accept) = -q(1-\delta)\theta_L x \tag{66}$$

$$u_L(decline) = -(1-p) - C_L \tag{67}$$

これらの式から，L は，$-q(1-\delta)\theta_L x > -(1-p)-C_L$ である場合に x を受諾し，そうでない場合に x を拒否することがわかる．したがって，L は，$x \leq x_L^1$ である場合に x を受諾し，$x > x_L^1$ である場合に x を拒否する．このとき，x_L^1 は以下のように定義される．

$$x_L^1 \equiv \frac{(1-p)+C_L}{q(1-\delta)\theta_L} \tag{68}$$

(c) または (d) の場合，t_3 において，L が x を受諾する，または x を拒否する場合の効用は，それぞれ以下のように示される．

$$u_L(accept) = -r(1-\delta)x - (1-\delta)(1-r) \tag{69}$$

$$u_L(decline) = -(1-p) - C_L \tag{70}$$

これらの式から，L は，$-(1-p)-C_L \leq -r(1-\delta)x-(1-\delta)(1-r)$ である場合に x を受諾し，そうでない場合に x を拒否することがわかる．したがって，L は，$x \leq x_L^2$ である場合に x を受諾し，$x > x_L^2$ である場合に x を拒否する．このとき，x_L^2 は以下のように定義される．

$$x_L^2 \equiv \frac{(1-p)+C_L-(1-\delta)(1-r)}{r(1-\delta)} \tag{71}$$

3　F が提案する最適な x

まず，L にとって受け入れ可能な大きさの x を導出する．次に，t_3 において L が x を拒否する場合の x と，導出した x とを比較する．ただし，定義より，$x_L^2 < x_L^1$ である．

3.1　(a) または (c) の場合

F は，$x \geq x_F$ である場合に交渉妥結を選択し，$x < x_F$ である場合に政党化を選択する．

3.1.1　$x_L^1 \geq x_F$ の場合

$x \geq x_F$ の条件の下では，F の効用は $u_F(x) = u_F(comply)$ で示される．x

は単調増加関数であるため，F にとって提案する最適な x の候補は $x = x_L^1$ である。L が x を受諾する条件の下で，F が交渉妥結を選択する場合の効用は $-1 + q(1 - \theta_F(1-x))$ である。また，L が x を拒否する条件の下で，F が武装維持を選択する場合の効用は $-p - C_F$ である。$-1 + q(1 - \theta_F(1-x_L^1)) \geq -p - C_F$ である場合，この不等式は，

$$x_L^1 \geq 1 - \frac{1}{\theta_F}\left(1 - \frac{(1-p-C_F)}{q}\right) \tag{72}$$

となる。このとき，F にとって最適な政策は $x^* = x_L^1$ であり，そうでない場合，$x^* > x_L^1$ が最適である。

3.1.2 $x_L^1 < x_F$ の場合

$x < x_F$ の条件の下では，F の効用は $u_F(x) = u_F(compose)$ で示される。x は単調増加関数であるため，F にとって提案する最適な x の候補は $x = x_L^2$ である。L が x を受諾する条件の下で，F が政党化を選択する場合の効用は $-r\delta(1-x) - (1-r)\delta$ である。また，L が x を拒否する条件の下で，F が武装維持を選択する場合の効用は $-p - C_F$ である。$-r\delta(1-x_L^2) - (1-r)\delta \geq -p - C_F$ である場合，この不等式は，

$$x_L^2 \geq \frac{1}{r}\left(1 + \frac{-p-C_F}{\delta}\right) \tag{73}$$

となる。このとき，F にとって最適な政策は $x^* = x_L^2$ であり，そうでない場合，$x^* > x_L^2$ が最適である。

3.2 (b) または (d) の場合

F は，$x \leq x_F$ である場合に交渉妥結を選択し，$x > x_F$ である場合に政党化を選択する。

3.2.1 $x_L^1 < x_F$ の場合

$x < x_F$ の条件の下では，F の効用は $u_F(x) = u_F(comply)$ で示される。x は単調増加関数であるため，F にとって提案する最適な x の候補は $x = x_L^1$ である。L が x を受諾する条件の下で，F が交渉妥結を選択した場合の効用は $-1 + q(1 - \theta_F(1-x))$ である。また，L が x を拒否する条件の下で，F が武装維持を選択する場合の効用は $-p - C_F$ である。$-1 + q(1 - \theta_F(1-x_L^1)) \geq -p - C_F$ である場合，この不等式は，

$$x_L^1 \geq 1 - \frac{1}{\theta_F}\left(1 - \frac{(1-p-C_F)}{q}\right) \tag{74}$$

となる。このとき，F にとって最適な政策は $x^* = x_L^1$ であり，そうでない場合，$x^* > x_L^1$ が最適である。

3.2.2 $x_L^2 \leq x_F < x_L^1$ の場合

このケースでは，L は，$x \leq x_F$ の場合に x を受諾し，$x > x_F$ の場合に x を拒否する。したがって，$x < x_F$ の条件の下では，F の効用は $u_F(x) = u_F(comply)$ で示される。x は単調増加関数であるため，F にとって提案する最適な x の候補は $x = x_L^1$ である。L が x を受諾する条件の下で，F が交渉妥結を選択する場合の効用は $-1 + q(1 - \theta_F(1-x))$ である。また，L が x を拒否する条件の下で，F が武装維持を選択する場合の効用は $-p - C_F$ である。$-1 + q(1 - \theta_F(1 - x_F)) \geq -p - C_F$ である場合，この不等式は，

$$x_F \geq 1 - \frac{1}{\theta_F}\left(1 - \frac{(1-p-C_F)}{q}\right) \tag{75}$$

となる。このとき，F にとって最適な政策は $x^* = x_F$ であり，そうでない場合，$x^* > x_F$ が最適である。

3.2.3 $x_L^2 \geq x_F$ の場合

$x > x_F$ の条件の下では，F の効用は $u_F(x) = u_F(compose)$ で示される。x は単調増加関数であるため，F にとって提案する最適な x の候補は $x = x_L^2$ である。L が x を受諾する条件の下で，F が政党化を選択する場合の効用は $-r\delta(1-x) - (1-r)\delta$ である。また，L が x を拒否する条件の下で，F が武装維持を選択する場合の効用は $-p - C_F$ である。$-r\delta(1 - x_L^2) - (1-r)\delta > -p - C_F$ である場合，この不等式は，

$$x_L^2 \geq \frac{1}{r}\left(1 + \frac{-p - C_F}{\delta}\right) \tag{76}$$

となる。このとき，F にとって最適な政策は $x^* = x_L^2$ であり，そうでない場合，$x^* > x_L^2$ が最適である。

補遺 4-5　2001 年東ティモール制憲議会選挙の結果

	議席配分(全体)	得票率	議席配分(各県代表)	得票率
FRETILIN	43	57.37%	12	92%
PD	7	8.73%	0	
PSD	6	8.19%	0	
ASDT	6	7.85%	0	
PDC	2	1.98%	0	
UDT	2	2.36%	0	
PNT	2	2.20%	0	
KOTA	2	2.13%	0	
PPT	2	1.78%	0	
UDC/PDC	1	0.66%	0	
PL	1	1.10%	0	
PST	1	2.01%	0	
APODITI	0	0.60%	0	
PARENTIL	0	0.60%	0	
PTT	0	0.60%	0	
PDM	0	0.60%	0	
無所属			1	
合計	75		13	

出典：Babo-Soares (2002)

FRETILIN (Frente Revolucionária do Liberatação Nacional de Timor Leste) 東ティモール独立革命戦線，PD (Partido Democrático) 民主党，PSD (Partido Social Democrata) 社民党，ASDT (Associação Social Democrata Timorense) 社会民主協会，PDC (Partido Democarata Cristão) 民主キリスト党，UDT (União Democrática Timorense) ティモール民主連合，PNT (Partido Nacionalista Timorense) ティモール愛国党，KOTA (Klibur Oan Timor Asuwain) ティモール闘士連合，PPT (Partido do Povo de Timor) ティモール大衆党，UDC/PDC (Partido Democrata-Democrata Timorense) ティモール民主・キリスト教党，PL (Partai Liberal) 自由党，PST (Partido Socialista de Timor) ティモール社民党，APODETI (Associacao Popular Democratica de Timor Pro Referendo) ティモール人民民主協会，PARENTIL (Partido Republica Nacional Timor Leste) 東ティモール国家統一党，PTT (Partido Trabalhista Timorense) ティモール労働党，PDM (Partai Demokratik Maubere) マウベレ民主党．

第5章

紛争後社会における指導者による暴力

1　はじめに

　本章は前章に引き続き，本書の問いの後半部分にあたる「民主主義体制がなぜ政治暴力を抑制する効果を発揮しないのか」に答えるため，主流派側の政治暴力の発生の因果メカニズムを探る。前章では，権力分掌の交渉の結果生じる，非主流派による政治暴力の発生に焦点をあてた。他方，本章は，国家の治安維持能力の構築が途上であるという紛争後社会の特徴を捉え，一定の治安維持能力を獲得した主流派が，なぜ過度な実力行使を起こすのかを分析する。

　民主化を経て選出された代表者に課せられる目下の課題は，人々に安全を与え，基本的な生活を維持できるような環境を整備することであろう。つまり紛争後社会では，国家が国内の治安を維持し暴力を統制する能力（治安維持能力）が十分でないため，それを回復・構築することが，新たに執行権をもつ勢力・人物（本章では「指導者」と呼ぶ）に求められる（Sisk 2010; Lake 2010）。治安維持能力の行使がままならない状況とは，警察や軍などの治安部門そのものが存在しない，もしくは存在するが多数の武装勢力が存在するため暴力手段を独占できないといった状況である。さらに治安維持能力の向上が必要とされる状況とは，治安部門が暴力手段を独占するが人々の安全を確保する能力を維持できない，あるいは合法的権限を有するか人々に懐疑的に見られるある場合などが挙げられる。したがって，「国家のもつ治安維持能力が不足している」

問題の実態は，(1) 治安維持を担う国家機関（警察，軍，国境警備隊などの準軍事組織（パラミリタリー）等）やその機関を支える法制度が脆弱，あるいは実行能力が整備しきれず暴力の統制ができないこと，および (2) その能力に対する国民からの信頼が失われている，という2点に集約されるだろう。人々に期待される指導者は治安と安全の確保のため，治安維持能力を立て直すことと，人々から許容されるように同能力を運用することを目指す。

しかし紛争後社会において指導者は，有権者の意に反する「過度な」実力行使に出ることがある，と本章は論じる。より具体的には，東ティモールの2006年騒擾の分析を通じて，選挙が近づくにつれ有権者の支持を得たいという指導者が，有権者のもつ法の支配の認識を見誤ることにより起こす実力行使について検討する。2006年騒擾では，待遇に不満をもつ兵士の反政府的行動に対し政府側が鎮圧を試みたが，治安の悪化を余儀なくされた。実力行使の問題を問われ，指導者のマリ・アルカティリ首相が自ら辞任したことにより事態は収束したが，政治的地位を失うという致命的な結果となった。ここから生じるのは，なぜ政治生命を重視するはずの指導者が，政治的支持を失ってしまうような実力行使を続けるという帰結に陥るのか，という疑問である。この疑問に対し本章では，指導者は，有権者からの業績評価が低いほど挽回してより高い評価を得ようとし，自分が追求したい超法規的な治安維持政策を採用するため，と論じる。指導者の目的と有権者の法に対する認識との間で大きくずれが生じるうえ，その政策実行が本来の目的である治安維持をもたらさない結果となると，さらに低い評価を得てしまう。このように，指導者は業績評価の回復を賭けて自分の理想の政策を追求することで，暴力を生み出すという因果メカニズムのモデルを本章は提示する。そしてこのモデルの分析結果を用いて，アルカティリ首相がとる治安維持政策が，有権者の法に対する認識を見誤り，超法規的な実力行使を追求したと論じる。

第2節は，東ティモールの2006年騒擾を概観し，先行研究を踏まえて本章がもつ分析視角を提示する。そして，民主化と国家建設が進むなかで，指導者が暴力を発生させうる制度的環境を検討する。とくに，紛争後社会では法の支配が確立していないために，指導者と市民の間では統治機構の行動基準に対する認識にずれが生じやすいことを指摘する。第3節は，指導者による暴力が

第5章　紛争後社会における指導者による暴力

生起するまでの因果メカニズムを検討するため，懲罰制度としての選挙，能力評価と有権者によるモニタリング，そして起死回生のギャンブルという3つの議論を紛争後社会の文脈にあてはめて論じる。第4節は選挙アカウンタビリティのモデルを援用して，因果メカニズムのモデルを提示する。第5節は，前節で提示したモデルを用いて，東ティモールにおいて指導者が暴力を選択したメカニズムを解明する。第6節では，この章における結論と今後の分析課題を述べる。

2　紛争後社会における法の支配と指導者による暴力

本節では，2006年に起きた騒擾の事実関係を確認したうえで，この騒擾が生起した理由を指摘した先行研究を概観し，本章がもつ分析視角を提示する。そして，紛争後社会における法の支配について議論し，有権者との関係を踏まえて指導者による暴力を論じる意義を指摘する。

2-1　2006年騒擾の概観，先行研究，分析視角

騒擾の発端は，2006年2月に国軍内部の差別待遇を不満とし，政府へ陳情した兵士と市民が起こした示威活動にある。3月に陳情兵士の国軍解雇を政府が発表すると，同兵士の一部（以下，陳情兵士グループ）が兵舎を脱出し，若者や反政府組織を伴って4月に首都ディリにおいて平和的示威活動を実施した。この示威活動が暴動に発展したのである。5月以降，別の兵士一派が陳情兵士グループに合流，国軍基地を襲撃し政府側と対立した。また，ギャング集団による放火，投石のほか，各地で国家警察と国軍の銃撃を含む対立が先鋭化した。この銃撃戦の拡大の要因として持ち上がった，特定の市民グループへの武器譲渡の責任から当時の内務・防衛両大臣が罷免されると，今度はその武器譲渡を指示したとしてアルカティリ首相（当時）に疑惑がもちあがり，責任問題を問われるようになった[1]。国内外から辞任を求める圧力が日増しに強くな

---

[1] アルカティリ首相の首相在任期間は2002年5月から2006年6月25日までであり，本章はこの在任期間中の暴力に分析の焦点をあてている。在任期間外におけるアルカティリの発言を引用する場合もあるが，簡便上本章では「アルカティリ首相」と記す。

り，6月末，同首相は自らをこの事件の犠牲者だと述べて辞任した。

　国連の独立調査委員会報告書（以下，国連報告書）によれば，2006年4月から7月までの間に合計38名の死亡が確認されている。このうち23名が市民，7名が国軍兵士，2名が警察要員であった（OHCHR 2006, para.100)[2]。この死亡者数の数値は，学術上「内戦」と定義される政治暴力の基準に達しない。しかしながら東ティモールにとってこの騒擾は，警察組織が機能不全となり，豪州軍を核とした国際部隊が投入され，人口の10人にひとりが国内避難民となるまでに至る国家の危機であった。2006年騒擾は，陳情兵士の懇願に始まり，4月の暴動化を反政府的行動と認識して政府は対応したものの，多くの市民を巻き添えにするという帰結に至ったのである[3]。

　ここから，この騒擾がなぜ起こったかを分析する2つの先行研究を概観し，本書がもつ分析視角との関係を確認する。第1の先行研究である国連報告書では，2006年騒擾の主要な原因は，国家機関と法の支配の脆弱性にあると結論づけている（OHCHR 2006, para.2）。より具体的には，ガバナンスの構造と指揮命令系統が崩壊した，あるいは規定通りに規則が運用されず，責任の所在が曖昧となり，法的枠組みの領域外で暴力への対処がなされたことが問題であると言及した。国連報告書は，責任の所在は主に治安当局にあると分析している。その理由は，暴力を起こした当事者に警察官や軍人が含まれ，治安当局が暴力発生を適切に処理できなかったからである。また，その治安当局の指導者層に一定の責任があると同報告書は付け加えた。さらに各暴力に警察，国軍が適切に対処できなかった理由に，警察や国軍の人的資源の不足や組織の指示系統が崩壊したことを挙げ，各当局の機能が不全であったと分析した（OHCHR 2006, para.148, 157, 158）。機能の不全とは事件当時ににわかに発生した問題ではなく，包括的な規制の枠組みが欠如しており，制度がもつメカニズムを（アクターが）無視したことを意味している（OHCHR 2006, para.221）。

　国連報告書の指摘は，誰が暴力の行為者であったかを特定しうる部分もある

2　負傷者は69名であり，内訳は37名の市民，23名の警察要員，7名の国軍兵士，2名の国連警（UNPOL）要員。

3　事後，アルカティリ首相は「綿密に計画されたクーデタ」と一連の事件を位置づけている（FRETILIN 2006a, 2006b）

が，誰が暴力の首謀者であるかを明らかにすることに主眼をおいておらず，未熟な制度をさまざまなアクターが用いた結果，暴力が発生した点を強調する。この主張では，各アクターがどのように未熟な制度を認識して，暴力の発生に至ったかが疑問として残る。そして，未熟な制度がその質を変えずに存在してきたのであれば，なぜ 2006 年の騒擾がその特定の時点で発生したかについて，制度だけで説明することは難しい。

　もうひとつの先行研究は，リーダーシップが権力強大化を図ったことが騒擾発生の要因と主張する。2002 年から当地の国連ミッションの副事務総長特別代表，2005 年から特別代表となった長谷川祐弘は自身の著書のなかで，長年にわたるグスマン大統領とアルカティリ首相の権力と権威を巡る抗争を，2006 年騒擾が発生した主要な理由のひとつとして挙げた。長谷川は，アルカティリ首相の制度内における権力強大化に対し，2 つの段階を経てグスマンが不信を強めて首相を辞任に追いこんだ，と分析している（Hasegawa 2013）。第 1 段階目は，国軍最高司令官であることから，グスマン大統領の統括領域と認識されていた国軍（Falintil-FDTL）を，4 月 28 日の騒擾に同大統領の了解をとらないままアルカティリが出動させたことである。第 2 段階目は，5 月中旬の与党フレティリンの党大会の事務局長選出において，秘密投票の予定が挙手による投票にとってかわったことである。この時点でアルカティリ首相の権力への固執が明らかとなって，グスマン大統領の不信を強めたという。このまま放置すれば，アルカティリが独裁者となって民主的ガバナンスの原則が損なわれてしまうとグスマン大統領は考えた，と長谷川は分析する。そして，5 月末に発生した国軍と警察の銃撃戦に使われた武器のなかに，アルカティリ首相の指示によって流出した警察の武器があるという疑惑が高まると，グスマン大統領は首相が辞任しないのなら自らが大統領職を辞任するとの脅しを首相にかけた（Hasegawa 2013, 149）。これを受けて，6 月末にアルカティリ首相が「大統領の辞職を回避するため」辞任した[4]。Hasegawa (2013) の分析は，アルカティリ首相の権力強大化を試みる行動が民主主義の原則を逸脱し，それをグスマン大統領が許容しきれなくなった過程に焦点をあてている。

4　The Age. "Alkatiri's Resignation Speech - World" theage.com.au（最終閲覧日 2014 年 1 月 14 日）

指導者アルカティリに問われた責任のなかで，最も決定的な問題は国家警察の活動の一部を市民グループに担わせた，とくに武器譲渡を直接指示したのではないかとの疑惑である[5]。武器の不適切な管理は致命的な制度上の失敗とされ，内務，防衛の両大臣は問題が発覚後直ちに罷免され，アルカティリ首相が辞職に追い込まれる原因のひとつとなった（OHCHR 2006, para.160）。ここで疑問が浮かぶ。リーダー層にとって政治的地位を失うことは望ましくない帰結のはずでありながら，なぜそのような帰結に追い込まれるよう暴力を助長したのだろうか。

　アルカティリ首相が権力強大化を狙っていたのであれば，辞任は意図せざる結果であろう。ここでいう権力強大化とは，民主主義体制のもとで首相であったアルカティリが，首相および執行府の権限の拡大を試みたということである。東ティモールでは，執行府，司法府，立法府に加えて大統領職に対し，国家権限を配分している。2002年に立ち上がった制憲議会の副議長は，「大統領職は他の権力機関との均衡を保つために創設されたのであり，形式的なものではなく相当の権限をもつ」と発言した[6]。この発言の背景には，制憲議会で与党となり，新憲法の制定の主導に成功したアルカティリとその後大統領選に臨んだグスマンの間の権力闘争があるという（Simonsen 2006）。

　しかし，アルカティリ首相は東ティモールの法制度を最もよく理解していた人物のひとりであり，やみくもに権限の拡大を試みるとは考えにくい。各府の

---

[5] アルカティリ首相とフレティリンは，2006年に生じた各事件について，国連報告書がいくつかの重要な事実を削除しており，国連報告書が自ら設定した（4月と5月の事件のほか関連する事件の事実関係と状況，刑事責任の所在を明らかにするという）目的を果たしていないと批判し，フレティリン側から解釈した事件の事実と見解を述べている（FRETILIN 2006a; FRETILIN 2006b）。ただしアルカティリ首相の直接的な責任が問われた武器譲渡の事実に対する言及はなく，同首相は，武器譲渡を指示したという疑惑が発覚した当初から自らの責任については全く事実無根であることを主張したのみである。2006年10月に国連報告書が発表されると，検察による調査が開始した。ロバト内務大臣は当初首相からの指示であったことを強調したが弁護士の助言を得たのち，自分に責任があると認めた（Hasegawa 2013, 148）。本章は事実の主張が関係者間で一致しないことから，武器譲渡に関し直接的な指示の有無は分析の対象としない。アルカティリ首相が採用した治安維持政策は，国家警察としての行動を一部市民グループに分担させるように指示したことである（OHCHR 2006, para.89）。この点は首相自身が認めている。

[6] Constituent Assembly, East Timor. Press Release. Friday, 15 February 2002. http://members.pcug.org.au/~wildwood/02febca.htm（最終閲覧日 2015年9月26日）

基本的な機能は立ち上がっているが、法律は複雑な体系をもち、憲法や東ティモールの独立後に制定された法律以外にも、独立直前の国連暫定統治のもとで適用された UNTAET 規則や、インドネシアの法律が適用されることがある（e.g., 田中 2014）。たとえば、憲法上に規定される最高裁判所や軍事法廷がいまだ設置されておらず、国軍や国家警察の基本法は新組織の構造を規定してはいるものの、2006 年当時、国軍の服務・人事規程は UNTAET 規則に則っている。また、独立後に制定された法律の大半は閣議から提案されてきた[7]。そうした法律制定を主導した執行府のトップとして、アルカティリ首相は東ティモールの法制度を最もよく理解していたはずなのである。

アルカティリ首相は、いずれかの時点において法的問題が生じてしまうような実力行使を取り下げようとはしなかったのか。むしろ、何らかの行動（もしくは判断）が、アルカティリ首相の意図とは異なる結果を生み出してしまったと考えるのが妥当ではないか。先行研究が制度の問題、リーダーシップの問題を指摘したことを踏まえ、本章はアルカティリ首相の行動に焦点を絞る。とくに、市民グループが国家警察の武器を所持したことに関する執行府長としての責任問題を、当時アルカティリ首相がどのように捉えていたかを分析する。

山田（2015）による、本騒擾が「政治指導者の国民に対する裏切り」であったという指摘は、国民の視点を導入するという意味で、さらなる分析の余地があることを示唆していよう。アルカティリ首相がなぜ国民を裏切ってしまったかを探ることは、先行研究とは異なる分析視角であり、2006 年騒擾の発生要因について理解をより深められると考える。つまり、制度、リーダーシップの問題に加えて、民主主義体制のもとでの指導者であるための必要条件である、有権者からの支持を指導者がどのように考えていたか、という視点を加味するのである。そこで以下では、指導者と有権者の関係を、民主化と国家建設が同時に進行する紛争後社会の文脈のなかで検討することとしたい。

2-2 指導者と有権者からみた法の支配と暴力の関係

民主化と国家建設が進むと、指導者はいずれ有権者がどのように自分の業績

---

[7] UN Document. S/2003/944, 6 October, 2003.

を評価しているのか意識せざるをえないだろう。少なくとも定期的な選挙の実施が前提にあれば，再選を狙い有権者の選好と一致すべく行動するようになる。有権者の選好を知るひとつの手がかりが，法，あるいは法の支配がどのように彼らに認識されているかという問題ではないか。法は前もってルールを規定し，統治機構の自由裁量を制限する手段として捉えられる（Hadfield and Weingast 2014）。言い換えると法は，指導者，政府，公務員，市民など国家の構成員が，とくに統治機構の行動基準を知るための手段である。治安維持能力にまつわる法の制定や法執行がままならない紛争後社会では，権力が分配される状態である法の支配（rule of law）が存在していない，あるいはその確立の途上にあるとみなせる。

　法の支配が未確立であるということは，指導者と有権者の間で，どのような統治機構の行動が合法的であるかを決める行動基準に「ずれ」が生じうることを意味する。法の支配が確立されていれば，市民はまさに政府や公的機関の行動を予測できる（Maravall and Przeworski 2003, 4）。法の支配が確立した状態では，指導者は法に則って行動し，逸脱すれば市民からの支持を失うであろう。しかし有権者がもつ行動基準と指導者がもつ行動基準が二重に存在し，この2つの基準が一致しない状態がありうる。このように法の支配が未確立である場合，あるいは確立の途上にある場合は，統治機構の行動基準が明確でないことから，有権者が指導者の行動を予測することは難しい。したがって，指導者の行動には市民の選好からずれが生じる可能性が増すと考察できる。

　本章は，とくに国家がもつ治安維持能力の行使に関する行動基準について，指導者と有権者の間でずれが生じる状況を考察する。先行研究は，国家建設そのものは相当の時間を要すると論じてきた（e.g., Rokkan 1975; Tilly 1975）。国家建設が途上であるとは，治安維持能力の権限をどの公的機関がどれだけ所掌するかを決定し，その権限を独占的に国家が得ることを，市民をはじめとする国家の構成員が許容するか否かが不透明な状態なのである。法の支配が確立していない紛争後社会では，どのようなときに指導者と有権者との行動基準が一致するのか。治安維持能力の行使について指導者と有権者がもつそれぞれの基準の間でずれがいつ生じ，そしていつ解消するかを明らかにすることは，民主化と国家建設の成否の要因を知る一助となるだろう。

第5章　紛争後社会における指導者による暴力

		有権者	
		合法的	超法規的
指導者	合法的	①法の支配が確立（有権者にとって不本意な指導者による暴力の不在）	③消極的な指導者の暴力発生
	超法規的	④過度な指導者の暴力発生	②指導者の暴力が許容される状態

表 5-1　指導者と有権者がもつ治安維持能力の行動基準と指導者による暴力発生

　ここで指導者と有権者の間の基準のずれと暴力発生の関係を明らかにし，本章の分析射程を確認しておく。指導者と有権者の2者がもつ行動基準に，それぞれ合法的行為であることを求めるか，あるいは超法規的行為を許容するかの2つの選択肢があるとする（表5-1）。指導者と有権者がともに合法的な行動基準をもつケース（①），ともに超法規的な行動基準をもつケース（②），指導者が合法的な基準をもち，有権者が超法規的な基準をもつケース（③），指導者が超法規的な基準をもち，有権者が合法的な基準をもつケース（④）という4つの状況が想定できる。①は，合法的な行動基準が何であるかが互いに明確で，法の支配が確立している状況であり，他方，②，③，④は法の支配が成立していないケースである（表5-1のグレーの部分）。このうち，②は，指導者はどのような暴力も有権者に認められており，実力行使に出るので，指導者による暴力が発生すること自体が問題とならない。有権者の選好に沿わずに問題となりうるケースは，③か④となる。本章では，とくに④のケースを扱う。なぜなら，③のケースは有権者が超法規的な行動基準をもつが指導者が合法的な行動基準をとることで，実力行使は有権者が期待する行為よりも過小であり，本書の問題関心からみると分析の対象とならない。他方，④のケースでは，民主主義体制の下で指導者が超法規的な行動基準をとり，有権者が望まない過度の実力行使が生じる。こうした帰結が生じるのはなぜかという問題は検討するに値するものであろう。そして，民主化，国家建設の途上において指導者の暴力がなぜ生じるかという本書の問題関心と合致する問題である。

3　選挙制度の導入が指導者に及ぼす影響

本節は，民主的な制度があるにもかかわらず，指導者が有権者の望む基準とは異なる行動をとる理由を分析するため，選挙という制度の導入が指導者にどのような影響を及ぼすかを検討する。とくに懲罰制度としての選挙，能力評価，有権者によるモニタリング，起死回生のギャンブルの議論を紛争後社会の文脈にあてはめて論じる。

選挙が定期的に実施されるのであれば，紛争後社会における指導者や市民（有権者）は，選挙という制度をもつという意味において確立した民主主義体制における指導者や市民と何ら変わらない立場に置かれることとなる。先行研究では指導者と市民の関係を分析するにあたって，選挙は政府のアカウンタビリティをつくりだす制度として捉えられてきた (e.g., O'Donnell 1999; Przeworski, Stokes, and Manin 1999; Powell 2000; 粕谷・高橋 2012)。本人（プリンシパル）である市民から委譲，委託あるいは委任されている代理人（エージェント）としての政府が市民を代表して行動する義務をもつ。そのため，政府のアカウンタビリティは，政府の行動に対して市民が賞罰を与えることによって生まれる。この賞罰を付与する制度が選挙である。選挙という制度のもと，有権者は厚生を充実させるために，また指導者は政治的権力を最大限に獲得するために行動すると考えたとき，選挙の制度が機能するための前提として以下の2つが挙げられる。第1に，指導者（あるいは統治者）は市民に対してアカウンタビリティを有するため，市民が望む政策を実行するという態度をとり，次回選挙での再選を狙う。第2に，市民は指導者のとった政策のパフォーマンス（業績）に基づき，評価を選挙で下すことのできる状況にあることだ。そうした条件が成立するには，選挙の定期的な実施とともに，指導者が実行する政策が市民の選好に沿っているのかどうか，市民が見極められる環境が必要である。こうした前提に立ち，市民の投票パターンが特定の政党への志向に基づくのではなく，現職にある指導者の政策履行のパフォーマンスの質によって投票行動を決定するという業績評価投票 (retrospective voting) の議論が展開されている (Fiorina 1981; Healy and Malhotra 2013)。

3-1　紛争後社会における能力評価モデルと有権者によるモニタリング

　指導者が選挙の再選を目的として財政政策や金融政策を誘導し自らのパフォーマンスを高めることにより生起する政治的景気循環（political/electoral budget cycle）は，民主主義体制のみならず権威主義体制においても存在するという (Nordhaus 1975; Rogoff 1990; Blaydes 2011)。選挙の時期に景気が良好であればパフォーマンスが高いと有権者が判断して現政権を支持し，そうでなければ野党を支持すると予測する政府が，景気が悪化している場合に財政支出を増加させ，公共政策事業の充実化により有権者を満足させる，あるいはマクロ経済政策を操作して景気を浮揚させようと試みるというものである。こうした指導者の行動は，指導者に能力・適性（competency）の有無について，有権者は完全に知りえることができないという情報の非対称性が存在することから，指導者が自らの能力・適性を有権者に伝えるべくシグナルを発信するものである（Rogoff 1990）。

　紛争後社会では，どのような政策が人々に厚生をもたらすのか。紛争後社会をもつ多くの国が，世界のうちでも最底辺に位置する低所得国である。そこで疑問なのは特定の経済政策がただちに人々に正の影響を及ぼすか，ということである。内戦終結後の社会で内戦以前の経済レベルに戻るには，内戦終結から平均 14 年がかかるとの分析がある (Hoeffler et al. 2010)。世界銀行（2011）は，1981 年から 2005 年までのデータから，世界全体として貧困の解消に成功しつつあるが，内戦のような暴力が伴う国では 1 日 1.25 ドル以下（貧困ライン）で暮らす人口が半分以上を占めるのに対し，暴力がほとんどみられない国では貧困ライン以下で暮らす人口は平均 40 パーセント以下であることを示した。貧困，経済的な状況が困難にある国は，暴力をより多く経験するのである。紛争を経験した国は，その経緯から，安全な水へのアクセスがなく，乳幼児死亡率が高く，小学校就学率が低く，十分な栄養が摂取できないなど，基本的なニーズが満たされていない (e.g., Thyne 2016)。このような問題が経済成長を阻み，再度暴力を引き起こし，紛争の罠に陥るのだと論じられてきた (Collier et al. 2003)。経済成長と貧富の差の解消が紛争を抑制するという議論がここから生まれることは想像にかたくない。

ならんで Fearon and Laitin (2003) は，国家の能力 (state capacity) の代替変数として用いた一人当たりの国内総生産 (Gross Domestic Product: GDP) が低いほど内戦が発生しやすいことを示した。この変数が国家の能力を示すのか検討の余地があるが，Collier (2007) も提唱するように，制度が機能していない弱い国家で人々の基本的ニーズを満たすことができないことは，経済状況の回復に大きく歯止めをかけることになる[8]。紛争が停戦を迎えたとしても，安全が確保されなければ民間セクターの活性化による経済成長は見込めないことから，短期的には軍事ではなく社会サービスに財政を費やす「平和の配当」とも呼ばれる富の再分配が平和をもたらすと考えられてきた (Knight et al. 1996; Gupta et al. 2004; UN 2012)。ただし，富の再分配の政策が実行段階で直面する問題は，財源の有無である。弱い国家では徴税がままならず，しばしば財政が逼迫する。指導者が人々の要求を満たす富の再分配は最も魅力的な政策であるが，実行に移すには財源確保の問題が立ちはだかる。

そこで検討対象となるのが，紛争後社会における重要課題のひとつである治安の安定である。どの統治機構が合法的に暴力を独占できるかが不明な状況では，自分の身の安全については自主的に擁護しなければならない。これはエリートも市民も抱える共通の問題である。とくに指導者は反政府勢力に対する鎮圧という実力行使を，その勢力と市民との2つの政治的関係に配慮して進めるだろう。指導者は，反政府的な暴力に対し治安維持能力をもって鎮圧することができる。ただし，行動基準から逸脱した治安維持行為が重なれば，選挙においてパフォーマンスを低く評価され，次回選挙で罰せられる可能性もある。いかなる治安問題に直面するかはその問題が発生するまで明らかにならない。しかしいったん発生すれば治安への対処のあり方が，指導者としての業績評価を左右する。

以上の議論を踏まえると，紛争後社会における選挙を控えた指導者は，業績評価の程度を判断し，有権者の選好に見合う治安維持政策の実行を試みると考えられる。とくに自分のパフォーマンスが有権者から低く評価されているとみ

---

[8] Fearon and Laitin (2003) は，国家の能力とは国家全体の財政，行政，軍事，警察機能を指すとし，この能力を説明する変数として一人当たりの所得を採用した。国家の能力が具体的に何を示すかは分析者により定義づけが異なるので用いる指標にも着目すべきだろう。

なす場合，選挙の時期が近づくにつれ，指導者は自分への評価を高めようと治安悪化の機会を捉え，治安維持政策を打ち出す（能力があるというシグナルを送る）のである。

　Rogoff（1990）は，有権者が指導者の真の能力を知りえないという前提に立った場合，(1) 真に能力がある指導者は，能力があることを確実に有権者に知らせるためにシグナルを送り，(2) 本当は能力がない指導者は能力があるようにみせかけてシグナルを送る場合があることを指摘する。指導者が自ら情報を与えようとするが，それが真か偽であるか有権者側にはわからない，ということになる。いずれにしても，指導者の能力の有無にかかわらず政治的景気循環は発生することを示している。

　政治的景気循環の実証分析では，ある政策を操作してどれだけ有権者に正の影響を及ぼせるかが論じられている。たとえば自然災害における政府の対応と有権者の反応を研究し，自然災害に事前に準備するための政策ではなく，事後の対応政策に有権者が反応したという分析結果がある（Healy and Malhotra 2009）。このように，政策の内容によって有権者が反応する度合いが異なるといえる。治安維持政策が紛争後社会の指導者にとってより影響を及ぼしやすい理由として，それが紛争後社会における有権者のニーズに直結した政策であることが挙げられる。また，経済政策が指導者にとって直接的な統制が容易な場合は，そうでない場合と比べて有権者の評価が厳格になるという（e.g., Duch and Stevenson 2008）。国家建設が途上であるケースでは，各国家機関がどの政策分野にどれだけの実質的な主導力を有するかを事例分析で確かめる必要があることに留意したい。

　次に，市民が能力評価をするための前提条件である，有権者による指導者のモニタリングを検討する。この条件を完全に満たすことは民主主義体制であっても難しいだろう。まず，指導者はさまざまな政策を日々実行しており，政策ひとつひとつが有権者の基準と合致するか，あるいは選好に沿うかを有権者が知ることは困難である。また，有権者はしばしば政策実行の効果だけを観察できるのであり，その政策の質を直接的には見極められない。たとえば，指導者が実行する治安維持政策は，ある反政府勢力の実力行使を抑制した一方，別の勢力の実力行使を誘発するかもしれない。その結果，有権者はその誘発された

効果は観察できるが，抑制した効果を直接的に観察することはできない。このように，有権者にとって望ましい政策が実行されるかどうかを知る完全な術はないのである。

したがって，市民が指導者の能力評価を行うとき，市民が得られる情報の質の問題が大きく影響を及ぼすといえる。アカウンタビリティを構成する要素には，懲罰の機能を担保させる前提条件として応答性がある。応答性は，アカウンタビリティの対象となる主体がその決定およびその背景にある理由を報告する義務をさす（粕谷・高橋 2012）[9]。応答性が担保されるには，有権者によるモニタリングを可能とする措置が必要となる。たとえば第三者機関としてのオンブズマンや活動の自由が保障されているメディアの存在は，選挙の実施までの間，指導者が実行した政策が自らの選好に沿っているかを市民が確認するのに必要である。

ただし一般的に，紛争後社会において有権者によるモニタリングの質を確保することはままならない。紛争後社会におけるメディアは，しばしば紛争当事者のうち特定の勢力に偏向することが多く，客観的あるいは中立的な報道を提供するために制度や態度の改善が必要である（Höglund 2008）。選挙行政という特定の分野においても，どの候補者からも独立した第三者としての選挙管理委員会を確保することが重要視されている（Reilly 2008）。

以上の議論を要約すると，選挙の制度のもとにある指導者は，政治的支持を得続けることができるかという問題に直面する。そして指導者は，有権者の支持を継続するか否かの判断基準となる能力評価にさらされるが，有権者のモニタリングの質が低いほど有権者は指導者が実行した真の政策を観察できないことも知りえている。

3-2　紛争後社会における起死回生のギャンブル

紛争後社会における指導者が実行する治安維持政策は，有権者にどのように

---

[9] 粕谷・高橋（2012）は，アカウンタビリティを構成する要素には，制裁（本章での懲罰）と応答性があり，先行研究の大半は応答性については暗黙の前提を置いていたと述べる。この2つの構成要素をどのようにアカウンタビリティの概念に組み込むか，先行研究では一致をみていないとしたうえで，粕谷・高橋（2012）は，応答性は，制裁を機能させるうえでの前提条件であるとの立場をとる。本書はこの立場に同意する。

受け止められるだろうか。つまり，指導者によるシグナルは，指導者が自分に能力があることを伝えるべく発信されるが，有権者は指導者が意図するとおりに受け止めるだろうか。指導者が伝えるべく発信した情報が誤って，指導者の意図とは異なる情報として伝わる可能性はないだろうか。

　基本的な食糧の確保，保健，福祉，教育といった社会サービスを市民に提供するという富の再分配を進める場合は，財政を充当し政策を実行することが指導者の送るシグナルとなる。政策が充実するほど有権者にとっては要求が満たされることから，政策を充実させれば，有権者に指導者の能力を伝えるシグナルの度合いは強まる。このシグナルから明らかになる能力の高さは，政策内容と政策実行のための資源の消費量をもって表され，ここから指導者の能力を有権者が読みとる。富の再分配政策の場合，政策の財源が有権者からの税収にあり，能力のある指導者ほど少ない税収で効率的な富の再分配が可能になる。その場合，能力のある指導者による再分配政策によって有権者の厚生は増大する。有権者の厚生という政策成果の増大が好ましく，それを増大させるための好ましい手法も，有権者と指導者の間では理解が一致する。有権者の厚生が効率的に向上するほど，結果有権者による業績評価が上がり，指導者あるいは指導者の所属する政党の得票率が向上することが予測できる。

　他方，紛争後社会において有権者が関心を寄せる治安維持政策は，治安の安定という政策成果の達成が本来の目的であるが，前節で議論したように，どのように治安を安定させるかという手法，つまり実力行使の質の基準が，有権者と指導者の間で一致するとは限らないと考えられる。政策効果そのものに加えて，どのようにその政策効果を生み出したかという点に関して有権者に疑念が生じたとき，有権者は指導者を懲罰する可能性がある。現職にある指導者にとって，散発する国内の治安問題に治安維持能力をもって対処することは，シグナルを送る絶好の機会である。実力行使を進めるほど暴力を抑制することで有権者の安全が維持される効果が向上することが期待される。ただし，有権者側はこのシグナルを指導者の意図通りに受け止めるとは限らない。有権者にはその実力行使が治安維持政策として適切であるかどうかの基準が別に存在する。そのため，治安維持という政策効果の向上と比較して政策の適切性の面で評価が芳しくないと，有権者の支持は結局低下してしまうのである。

法の支配が確立していない紛争後社会では，治安維持能力の行動基準が指導者と有権者の間で一致するかを知ることは容易ではない。紛争後社会における公職による実力行使が，すべての人にとって信頼できるものではないことは繰り返し指摘されてきた（Kumar 1997; Keane 2004; Höglund 2008）。公権力を誰が用い，どのようなときにその行使が容認されるか否かは，民主主義体制のもとでは法制度に定められたうえで，行使の権限をもつ統治機構が用いるのが通常である。しかし紛争後社会では，紛争前からの法制度が存在したとしても，その法制度を行使する国家機関や関係者が紛争当事者であるため，人々がもつ法制度への信頼は著しく低下する。そこで国内治安維持の担当である警察，その後方支援としての国軍等の機能を再構築あるいは回復させるには，新しい法制度を創設する，あるいはそれを用いるリーダー層や，警察官や軍隊の訓練を含めた組織改革が必要であるが，これには時間を要する（Jastard and Sisk 2008; Höglund 2008）。したがって国家建設の途上にある紛争後社会では，どのような実力行使が有権者から合法的であるとみなされるかが，指導者にとっては明らかではない。これまでは黙認されていた超法規的な治安維持行為が，次の機会には認められないかもしれない。

　以上の議論により，国家建設が途上である社会にいる有権者は，指導者の実力行使により安全が確保されたかの政策としての成果と，有権者がもつ政策の適切さ（合法性）の基準に則っているかの点を，あわせて評価すると考えられる。ただし，法の支配が確立する途上であるため，法の支配が確立したときと比較して，指導者と有権者の間で，治安維持能力の行動基準に関して認識が乖離する可能性は高いと考察した。

　したがって，指導者は治安維持政策を実行するとき，政策の効果に加えて政策の選択そのものが業績評価を向上させるかどうか，つまり指導者が意図するとおりの結果になるか否かの「賭け」に身を投じていることとなる。指導者は，政治的窮地に立たされたときに信頼あるいは支持の回復を狙い，失敗する可能性は高いが成功すれば高い利得が得られると見込まれる政策を断行する。この「起死回生のギャンブル」の理論は，アメリカのベトナム戦争やインドによるスリランカへの侵攻など，民主主義体制下における自国における政権維持を狙った国際紛争への介入や，各国の政治体制に基づく戦争参加の是非が問

われる分析で扱われてきた（Downs and Rocke 1994, 1997; Goemans 2000）。紛争の被害が甚大となって有権者の許容基準（閾値）を超過すると，自分の評判は紛争で勝利することでしか回復できないと考える指導者が，ますます戦争を継続させるという議論である。たとえば，De Figueiredo and Weingast（1999）は暴力的な混乱にある内政状況を捉え，指導者の暴力を一般市民が許容できる理由として，指導者の暴力が自分への被害を最小限に抑えるという利得があることを前提とし，指導者の対立相手がより強硬的と予測するためと指摘した。ただし，暴力発生により市民が被る被害は甚大になる可能性が高く，事後，市民は大きな負担を強いられることがままある。

こうした先行研究は，一般的に政治的支持の獲得という指導者の意図を勘案するものの，モデル構築上では必ずしも選挙という制度がもたらす影響を厳密には加味していない。また，内政状況が悪化した90年代前半のセルビア人とクロアチア人の対立や1994年のフツ族，ツチ族間の大虐殺事件が生起したルワンダの事例を扱った議論では，指導者による武力行使が市民（有権者）の選好と一致して起こる暴力を中心に論じている（De Figueiredo and Weingast 1999）。一方本章は，法の支配が未確立であることから発生する，指導者と有権者の認識のギャップから生じる暴力を論じる点で異なる局面を分析する。

治安悪化に対して指導者が治安維持政策を決定するとき，つまり指導者が評価を高めるべく自分の能力は高いというシグナルを発信するとき，指導者は2つの不確実性に対して「賭け」を投じていると考えられる[10]。ひとつは，自ら選択した実力行使が，治安の安定という政策効果をもたらすかどうかである。有権者は，効果を自らの安全が確保されたかの視点から判断する。自分の安全が確保されなければ，政策効果はないに等しく，有権者の指導者に対する業績評価は下がる。一方，安全が維持できれば政策効果は大きくなるので，有権者の指導者に対する業績評価は向上すると考えられる。

政策実行により反政府勢力を鎮圧するという本来の目的は達成できても，市

---

[10] 治安改善の傾向があり，業績評価が上昇すれば実力行使は控えることもありうる。ただし前述のように，Rogoff（1990）は能力のある指導者も政治的景気循環を創り出すとしている。そのため本章では治安問題が紛争後社会における重要な政策課題であることに鑑み，能力のある指導者も，その能力の高さを伝達するために対応を迫られると想定する。

民には副次的コストが生じる可能性がある（e.g., De Figueiredo and Weingast 1999; Boyle 2012）。治安維持政策は秩序を維持する目的で実行されるが，その結果人々の厚生が損なわれないかは，政策実行の事後はじめて明らかになる。副次的コストとは，治安維持政策により反政府勢力への行動を抑制することができたものの，人々の日常生活が脅かされることを指す。たとえば反政府勢力を掃討するため，人々は被害に及ばないよう住居区域から立ち退かざるを得ず日常生活に支障をきたした，あるいはそのような政策実行によって政府が国際社会から非難され，国際支援を受援できないなどである。そこで本章では，治安維持政策の実行から2次的に生じる負の影響が人々の厚生に及ぶ可能性があることを想定する。

　第2の不確実性は，実力行使の合法性という治安維持政策の質の課題である。第2節から論じてきたように，法の支配が未確立であるときは，有権者と指導者がもつ実力行使の基準は一致しない可能性がある。有権者が合法的とみなす実力行使をもって能力が高いと伝達するシグナルを送ることができれば，指導者は意図したとおり自らが起こした実力行使が有権者による業績評価を上げ，結果自身に対する政治的支持を向上できると予測する。この場合が指導者と有権者の実力行使の基準が一致した状態である。しかし，その実力行使の基準（閾値）が有権者の基準から乖離するほど不一致の状態となり，業績評価は下降すると考えられる。

4　因果メカニズムの提示

　本節ではこれまでの議論を踏まえ，指導者がなぜ，どのようにして暴力を生み出すのかを示す因果メカニズムを提示する。本章の因果メカニズムのモデルは，Fearon（1999）の選挙アカウンタビリティのモデルに，紛争後社会の状況設定を組み込み，本章の議論に沿うよう修正を加えたものである。したがって，本モデルで使用する仮定は，Fearon（1999）が設定したものに依っていることを断っておく。以下ではモデルの設定が始まり，4-4項が均衡，4-5項は比較静学による検討を行う。モデルの分析結果は4-6項にまとめてあり，ここで本書のモデルから導かれた因果メカニズムの内容を確認する。

本モデルのプレイヤーは，有権者（E: Electorate）と指導者（I: Incumbent）の2者である．有権者Eは中位投票者を想定する．2者間では，治安維持政策 $x \in [0,1]$ が合法的か超法規的かという質の問題が問われている．国家建設が途上であるということは，有権者が治安維持能力の行使を合法的とみなすかは不透明な状況であると想定した．2-2項での考察を踏まえ，Eがもつ理想の治安維持政策は，法から逸脱しない合法的な実力行使であり，これを $x = 0$ と表す．指導者Iの理想の治安維持政策は，法から逸脱する超法規的な実力行使であり，これを $x = 1$ と表す．指導者がもつ理想の政策とは，その政策を価値あるものとして追求するのではなく，政策効果が高いと期待するがために選択した政策と捉えられる．一方，有権者は，指導者が採用した真の治安維持政策は観察できないが，その政策の結果としての安全状況 z を観察することができる．

4-1 手　番

以下は第I期，第II期にわたる指導者と有権者の2者間のゲームの手番を示す．なお，第I期と第II期を分けたのは，指導者が治安維持政策を実行するたび，有権者の評価が更新されることを想定するためである．

第I期

①第I期では，まず治安悪化に対応するため，指導者Iは治安維持政策 $x \in [0,1]$ を履行する．

②有権者Eは，直接治安維持政策を観察できないが，治安維持政策の結果生じる安全状況 z を観察する．

③安全状況 z を観察した有権者は，指導者を支持する確率 $\alpha \in (0,1)$ を更新する．つまり，有権者と同じ選好の政策をとるタイプ（一致タイプ）の政治家として指導者を支持するほど，α は大きくなり，有権者と異なる選好の政策をとるタイプ（不一致タイプ）の政治家として指導者を不支持とするほど，α は小さくなる．一致タイプとして指導者を支持する事前確率 α は，第I期において z を観察する前の有権者が，指導者を理想である合法的治安維持政策を実行できる指導者とみる確率を示している．この事後確率は α' である．不一致タイプなので不支持とする事前確率 $1-\alpha$ では，第I期において z を観察

する前の有権者が，超法規的な治安維持政策 $\hat{x} > 0$ を実行する指導者とみなす確率を示す．この事後確率は $1-\alpha'$ である．

第 II 期

④指導者 I は，第 I 期でアップデートされた有権者の z に基づく支持の確率を観察し，第 II 期における治安維持政策 $y \in [0, 1]$ を履行する．

⑤有権者 E は，第 II 期における安全状況 z_2 を得る．その結果，有権者 E は指導者 I への支持を継続するか否かを決定する．

4-2　ゲームの利得

有権者 E の効用は，第 I 期における $z = -x^2 + \varepsilon - c_1$ および第 II 期における $z_2 = -y^2 + \varepsilon' - c_2$ により表される．$E(\varepsilon) = 0, E(\varepsilon') = 0$ とする．まず，$-x^2$ は，第 I 期の政策 x により得られる効用 $U_E(x) = -(0-x)^2 = -x^2$ を示している．同じく，$-y^2$ は，第 II 期の政策 y によって得られる効用 $U_E(y) = -(0-y)^2 = -y^2$ を示している．

次に，ε および ε' は観察に関わるノイズを表す．有権者には，指導者が履行した政策すべてを観察することができない問題が生じるためノイズを設定する．$\varepsilon \sim f$ および $\varepsilon' \sim f$ は無作為な，対称的かつ単峰性をもつ確率密度変数であり，平均は 0 と仮定する[11]．

そして，c_1 および c_2 は，治安維持政策の履行により有権者に生じる，副次的なコストである（$c_i \geq 0$）．

指導者 I の効用は，第 I 期および第 II 期の効用を足し合わせた $U_1(\cdot) = W - (1-x)^2 - c_{I1} + \delta(W - (1-y)^2 - c_{I2})$ で表される．W は，指導者 I が政治的支持により得られる利得を表す（$W > 0$）．第 I 期，第 II 期を通じて，指導者 I の理想の治安維持政策は，$x = 1, y = 1$ であることから，ここから乖離する政策をとるほど効用は減少する．さらに，治安維持政策の履行により有権者に副次的コストが生じることは，指導者の政治的支持の低下をも意味する．ここ

---

[11] 前節にて，アカウンタビリティの構成要素には懲罰と応答性があることに言及した．Fearon (1999) は定義上，選挙の制度に基づくアカウンタビリティは，懲罰の要素に特化して構成されているとの立場をとる．しかしながら本章では，モデル上にノイズを導入し，有権者は指導者の政策を直接的には観察できないと設定し，応答性についても配慮する．

から第I期の指導者が払うコスト c_{I1} および第II期において指導者が払うコスト c_{I2} を設定する（$c_{Ii} > 0$）。なお，第II期における指導者の効用は，第I期の時点における将来の利得価値として割引かれるため，割引因子 $\delta = (0,1)$ を設定する。

4-3 戦　　略

有権者Eが安全状況 z を観察した結果，有権者がもつ戦略 $s_E(z)$ とは，指導者Iへの政治的支持を維持するか，しないかを決定することになる。Fearon (1999) の設定にもとづき，有権者Eは，指導者Iの履行した政策から生み出された安全状況と，指導者以外の将来指導者になりうる候補者が履行しうる政策とそこから生み出されうる安全状況を想定して，戦略を決定する。戦略 $s_E(z)$ は，第I期に得られた z の関数と第II期に得られるであろう z_2 によって表される。有権者Eは戦略を決定するにあたり，内生的に決まる閾値である k を用いて，判断基準を設定する。すなわち，安全状況が有権者の基準以上の状況であれば（$z \geq k$）指導者Iへの支持を決定するというルールである。

4-4 均　　衡

本ゲームは，相手の過去の行動を不完全にしか把握していないと想定するので，不完全情報ゲームである。とくに指導者は有権者に対してシグナルを送り，情報の提供を試みるが，そのシグナルがノイズを含む場合には不完全な情報を送ることとなる。また，有権者は指導者の真のタイプを知り得ておらず，一致タイプか不一致タイプかの信念をもつので，不完備情報ゲームでもある。したがって，本ゲームは先読み推論に基づき完全ベイジアン均衡を求める。

有権者が最後に支持を継続する決定には，①第I期と第II期における副次的コストの総和 $c'_1 + c'_2$ が事前に予想していた副次的コストの総和 $c_1 + c_2$ よりも同等かそれ以下であることと，②有権者がもつ指導者が一致タイプであると見通す事後確率が，その事前確率と同等かそれ以上であるという，2つの条件が満たされなければならない。②の条件を満たすための有権者が設定する k は，一致タイプと不一致タイプの選択の間で無差別になる場合の $f(x_g^2 + k^* + c_g) = f(x_b^2 + k^* + c_b)$ を満たす k^* である。

第I期において一致タイプである指導者の期待効用 $EU_I(x_g)$ を最大にするのは，$x_g^* = 0$ である。そのため，k がどのような値であろうと，指導者は有権者の理想の政策を選択するので k の値は指導者にとって問題にならない。

一方第I期において不一致タイプである指導者の期待効用 $EU_I(x_b)$ を最大にするのは，$f(x_b^2 + k + c_b) = \frac{1-x_b}{x_b} \cdot \frac{1}{\delta[p(2y_b(2-y_b)-(y_g(2-y_g)+c_{Ig2}-c_{Ib2}+(W-(1-y_g)^2-c_{Ig2})+W_3]}$ である。この関数は，不一致タイプの指導者が自らの効用を最大化するには，有権者がもつ k^* の値に応じて x_b^* を決定することを示している。

有権者が，一致タイプと不一致タイプの間で無差別となる最適反応は，一致タイプの期待効用を最大化する条件を踏まえれば，$f(k^* + c_g) = f(x_b^2 + k^* + c_b)$ である。$f(\cdot)$ は，対称的で単峰性をもつ確率密度関数であるとの仮定から，$k \leq 0$ である場合，不一致タイプの指導者の採用する x_b にたいして，有権者の決定ルールを特徴づける閾値 $k^* = -\frac{x_b^2+c_b-c_g}{2}$ が導かれる。

命題

第I期において，一致タイプの指導者は有権者による k に依存せず，指導者は自ら有権者と同じ選好の政策を選択する。一方，不一致タイプの指導者に対して有権者が採用する決定ルールの閾値は，$k^* = -\frac{x_b^2+c_b-c_g}{2}$ である。いずれのタイプの場合でも，指導者が履行した治安維持政策の結果，それまで生じた副次的コストの総和が事前に予想していた副次的コストの総和より同等あるいはそれ以下であるとき，また，一致タイプであると見通した確率が事前の予想と同等あるいはそれ以上のときに，有権者は指導者への支持を続ける。証明は補遺 5-1 に示す。

4-5 比較静学による検討

比較静学は，そのほかのパラメータの値を一定とした場合，あるひとつのパラメータの値が変動したときに，プレイヤーの最適行動がどのように変化するかを分析するものである。まず，有権者による決定ルールの閾値 k の特定と不一致タイプの指導者が選択する治安維持政策 x_b，副次的コスト c_i との関係を検討する。次に，第I期後における有権者の支持の状態と，指導者の第II期における治安維持政策の決定の関係を論じ，指導者が起死回生のギャンブル

を追求する誘因を分析する。第3に、有権者が観察する安全状況に含まれるノイズの大きさとモニタリングの質との関係を明らかにする。

①有権者による決定ルールの閾値 k の特定

不一致タイプの指導者に対して、有権者がどのように k を決定するかは、命題に示された k^* を構成するパラメータの比較静学を行うことにより特徴づける。k^* を変換をすると、$x_b = \sqrt{-2k + c_g - c_b}$ が得られ、この式からパラメータ間の関係を論じる（補遺 5-2 ①参照）。

不一致タイプの指導者が、有権者の理想の治安維持政策 ($x_b = 0$) に政策を近づけようとすると、有権者は k を高く設定することがわかる。つまり、選挙の導入により有権者からの能力評価を意識した不一致タイプの指導者が、一致タイプとみせかけるために行動すると、それを観察した有権者は指導者が一致タイプに近いと認識し、k を高めることとなる。この k が高まると、指導者がさらに一致タイプにみせかけようとするので、選挙の懲罰制度としての精度は上がる。しかし有権者にとっては、一致タイプとの差異が判別しにくくなるため、能力評価に基づく選択メカニズムの精度は下がることを示唆している。反対に、不一致タイプの政治家が、有権者の理想の治安維持政策 ($x_b = 0$) から乖離し、自らの選好に沿う政策を行うことは、有権者にとって k を高く設定する誘因にはつながらず、k は低くなる。

次に、指導者は超法規的な治安維持政策を履行しても、有権者に副次的に生じるコストを最小限に抑えなければならないことがわかる。本来は副次的コストの発生はないことが望ましいが、有権者が想定する合法的な治安維持政策による副次的コスト (c_g) と比較して、超法規的な治安維持政策による副次的コスト (c_b) が大きくなるほど有権者の不満は募り、有権者は k を高く設定する。反対に、前者より後者の副次的コストが小さくなると、有権者は k を低く設定する。

②有権者の戦略と指導者の第 II 期の政策選択：起死回生のギャンブルの発生

指導者 I は、第 I 期でアップデートされた有権者の z に基づき、それを決定づける決定ルールの閾値 k などのパラメータを観察したうえで、第 II 期における治安維持政策の質を決定する。そこで、指導者がどのような条件のもとで第 II 期の政策を決定するのかを確認する（補遺 5-2 ②参照）。

第Ⅰ期において有権者の選好と同じ合法的な治安維持政策を採用した場合，指導者は，そこから生じる有権者の効用（政策の効果と政策の質から構成される）が小さいほど，第Ⅱ期でも合法的な政策を採用することがわかる。また，第Ⅱ期に合法的政策を採用することに生じうる副次的コストが超法規的な政策を採用することによって生じうる副次的コストより大きくとも，後者のコストが高まることを憂慮して，政策の質を確保すべく合法的政策を継続して維持しようとすることがみてとれる。

　ここで注目したいのは第Ⅰ期において超法規的政策を採用した場合である。第Ⅰ期にて生じる有権者の効用が小さいほど，第Ⅱ期でも超法規的な政策を採用し続ける。また，指導者にとって第Ⅰ期で得られる政治的利得が低いほど第Ⅱ期でも超法規的政策をとり続ける傾向がみてとれる。そして第Ⅱ期における副次的コストに関して以下のように指導者は検討する。まず指導者は，第Ⅱ期における合法的な政策の実行によって抱えこむ副次的コストが高くなることを見込んでいる。そのような可能性を含めて，第Ⅱ期でも超法規的政策を採用しやすくするのは，超法規的政策により生じる副次的コストが合法的政策により生じる副次的コストよりも大きいと見積もるときである。つまり，どちらの政策を採用してもコストは生じると予想する。そして，どのような政策をとろうともコストが発生することに違いはないと楽観的であるほど，超法規的政策をとるのである。指導者は超法規的な政策による効果に期待するが，合法的政策を採用する場合よりも甚大な副次的コストが発生する可能性もあるので，有権者からの支持を失う恐れも併せ持っている点がわかる。

　以上を踏まえると，第Ⅰ期において不一致タイプであった指導者は，支持を失っていく動向を捉えたとき，第Ⅱ期でも不一致タイプであり続ける。その際には，第Ⅱ期において生じうるコストの増大によって支持を失う可能性を自覚しつつ，成功のチャンスを期待して支持の挽回を試みようとするのが，指導者による起死回生のギャンブルである。

　③ノイズとモニタリングの質

　指導者は，有権者に対し業績評価のためのシグナルを送るために治安維持政策を履行するが，このシグナルが意図どおりに有権者に届くとは限らない。有権者の安全状況 z にはノイズ ε が含まれており，指導者の真の政策の履行を

有権者が見抜くことが難しいと仮定した。ノイズ ε は、$\varepsilon \sim f$ で、無作為な、対称的で単峰性をもつ確率密度変数、平均は 0 であると設定した。ここから、不一致タイプの指導者が $x_b = 0$ の政策履行の際に有権者がその政策を観察すると想定する。$f(0)$ のばらつき（分散）が十分に小さければ、ノイズは小さいので実行された政策を観察しやすい。対して、$f(0)$ のばらつきが大きいとノイズは大きく、$x_b = 0$ の政策履行は観察されにくい。つまり、$f(0)$ の分散をノイズの大きさとして捉える（補遺 5-2 ③参照）。

ノイズの大きさは、有権者による指導者の政策履行のモニタリングの質を示す。すなわち、$f(x_b^2 + k + c_b)$ の分散が小さいほど、ノイズは少なくなり、x_b は有権者の理想の政策に近づく。そして上記①より、x_b が有権者の理想政策に近づけば、k は高まることが示唆される。これは、有権者にとって指導者の採用した治安維持政策がより観察しやすい、つまりモニタリングの質が良好な状態である。対して分散が大きいとノイズが多くなるので、x_b は指導者の理想の政策に寄っていく。そして上記①より x_b が指導者の理想の政策に近づけば、k は低くなることが示唆される。この後者の状態は、真の治安維持政策が有権者にとって観察ができない、つまりモニタリングの質が脆弱であることを示す。

4-6 選挙と指導者による暴力の因果メカニズム

ここまで分析してきたモデルは、合法的な治安維持政策を選好する有権者を相手に、超法規的な治安維持政策を理想とする指導者が、どのように有権者の安全状況の改善に対応しながら、自らの理想の治安維持政策を追求しうるかを論じた。そして、治安の安定という政策効果と、治安維持政策の質という 2 つの不確実性に有権者が直面するとき、指導者が「起死回生のギャンブル」を発生させることが明らかとなった。

もし指導者が有権者と同じ選好をもつ者（一致タイプ）であるなら、第 I 期では、指導者はつねに有権者の理想の政策を実行する。その結果有権者による支持の程度が低いとみなしても、第 II 期で超法規的政策の実行から発生する被害などのコスト（副次的コスト）も憂慮し、合法的な治安維持政策を採用する。有権者の支持がある程度確保されていれば超法規的な治安維持政策もとり

うるが，コストが増大するという負の側面を伴いうるので消極的である。この ケースは，指導者と有権者の治安維持能力における行動基準が一致する場合を 示している。

他方で，超法規的な治安維持政策を理想とする指導者（不一致タイプ）がその理想の政策をとる場合，指導者は，有権者がもつ，支持するかしないかの判断基準（決定ルール）の閾値に依存する行動をとる。第I期で有権者の安全状況に改善が見られ支持が相当程度見込める場合には，超法規的な政策により発生するコストの増大を回避するため，指導者はより合法的な政策を履行しようとする。

ただし，第I期で有権者の安全状況が芳しくなく支持の低下を見据えると，次回の選挙で懲罰を受けるかもしれないと憂慮する。そこで指導者は，自分が有権者の選好に近い政策を実行していたのだと，事後に有権者にアピールをすることがある。また，第I期で有権者に生じる副次的コストが増大すると有権者はそれを不満に感じ，次回における支持の決定ルールの閾値が高まるので，指導者は有権者の選好に近い政策を採用するインセンティブをますます強めていく。このように有権者は，不一致タイプの指導者を相手にしているにもかかわらず，一致タイプとの差異が判別できない状況に陥る。したがって，有権者にとって，能力評価に基づく選択メカニズムという選挙制度上の精度はいったん失われていく。

次の治安悪化事態への対応が迫られる第II期では，どのような場合に指導者は超法規的政策をとるのか。それは，支持の低下を認識し，副次的コストの増大に対して楽観的になり，評価の挽回を狙う場合である。指導者のとる政策が超法規的であるほど有権者の理想の政策から乖離し，市民も指導者自身も被る副次的コストが増大すると憂慮する。ただし，どのような政策を選択しても副次的コストは発生すると楽観的になれば，指導者は超法規的な治安維持政策を続け，それが成功することに賭けるのである。超法規的な政策が合法的政策よりもコストの増大をもたらし，政治生命に致命的であるほど支持を失う可能性がありつつも，自分の理想の治安維持政策が成功することに期待をして支持の挽回を試みようとするのが，指導者が投じる「起死回生のギャンブル」である。

この起死回生のギャンブルが成功するかもしれないと指導者の期待を高じさせる要因のひとつが，有権者にとって支持の決定に重要な影響を及ぼすノイズの大きさである。ノイズが大きい，つまりモニタリングの質が悪いため，履行された治安維持政策すべてを有権者は見抜くことができない。それを見越した指導者は，ノイズが大きいほど，指導者は自分の理想である超法規的な治安維持政策をますます追求し，その政策履行を観察した有権者の決定ルールの閾値は低下するのである。反対にノイズが小さいほど，指導者の履行した治安維持政策は有権者の目にさらされるようになる。すると，指導者はより合法的な治安維持政策を追求するようになり，その政策履行を観察した有権者の決定ルールの閾値は高まる。ノイズの大きさを調整する措置として，外生的にモニタリングの質を改善することが考えられる。

5　東ティモールにおける 2006 年騒擾

本節では，第 4 節で提示した因果メカニズムを用いて，2006 年，なぜアルカティリ首相が暴力を加速させたかを解明することを試みる。5-1 項は各段階における事例分析を行い，5-2 項において起死回生のギャンブルの有無を含め首相の視点を中心に分析結果をまとめる。

5-1　分　析

東ティモールの 2006 年政治状況

アルカティリ首相は，東ティモールの初代首相である。彼は，1974 年に発足した東ティモールの最も古い政党のひとつであるフレティリンの創設メンバーであるが，イエメン出身でムスリムという出自をもつ。また，独立運動時代はモザンビークで政治活動をしており，多くの東ティモール人には馴染みのない人物であった（e.g., Shoesmith 2003）。

2002 年の独立以来，政府は多くの反政府的な活動に苦慮してきたとアルカティリは吐露している（FRETILIN 2006a）。たとえば 2002 年，首都ディリで国家警察の不正に対する平和的な示威活動を発端として，それに反政府勢力

が加勢して暴動が発生し，首相の私邸が放火された[12]。2005年4月に顕在化した教会と政府の対立は，暴力こそなかったものの，若者を多数含む5000人ほどの大規模な示威活動へ発展した。人口の90パーセント以上がカトリック教徒とされる東ティモールにおいて，教会組織は社会的影響力をもつといわれる。アルカティリ政権は初等教育課程における宗教の時間を選択科目に切り替えようとし，必修科目として継続すべしとする教会側の主張と真っ向から対峙した。この示威活動は，19日間にわたり当初の争点を超えて首相の辞任要求を訴えるようになった。人道に対する罪，教育，貧困，報道の自由などの課題に対し，政府が何ら成果を生み出していないとの不満がいっきに表出したのである[13]。

反政府的な活動が続くなか，アルカティリ首相は自分に対する政治的支持の明らかな低下を感じとっていた。2003年の世論調査では，首相への支持率は49パーセントであるのに対し，グスマン大統領およびベロ司教への支持率は94パーセントで，独立運動時代の英雄らが人気であった反面，首相の不人気さが目立った（NDI 2003）[14]。2005年の示威活動が反政府的主張をするに至ったことで，東ティモール人の多数がカトリックを信仰するなか，少数派のムスリムであるアルカティリ首相は，自分に対する支持が低いことをあらためて自覚した（Da Silva 2008）。

2006年初頭に公布された閣議提案による名誉棄損法は，首相に対する誹謗中傷を抑制する目的でつくられたと指摘されるようになった。表現の自由が束縛されるとして，地元のメディアのみならず国連も懸念を隠せないほどであった[15]。実際，第2政党の民主党（PD）党首がアルカティリ首相に対する誹謗

---

[12] UN Document. S/2003/243, 3 March 2003, para.6.

[13] AFP (L'Agence France-Presse). "East Timor's Catholic Church Rallies Thousands in Anti-Government Protest," 19 April 2005.

[14] Lusa. "Poll shows FRETILIN Slipping, but Keeping Majority Support." 6 November, 2003. http://www.etan.org/et2003/november/03-09/06poll.htm（最終閲覧日 2015年9月2日）

[15] UNOTIL Daily Media Review. "Fr. Martinho Gusmão: Defamation Law Will Impact Journalists' Profession," 22 December 2005; UNOTIL Daily Media Review. "Alkatiri Responds to UN Concerns on Defamation Law," 01 February 2006.

中傷の罪で検察に起訴され，市民と国際社会の懸念は現実のものとなった[16]。翌 2007 年には大統領・議会選挙を控えていた。

第 I 期：治安問題の発生と対応，有権者からの業績評価

2006 年の騒擾は，陳情兵士 159 名が国軍内の差別的待遇の改善を訴えてグスマン大統領，ルアク国軍司令官（Brigadier General Taur Matan Luak）およびロドリゲス国防大臣（Roque Rodrigues）に陳情書を提出したことから始まったとされる。この差別的待遇とは，国軍への登用と幹部ポストの配分において，インドネシアに対する抵抗運動で主要な貢献をしたとする東部出身者が優遇された反面，西部出身者が排除されたという内容である。陳情に対し，大統領は調査委員会の設置を検討したが事態は打開されず，2 月 17 日に陳情兵士の一派が兵舎を脱出した。

3 月中旬，国軍司令官は陳情兵士を含む 591 名の兵士の解雇を発表し，アルカティリ首相は解雇決定を支持した。陳情兵士は解雇を受け入れず，陳情兵士の代表格であったサルシーニャ少佐（Gastão Salsinha）がグスマン大統領に対して政府と陳情側の兵士の間の調停を依頼した。3 月 23 日，グスマン大統領はスピーチのなかで，政府による兵士の解雇決定を批判し，東部出身者と西部出身者の間の差別問題が政治的な課題であることを認めた[17]。この直後から首都ディリの各地で若者を中心としたグループ同士の抗争が生起した[18]。

4 月 24 日より 5 日間の予定で，594 名の陳情兵士が政府庁舎の前で待遇改善を訴えた。この示威活動の参加者は，事前に警察と協議しており，暴力化すれば警察が出動することを了解していた（OHCHR 2006, para.39）。当初陳情兵士とその支持者が参加したが，2 日目からは反政府勢力コリマウ 2000 のスポークスマンが加わり，警察が適切に暴力に対処しなければ群衆を出動させる，政府転覆のために暴力を使う可能性がある，東部出身者を非難する，などの発言を繰り返した。示威活動の 4 日目にはアルカティリ首相が，陳情兵士

---

[16] UNOTIL Daily Media Review. "Prosecutor Request Information from PD Leader," 15 February 2006.

[17] Kay Rala Xanana Gusmão. "Presidência da República Gabinete do Presidente Message to the Nation on F-FDTL." Palace of Ashes, 23 March 2006.

[18] Suara Timor Lorosa'e. "61 People Evacuate to Comoro Parish Because of Rumours," 28 March, 2006.

の要求の一部である独立委員会の設置を表明した。首相は，3か月以内に独立委員会が陳情兵士の要求内容を検討するとして，各人が地方に戻るための補助金給付を提案した。5日目に，陳情兵士グループとラモス-ホルタ外務大臣が面会する予定であったが，時間を取り違えた外務大臣は姿を現さなかった。業を煮やした陳情兵士グループの支援者は暴力を起こすと脅しをみせるようになった。そんななか，支援者らが政府庁舎を襲撃し，車両や施設を破壊，警察官のバリケードを破って警察官を負傷させた。

　アルカティリ首相は，ルアク国軍司令官の不在のため，レレ国軍官房長 (Colonel Lere) に国軍の出動準備を指示している。28日午前，首相と大統領は連絡をとっていたにもかかわらず，軍の最高司令官でもある大統領に出動準備の指示があったことは伝えられていなかった。その代わりに当日の夕刻，アルカティリ首相，ロバト内務大臣（Rogério Tiago Lobato），ロドリゲス防衛大臣，ルアク国軍司令官，マーティンス警察長官（Paulo Martins）らが出席した協議で嘆願兵らに対する国軍の武力行使が容認された。この容認決定は，グスマン大統領とラモス-ホルタ外務大臣には翌日伝えられた（Hasegawa 2013, 121）。事後，5月11日付の国会議長宛の報告でアルカティリ首相は，法令7/2004第20条および東ティモール憲法第115条（1）（c）に基づき，この国軍の武力行使の容認決定は国家危機閣議（crisis cabinet）としての決定であったと示した。ただし，この決定は文書上の記録はなく，非常事態（a state of crisis）であるとの対外的な公式宣言も発せられなかった（OHCHR 2006, para.53）。また国連報告書は，出動決定以前（28日午前）に国軍は首相からの指示を受けてすでに出動し，政府庁舎前の事態に対処していたことを明らかにした（OHCHR 2006, para.54）。

　以上の記録に基づけば，4月28日のアルカティリ首相の国軍出動要請は，国軍基本法第20条で定められた手続きに準じていない[19]。28日夕刻に実施された首相官邸での協議は，国家危機閣議に相当すると考えられるが，当該閣議に定められたメンバー全員が出席しておらず，とくに国軍最高司令官である

---

19 Organic Structure of the Falintil-East Timor Defense force (Falintil-FDTL). Decree-Law No.7/2004 of 5 May, Government of Democratic Republic of Timor-Leste.（国軍基本法）

大統領が協議に参加していない。また公式には非常事態は宣言されなかった（OHCHR 2006, para.164-165）[20]。首相は文書上の記録がない理由として，国軍に文書を発出する余裕がないほど緊急性を要したためと主張した。

　ここから，暴力が多発する気配をみせるなか，アルカティリ首相が非常事態にあると認識し，国軍最高司令官であるグスマン大統領に了解を得ずに国軍の出動を決定したことがわかる。この決定が，第Ⅰ期における治安維持政策である。首相は法に準じてとった正当な判断だと主張したが，関連法と照らし合わせると逸脱した部分がある。法律が規定するメンバーが全員集結せずに国家危機閣議を開催したことは，執行府の長である首相に責任があると国連報告書は指摘した（OHCHR 2006, para.168）。つまり，第Ⅰ期に首相が採用した政策は，超法規的な治安維持政策であることがわかる。

　政府庁舎前の事態は，28日正午ごろから悪化した。陳情兵士グループとその支持者がバリケードを破って政府庁舎内に侵入し，車両を燃やし警察官に暴力を振るったことで，国家警察側は催涙ガスを発し，拳銃を発砲するなどで対応をしたが，一時間半で陳情兵士グループと支持者は解散しいったん事態は収束した。ただしその後，陳情兵士グループの支持者らは首都ディリ近郊のライ・コトゥやタシトルに移動し，出動命令があった国軍を襲撃した。とくにライ・コトゥでは陳情兵士の支持者らは国軍車両に手りゅう弾を投げたことから国軍が発砲し，5分間に約100発の発砲があったという。このディリ近郊での治安悪化は，翌29日の正午ごろまでに鎮静化した（OHCHR 2006, para.47-58）。政府はディリの治安は回復したと発表した[21]。

　しかしディリの一部の住民は，政府に治安を回復できる能力はないと判断し，教会などに身を寄せるようになった。地元紙によれば，教会が運営する職業訓練センターへ避難した女性は，「政府が今回の問題を解決できる保証はなく，子どものためにも再度内戦に戻るような状態にはなってほしくない」と言及した[22]。人々の不安は高まるばかりとなり，市民は安全な場所を求めて山

20　国軍基本法第21条によれば，非常事態宣言には，国家危機閣議と大統領による同意が必要とされている。

21　República Democràica De Timor-Leste Ministério dos Negócios Estrangeiros e Co-operaçáo, Media Release "Dili Returing to Normal Life" 29 April 2006.

22　Timor Post, "Most of the IDPs are Children," compiled by UNOTIL Daily Media

岳地帯に避難し，職場を欠勤した[23]。

5月に入ると，陳情兵士グループの規模が拡大し，その一部が地方に逃亡，さらに各地での暴力が増加した。3日，憲兵隊（military police）隊長のアルフレド・レイナド少佐（Major Alfredo Reinado）ら3名が陳情兵士のグループに合流した。5月8日には，エルメラ県グレノにて陳情兵士の一派とその支持者らが特別部隊であるUIR（Unidade Intervenção Rápida/ Rapid Response Unit）警察官を襲撃し，1名が死亡，1名が重傷を負った[24]。

第I期の分析

4月のアルカティリ首相による実力行使が，自分の業績評価を高めるためのシグナルであったとすると，超法規的な治安維持政策を採用したものの，その政策結果が芳しくなかったことがわかる。まず，首相の法律上の逸脱行為を，彼の権力強大化の意図のみで説明するのは難しい。首相は，国軍に対する出動指示の権限は，大統領職の統制領域にあることをよく理解していたからである（Hasegawa 2013, 152）。緊張状態にあるなか，国軍に対する影響力を拡大させようとして出動を指示したとは考えにくい。むしろ，アルカティリ首相は超法規的な政策であることを認識し，国軍の出動を命令したのではないか。

首相は，国軍による国内治安への後方支援は通常認められないことを把握していた。しかし緊急性を要する事態の悪化に，暴力阻止に効果的であるとの判断に基づき，手続きを経ない国軍の出動を指示したと考えられる。アニス・バジワ（Anis Bajwa）国連ミッション副特別代表（当時）によれば，大統領と首相はともに，陳情兵士グループが率いていた若者や反政府勢力に対し統制がきかなくなったという認識をもっていた。大統領はこの暴力が拡大する可能性を憂慮し，アルカティリ首相は断固としてそれを阻止すべきと判断し，（公

Review 5 May 2006.

[23] AFP. "Four years after independence, unrest again threatens East Timor." 20 May 2006. http://www.etan.org/et2006/may/13/20fouryr.htm（最終閲覧日2015年9月3日）；Hasegawa (2013), 127

[24] 4月28，29日の事件に殺戮があったとの噂に対する示威活動が実施されているところへ，エルメラ県知事が訪問した。この訪問に伴ってUIR所属の警察官が付き添った。活動参加者らが東部UIR警察官に対し，4月末，首都ディリのコモロマーケットで陳情兵士が殺害されたことに対して非難を浴びせた。そこで起きた襲撃事件である。

権力によって）数日で事態を収められるという自信があった，と述べている（Hasegawa 2013, 149）。そこで首相は，暴力が波及する前に即時に出動して対処すれば政策効果は高まると考えたのだろう。つまり，陳情兵士グループに若者や反政府勢力が加わり政府批判を始め，暴力を起こすとの脅しが始まった際，緊急性が高まったと判断したアルカティリ首相が，警察だけでは対応できないことから暴力拡大の阻止のために急遽，国軍に支援を依頼したと考えられる。

　アルカティリ首相は5月11日に，国家危機閣議を規定する法に則って，4月の事件における国軍への指示に関する報告書を提出した（FRETILIN 2006a）。このような法的手続きを経たことにより，首相は自分の行為に法の逸脱はなかったと有権者に示そうとしたのである。事後，政策実行が合法的な行動基準に限りなく近いものであったとアピールしたといえる。

　首相は4月30日夕刻にテレビ放送を通じて，「国軍の出動は独自の判断ではなく，警察の要請によって出動した」，「陳情兵士の要求に取り組む」とともに，「政府は治安を統制できている」と述べた（Hasegawa 2013, 125）。この発表もまた，国民に対して自分の国軍の出動指示は法的妥当性があるとともに，治安維持政策の政策効果もあったと強調し，事後のアピールに努めるものだったのである。

　しかしながら，陳情兵士グループとその支持者は地方に逃亡しその規模を拡大させた。首都ディリを中心に治安は悪化の一途を辿り，避難民が増加した。市民の日常生活に支障をきたし，市民からは政府の能力に治安回復は期待できないという声があがった。第Ⅰ期における市民の副次的コストは増大し，安全状況は明らかに憂慮される状態だった。4月の国軍を出動させた治安維持政策の政策効果は無に等しく，首相への批判も聞こえるようになった。アルカティリ首相は，自身に対する支持の低下を把握していたのである。

第Ⅱ期：次の治安維持政策とその帰結

　アルカティリ首相は5月3日に大統領と共同記者会見を開催し，人々に平静を保つように呼びかけた。また，5月5日には正式に名士委員会（Commission of Notables）を立ち上げて，陳情兵士の要求を検討することを表明した。ただし，陳情兵士グループに投降を呼びかけるのはグスマン大統領や国軍司

令官であった（FRETILIN 2006a）。この間，前述のとおり，アルカティリ首相は4月28日の国軍への指示の法的裏付けを確保するための手続きをとったが，陳情兵士グループを率いるレイナド少佐が同指示の不法性を指摘した[25]。

5月8日に首相，内務大臣，市民グループの代表であるライロス（Rai Los）が一同に会し，国家警察の URP（Unidade de Reserva da Polícia/ Police Reserve Unit）部隊の行動に，市民グループの支援が必要との意見が持ち上がった（OHCHR 2006, para.89）[26]。ただし，この協議中，市民グループへ警察の武器・制服譲渡の指示はなかったと首相は事後に主張した（e.g; OHCHR 2006, para.89，注5，38 参照）。

17日から19日にかけてフレティリンの党大会が実施され，秘密投票ではなく党大会参加者による挙手によってアルカティリ首相は事務局長に再任した。

首都ディリで生起した次の大規模な襲撃事件は，5月23日に始まったとされる。レイナド少佐の一派が国軍兵士と警察官を襲撃し，5名が死亡，10名が負傷した。翌24日は首都の郊外タシトルにて，市民グループであるライロス一派，陳情兵士グループ，警察官らによる国軍兵士の襲撃や，ルアク国軍司令官の私邸，ロバト内務大臣の親戚の自宅への襲撃が確認された。25日は国家警察の本部前において国軍兵士と警察官が対峙し，銃撃戦に発展した。この治安悪化のなか，24日，大統領，首相，国会議長発の共同書簡をもって，豪州，ニュージーランド，マレーシア，ポルトガル軍から構成される鎮静化のための国際部隊の派遣を要請した。グスマン大統領はこれ以上の治安悪化を恐れて即断でこの書簡に署名をした一方，アルカティリ首相は署名を渋っていた[27]。

この5月後半の銃撃戦ののち，ライロス一派に国家警察の武器が譲渡されたとの疑惑があがり，さらに国軍も市民に武器を譲渡したことが発覚した。5

---

25 Lusa. "PM Alkatiri Accused of Illegally Ordering Army Against Demonstrators," 17 May, 2006.

26 ライロスの本名は，Vincente da Conceição．なお，ライロスはフレティリンの党員であり，5月のフレティリン党大会の間，アルカティリ首相と幾度か接触している。República Democrática de Timor-Leste, Gabinete do Primeiro-Ministro Press Release. "Alkatiri Rejects Railos 'hit squad' Allegations, Railos Offers to Disarm," June 20, 2006.

27 Jakarta Post. "No Quick Fix to Timor Leste Crisis," June 7, 2006.

月30日には内務大臣と防衛大臣が罷免された。少なくともロバト内務大臣が5月21日にライロス一派31名とギャング集団に対し[28]，UPF（Unidade Partulhamento Fronteira）の武器と弾薬を譲渡したことがわかった。さらに23日，同内務大臣は3万3000ドル相当の車両と警察の制服をライロス一派に譲渡し，24日の国軍兵士への襲撃に参加させていた（OHCHR 2006, para.90, 91）[29]。

武器を所持する陳情兵士グループは依然逃亡していたものの，国際部隊の派遣後から治安の回復が進んだ[30]。しかし，警察が所持する武器が市民グループに譲渡された責任がアルカティリ首相にあるとして，6月初旬から政府解散と首相の辞任を求める1000人規模の示威活動が始まった[31]。示威活動の主導者は「最も重要なのは，アルカティリが自分のなしたことに責任をもって辞任することだ」と述べている。一方首相は豪州ABC放送のインタビューに応じ，市民グループに対して警察の武器を譲渡した事実はないと関与を否定し，「自分が辞任をすることはない」と主張した[32]。しかし国内世論だけではなく，国際世論も騒擾の行く末に注目するようになった。首相の「第3の勢力」が治安悪化に関与しているとする発言にインドネシアのユドヨノ大統領（Susilo Bambang Yudhoyono）が反論し，首相は非難にさらされた[33]。19日

[28] 対象となったギャング集団はLima Lima group（リーダーはAntonio Lurdes, aka Antonio 55）。インドネシア統治下で結成された秘密結社のひとつとされる。失業中の若者を取り込んで，たびたび犯罪や政治的活動に参加している（Scambary 2009）。
[29] なお，武器等を譲渡されたライロス一派が，なぜ国軍を襲撃する行為に参加したのか，そしてそれ以外のどのような暴力行為に加担したのかの詳細は国連調査では明らかになっていない。同様にLima Lima groupに関しても，どのような暴力行為に参加したかは明らかでない。
[30] Presidência da República Gabinete do Presidente. "Address of H.E. the President of the Republic, Kay Rala Xanana Gusmão, to the National Parliament," 14 June 2006.
[31] AFP. "Mass East Timor Rally Calls for PM to Step Down," June 6, 2006. http://www.etan.org/et2006/june/10/06masset.htm（最終閲覧日2015年9月3日）; Jakarta Post. "Pressure Mounts on Timor Leste PM," June 7, 2006.
[32] ABC (Australian Broadcasting Cooperation). "Alkatiri Denies Arming Own Security Force," Thursday, June 8, 2006.
[33] Jakarta Post. "SBY takes Alkatiri to Task on Unrest Slur," June 6, 2006.; Jakarta Post. "Alkatiri Denies Accusing RI of Involvement," June 7, 2006. アルカティリ首相は1999年まで存在していた統合派民兵が事件に加勢したと指摘したのであって，インドネシアを指したものではないとする言論があり，首相もそのように弁明している。この事実関係も不明であるが，ユドヨノ大統領が報道に反応しこれを否定したという事実そのものが，首相の評判がさらに

には，豪州 ABC 放送において，アルカティリ首相より直接指示を受けたとライロスが発言した[34]。この後グスマン大統領は，21 日の国家評議会（council of state）で首相に辞職を迫ったのである[35]。22 日グスマン大統領は，国民に向けたスピーチのなかで，アルカティリ首相が辞任しなければ自らが辞任すると発表した[36]。25 日にラモス-ホルタ外務大臣が「政府が的確に機能していない」として辞職し，そのほかの閣僚 8 名も辞職意向を表明した。これらを受けて 6 月 26 日，アルカティリ首相は「大統領の辞職を回避するため」，そして「内戦やこれ以上の対立を生み出さないため」に「辞任する」と記者会見で述べた[37]。

第 II 期の分析

当初，アルカティリ首相は非暴力的手段によって治安の回復をはかった。つまり，陳情兵士の要求の検討に入り，大統領や国軍司令官の説得などを通じて，安全状況の改善に努めようとした。しかし，陳情兵士グループの動きはいっこうに収まらなかった。この時点で人々に課される副次的コストは甚大であった。

そのようななか次の治安維持政策（第 II 期）として，首相は内務大臣とライロスのいる場で，市民グループに国家警察を支援させることを決定した。こ

悪化する要因であると本章では捉える。Jakarta Post. "Alkatiri Says Former Pro-Indonesia Militiamen Involved in Riots," June 5, 2006. ; Jakarta Post. "Caution Over Timor Leste," June 7, 2006.

34 ABC (Australian Broadcasting Cooperation). " Four Corners: Program Transcript, Liz Jackson's Report 'Stoking the Fires,'" June 19, 2006. http://www.abc.net.au/4corners/archive.htm（最終閲覧日 2014 年 1 月 27 日）

35 東ティモール憲法上，議会がアルカティリ首相を辞任させることができるが，それは与党フレティリンが議席の過半数を占めており事実上困難であった。もうひとつの憲法上の規定では，信任投票が否決された場合などの事態が発生した際に，民主的制度の通常の機能を確保するうえで必要とされるときにのみ，大統領が国家評議会と協議したうえで，首相を解任できる（東ティモール憲法第 112 条）。

36 Mensagem de S. Ex.a O Presidente da República. "O PRESIDENTE DA REPÚBLICAMENSAGEM," Dili, 22 de Junho de 2006. Unofficial translation: http://www.themonthly.com.au/files/xanana_speech.pdf（最終閲覧日 2015 年 9 月 21 日）

37 The Age. "Alkatiri's Resignation Speech - World" theage.com.au（最終閲覧日 2014 年 1 月 14 日）

の決定は，本来国内の治安維持を担う国家警察の活動を，そのような任務を負う合法的な権限をもたない市民グループに担わせようとした意思決定である。事後，首相と内務大臣は揃って市民グループが国家警察を支援することは，国内治安法（Internal Security Act）に基づき合法であったと主張した。しかし，この主張は法的見地からも認められるものではない（OHCHR 2006, para.94）。したがって，第II期に首相が採用した治安維持政策も，超法規的であったとみなすことができる。5月8日の会合ののち，内務大臣によって市民グループに対し武器，弾薬，警察の制服，車両が譲渡されたのである[38]。

5月23日以降，首都ディリでは陳情兵士グループの襲撃，警察・国軍との衝突が激化し，政府は国際部隊を要請した。そして，市民グループに警察の武器が譲渡された問題が持ち上がった。市民による示威活動が発生するなか，アルカティリ首相は政府の最高責任者としてこの問題に責任をとらざるをえない状況に置かれた。つまり彼は，5月末の治安悪化をもたらした人物だと人々から疑問をもたれるようになったのである。

第II期における治安維持政策の実行後も，人々の安全状況が改善することはなかった。5月30日には10万人の国内避難民が発生，ディリ各地に避難民キャンプが設置され，6月で最大15万人となった[39]。政府が食糧配布を開始したものの追いつかず，国際部隊の到着前後から国際支援が本格化した。国家が政策実行後も変わらず非常事態であったことは首相にとっても自明であっ

---

[38] 市民グループに対する武器譲渡について，直接的な首相の指示があったのか否か，首相と内務大臣の間では認識が一致していない（注5参照）。したがって首相からの直接の指示があったと現時点では裏付けることはできない。国連報告書にある経緯は以下のとおり。5月8日，首相，内務大臣，ライロス（Vincente da Conceiçao (RaiLos)）が首相官邸で会い，内務大臣がフレティリン党大会の警備について協議した。武器に関する議論はなかったという以外，3者は異なる見解を述べた。ライロスは首相から陳情兵士あるいは反政府関係者を"eliminate"するように指示され，それは「殺害せよ」という指示だと理解した。首相は，彼らは内務大臣につれてこられ，西部からの党関係者をガイドする役目をもつと説明されたと主張している（OHCHR 2006, para.88）。現存する証拠からライロスの主張は認めがたいが，少なくとも首相が国家警察の武器が市民に配布されたと認識していた疑いは十分にあると国連報告書は結論づけている（OHCHR 2006, para.94）。

[39] OCHA (Office for Coordination of Humanitarian Affairs) "Timor-Leste: Population Displacement OCHA Situation Report No. 2." http://reliefweb.int/report/timor-leste/timor-leste-population-displacement-ocha-situation-report-no-2（最終閲覧日2015年9月7日）

た。

　政策効果の不振に加えて，アルカティリ首相に対する辞任を求める声が持ち上がった理由は，市民による示威活動で叫ばれたように，市民グループに国家警察の活動を担わせようとしたことに対する責任問題にあった。第Ⅰ期においてアルカティリ首相は，好転しない安全状況をみると，4月末の国軍への出動指示に関し法的手続きを経ることで，自分の採用した政策が合法的であると訴えた。それにもかかわらず，第Ⅱ期で再度超法規的政策を採用し，事後市民の不満が首相の責任問題に集中した結果辞任に至った。これらの過程は，首相の採用した治安維持能力の行動基準が有権者のもつ行動基準と乖離していたことを示している。

　アルカティリ首相は政策の合法性もある程度担保しなければとならないと考えていたことから，超法規的な政策を採用することは本人にとって「起死回生のギャンブル」であったといえる。それまでの首相の言動から，自分の採用する政策が能力評価の対象になることを理解していた側面が読み取れる。たとえば，2005年の教会との対立を巡って，アルカティリ首相は東ティモールが世俗国家であることは憲法によって明確であり，「憲法は私にとって聖書である」と発言した (Da Silva 2008)。この言動はアルカティリ首相に対して教会関係者が批判を強める要因となったが，首相側の意図は自分の公的行動が法に則っていることを強調するためであった。当時，首相は長谷川特別代表に対して憲法を起草したのは自分だと繰り返し述べ，政府の政策実行が法的な正統性をもつことを示すために，ことあるごとに憲法の条項を持ち出していたという (Hasegawa 2013, 76)。つまり，自分の採用した政策は合法的であると事後に主張することで，有権者からの評価の低下を防げると期待していたのではないか。事後首相は，国家警察が市民グループ（ライロス一派）から支援を受けたことは，国内治安法に照らせば違法ではないと主張した (OHCHR 2006, para.94)。内務省・国家警察の行為が合法的であったと説明するのは，自分の管轄下にある部署の行動が合法性を有すと釈明を試みた発言であろう。

　他方，こうした超法規的な治安維持政策を首相が採用しやすい環境があった側面も見逃せない。政策の質が，有権者による評価の対象になりにくいと指導者が考える状況があったのである。その状況とは，武器の管理については

国家，国家警察とともに杜撰な面があり，制度の未熟性に政府全体が甘んじていたことである。たとえば治安機関による管理記録が曖昧なため，国家警察が所持する武器はたびたび紛失していた（OHCHR 2006, para.97-99）。この事実は，武器管理においてはいまだ法の支配が未確立である状態と首相や内務大臣が捉えていても不思議ではなかったことを示している。もしくは，市民グループが国家警察の行動の一部を担うことが，有権者の治安維持の行動基準と乖離する政策であるとの認識は低かったのではないか。武器管理が疎かな状況のもとでは，指導者にとって第II期の超法規的な政策を採用しやすかったといえる。

首相は，当初は非暴力的な手段で陳情兵士グループの問題に対処しようとしたが結果は振るわないため，治安回復を図ろうと超法規的な治安維持政策を実行し，起死回生のギャンブルに身を投じたと考えられる。

5-2　指導者アルカティリの行動とその帰結

ここでは，前項で提示したモデルの分析結果を用いて，東ティモールの2006年の騒擾における指導者の暴力が，有権者からの支持を獲得したいという誘因から生じたことを確認していく。

東ティモールが独立して初の執行府長であるアルカティリ首相は，次期選挙が迫り，自分に対する支持の低下を認識していた。そのようななか，2006年4月の首都ディリにおける暴動に対し，首相としての対応を迫られた。そのとき首相は，国家危機会議の開催という正式な手続きを経ないで国軍を出動させており，これが超法規的な治安維持政策とみなせる。この政策を実行した結果暴動そのものは鎮圧したが，陳情兵士グループは逃亡しその規模を拡大させていった。首都ディリでは人々が避難を余儀なくされ，各地で暴動が発生し，市民の安全状況は悪化した。第I期においては，超法規的な治安維持政策を実行した結果，予想以上の市民への副次的コストが生じたのである。

首相は，国軍を出動させた夜に国家危機会議を開催し，国民に向けたテレビ演説において国軍出動の妥当性に言及し，その法的手続きを済ませている。これらの行動から，首相が懲罰の対象になることに憂慮し，自分の採用した政策は合法的な基準に沿っていたと，事後に有権者に訴えようとしたことがうか

がえる。ただし，選挙の能力評価に基づく選択メカニズムが自分への支持に及ぼす影響を考えると，合法的な治安維持政策を指導者がとるほど，有権者がもつ，合法的な治安維持対策をとる政治家を支持しようとする選択の基準（支持決定ルールの閾値）が高まる。すなわちアルカティリ首相は，自分が合法的政策をとったと見せかける行動に出たため，次回はますます，合法的な治安維持政策をとらざるをえなくなったといえる。

第II期では，当初より合法的な治安維持政策をとろうとしたアルカティリの行動が確認できる。たとえば，陳情兵士グループの要求への対応策を検討しはじめ，大統領や国軍司令官を通じての陳情兵士グループへの投降の説得が成功することを待っていたことである。しかし安全状況は改善しなかった。

合法的な治安維持政策を採用しても安全状況がいっこうに改善しないのであれば，どのような政策を採用しようとも生じる有権者の副次的コストはそう変わらなくなる。そこでアルカティリ首相は，コストの増大の可能性はあるけれども，評価の挽回を狙って「起死回生のギャンブル」に身を投じることとなったと考えられる。すなわち，第II期において，アルカティリ首相は引き続き超法規的な治安維持政策を断行した。

2回目の超法規的な治安維持政策とは，国内の治安維持をつかさどる国家警察の行動の一部を，そのような任務を負う合法的権限をもたない市民グループ（ライロス一派）に担わせようとしたことである。これは有権者にとっては内容を把握しにくい施策であるが，結果有権者からの支持を失うこととなったため，本章の分析に取り上げるべき政策である。結局ライロス一派は陳情兵士グループを抑えるどころか国軍への襲撃に参加し，当初の思惑とは異なる行動が確認された。5月末には市民の安全状況がますます悪化した。人口の1割の人々が国内避難民と推定され，人々に生じた副次的コストは第I期よりさらに甚大となった。警察機能が崩壊し，治安の維持が困難と判断した東ティモールのリーダーらは，豪州軍を核とした国際部隊の派遣を要請した。

第II期における帰結は散々たるものであった。とくに指導者からみれば，市民の安全状況は改善せず政策効果は無に等しかった。さらに，有権者による指導者への批判の矛先は，政策の質，つまり国家警察としての行動を市民グループに担わせるという行為が，有権者がもつ治安維持能力の基準と乖離して

いる点に向けられた。この行為の責任問題が治安問題とともに公に大きく取り上げられると，アルカティリに対する支持は顕著に低下し，首相は自ら辞任を選んだ。つまりアルカティリの投じた起死回生のギャンブルは失敗したのである。

　有権者の支持決定ルールの閾値が第Ⅰ期目の帰結によって高まった一方，アルカティリが第Ⅱ期で起死回生のギャンブルに身を投じようとしたのはなぜか。第1に，政策実行の結果に関して不確実性があることに加え，治安維持能力の行動基準が指導者と有権者の間で一致していない状況がある。第2に，どのような政策を実行しようとも，副次的コストは発生すると指導者が楽観的であることだ。第3に，有権者のモニタリングの質が脆弱であり，有権者が決定ルールの閾値を高めてもそれを持続できないと見込んだからであろう。モニタリングの質とは，指導者の政策実行を有権者がどれだけ観察できるかを示す。モニタリングの質を高めるほど，指導者の採用した真の政策を有権者は観察できるが，この質が担保されていないと政策から生まれる帰結によってしか，政策の質を判断できない。自由な報道の保障や第三者機関の存在は，指導者の履行する真の治安維持政策を有権者が観察できる可能性を高めうる。東ティモールでは，一般的に報道や表現の自由が認められている民主主義体制であるものの，アルカティリによる名誉棄損法の施行や，武器の流出や紛失が暗黙的了解になっていた状況に鑑みれば，完全な報道の自由を当時の有権者が享受していたとは言いがたい。

　ただし，モニタリングの質は，この騒擾が国際社会の目にさらされるようになってから，アルカティリ首相の当初の予想から変容したと考えられる。第Ⅰ，Ⅱ期にわたる治安維持政策の質について疑惑はすでに生じていたものの，その疑惑が広く有権者に知れわたるようになったのは，国際部隊の派遣を要請したのちである。国際部隊の派遣という外生的作用により，東ティモール情勢は国際社会から注目されるようになった。実際に部隊派遣後，ライロスがアルカティリを批判したインタビューが豪州のテレビにて放映され，アルカティリの採用した政策の質に人々の関心が集まったことは，グスマン大統領からの通告を受け，アルカティリ首相が辞任するきっかけになったのではないか。

6　小　括

　これまでアルカティリ首相の行動の検証を通じ，民主化と国家建設が同時進行する紛争後社会において，指導者がなぜ暴力を促進させるのかを本章は明らかにしようとした。従来の研究は，東ティモールが抱える制度の問題，あるいはリーダー層の間の権力闘争の問題が2006年騒擾を発生させた要因であると捉えていた。そこで，本章はよりミクロな視点をもって指導者自身の行動に着目した。指導者の置かれる制度的環境を踏まえ，治安維持の責任を負うなか有権者の理想とは異なる政策を採用するという，一見不可思議な指導者の行動を説明することを試みた。

　指導者の置かれる制度的環境とは，民主化は進むが，国家建設が途上にある状況である。すなわち，競争的で自由な選挙の実施が見込まれるため，選挙の制度がもたらす懲罰と応答性の課題が指導者と有権者に与える影響を考慮した。ならんで，暴力を統制する能力の構築が途上であるがゆえに，統治機構の行動基準について指導者と有権者の間で不一致が生じている，つまり法の支配が未確立である状況を指摘した。

　また紛争後社会では，人々の基本的ニーズを満足させるような富の再分配政策の履行は難しい一方，喫緊の課題である治安維持という政策効果が指導者に対する有権者の業績評価を左右させやすいことを明らかにした。治安悪化の状況に直面したとき，有権者からの支持を失いつつある指導者であるほど，治安改善をもって自分への評価を回復させる機会となる。ただし指導者が意図した通りに自分の能力の高さを示すシグナルを有権者に送れない可能性がある。つまり指導者が高い能力を示そうとした治安維持政策の実行が有権者に対して，能力が低いと判断されてしまうようなシグナルを送りうるのである。

　このような意図せざるシグナルを発出してしまう要因として，紛争後社会における指導者は，治安維持能力を行使するときに2つの不確実性に直面することを挙げた。第1の不確実性とは，治安維持能力の行使による政策効果がどれだけ得られるかが事前にはわからないことである。第2の不確実性は，政策の質，つまり治安維持能力の行動基準について，指導者と有権者の間でど

れだけ基準が乖離しているかがわからないことである。第1の不確実性はどの政治体制下においても指導者が直面するが，第2の不確実性は，法の支配が未確立である状況を加味して取り入れている。

　本章のモデルは，上述した2つの不確実性に直面する指導者が，なぜ有権者の選好から乖離した政策を採用し続けるのかを明らかにした。より具体的には，合法的な治安維持政策を選好する有権者を相手としたとき，超法規的な治安維持政策を選好する指導者が有権者の安全状況を改善しようとしながら，どのように自らが好む治安維持政策を追求するかを分析した。指導者が好みの政策を追求したい一方，有権者が与えうる懲罰に指導者は躊躇し，政策実行の後に，自分の採用した政策を合法的な政策に近かったとアピールすることがある。しかし，政策を実行した結果支持の低下が見込まれ，政治的窮地に陥るほど，指導者は超法規的な政策を採用し続ける。この理由は，合法的政策から生じるコストも増大するとわかると，超法規的政策を取り続けて支持を挽回させることにのめりこむからである。しかしながら結局，政策効果も政策の質も有権者を満足させることができず，支持を失う可能性を高めてしまう。事例分析では，指導者が陥るこの「起死回生のギャンブル」の志向が，アルカティリ首相の行動に表れたことを示した。

　指導者が起死回生のギャンブルに賭ける条件のひとつに，有権者のモニタリングの質の低さがあったが，紛争後社会においても検討すべき要素であることが事例からも明らかとなった。首相が採用した超法規的政策は，モニタリングの質が低かったため有権者は観察しづらい状況であった。しかし国際部隊の展開によってモニタリングの質は政策実行の後に上昇した。その結果，有権者の支持を継続するかを決める判断基準（決定ルール）の閾値は高いままとなり，政策の質の問題が有権者の目にさらされた。有権者は政策の質の問題を甘受しなかったのである。

　本章の分析を踏まえると，指導者による過度の実力行使は，有権者と政策の好みが一致しないことから生じることがわかる。従来の研究での起死回生のギャンブルの議論を用いた指導者による暴力の説明では，指導者と市民の2者の間の暴力が好ましいという意思が一致することが条件であると論じられていた（e.g., De Figueiredo and Weingast 1999）。一方本章では，有権者との治

安維持能力の行動基準が不一致であるという第2の不確実性が，指導者が起死回生のギャンブルをより追求しやすい状況をつくりだし，暴力が生じることを明らかにしたといえる。

　今後の研究課題は，第1に，提示したモデルの妥当性を，他の紛争後社会における指導者による暴力を事例として検証することである。たとえば，法の支配が未確立の状況でも指導者が過度の実力行使を使わずに暴力を抑制できた事例を分析し，起死回生のギャンブルを回避する条件について実証的な知見を得ることができるのかもしれない。本章では有権者が合法的な治安維持政策を好み，指導者が超法規的な治安維持政策を志向することを想定して分析を行ったが，2-2項で検討したような，異なる政策志向の組み合わせの想定のもとで起きる暴力の発生メカニズムを明らかにすることも必要だろう。このように事例分析やモデルの修正・拡張を進めれば，より強靭性をもつモデルとなるだろう。

　第2は，本章の事例分析から得られた新たな分析課題である。指導者が政治生命上取り返しのつかない実力行使を断行したのち，どのような誘因に基づいて，次に暴力手段あるいは非暴力手段を選択するのかを明らかにすることが，重要な課題ではないか。本章の事例に沿えば，アルカティリ首相がなぜ支持の低下を受けて暴力の継続ではなく辞任という選択肢をとったのかを分析することである。首相自身，自分が辞任した当時の心境を回顧して以下のように述べている。

　「辞任の圧力に応えなかったら，……彼ら（陳情兵士ら）はディリもしくはその他の地域で暴力を起こし，さらなる流血と内戦状態に見舞われることになったであろう。それを回避するために（首相職を）手放した。内戦状態になったとしても（暴力の結果は）フレティリンの勝利であっただろう。しかし流血と内戦によって権力を摑みとるというような時ではないのだ」[40]。

　権力強大化だけを追求していれば，暴力を持続させて内戦に逆戻りする可能性があったが，それを自分は回避したというアルカティリの主張は，自分が権力を選挙でつかむ意思があることを示唆している。彼は辞任の声明発表で首相

[40] The Southeast Asian Times. "Interview with General Secretary of Fretilin, Mari Alkatiri, in Dili on Sunday, 6 November, 2006". 括弧部分は著者による加筆。

第 5 章　紛争後社会における指導者による暴力

職からは外れるが一国会議員に戻り，次年度の予算案を提出する用意があると述べた。辞任は，暴力を避け，民主主義体制のもとでの政治的競争に引き続き参加することを宣言したといえる。ここでアルカティリの選択が浮き彫りにしたのは，選挙によって平和的な権力の（再）獲得が可能であるという民主主義体制の特質である。こうした課題に取り組むことは，民主主義体制の暴力抑制効果を発揮する条件を明らかにすることにもつながると思われる。

補　遺

補遺 5-1　命題の証明

第 I 期で指導者が履行する $x \in [0,1]$ にしたがって，有権者は $s_E(z) = \{0, 1\}$ を決定する。$s_E(z)$ の決定には，決定ルールが適用されることから，$z \geq k$ の場合，$s_E(z) = 1$，$z < k$ の場合，$s_E(z) = 0$ を選択する。$s_E(z) = 1$ を選択するのは，$EU_E(s=1) \geq EU_E(s=0)$ が満たされるときであり，$s = 0$ とは，指導者 I を不支持とする場合は，指導者以外の政治家を有権者が支持するという仮定に基づいている。この条件式は，$\alpha' EU_E(y_g|good) + (1-\alpha')EU_E(y_g|bad) \geq \alpha EU_E(y_b|good) + (1-\alpha)EU_E(y_b|bad)$ で表される。この条件式は，$\alpha'(-y_g^2 + \varepsilon - c_2' - x_g^2 + \varepsilon - c_1') + (1-\alpha')(-y_g^2 + \varepsilon - c_2 - x_b^2 + \varepsilon - c_1) \geq \alpha(-y_b^2 + \varepsilon - c_2 - x_g^2 + \varepsilon - c_1) + (1-\alpha)(-y_b^2 + \varepsilon - c_2 - x_b^2 + \varepsilon - c_1)$ より，

$$(1-\alpha')x_b^2 + (c_1' + c_2') \leq (1-\alpha)x_b^2 + y_b^2 + (c_1 + c_2) \tag{1}$$

が得られる。ここから，有権者が $s_E(z) = 1$ を選択する条件は，

$$(c_1' + c_2') \leq (c_1 + c_2) \tag{1.1}$$

$$y_b^2 \geq 0 \tag{1.2}$$

$$\alpha' \geq \alpha \tag{1.3}$$

という 3 つの条件が導きだされる。この 3 つの条件が満たされれば，有権者は第 II 期において指導者 I を支持する。

式（1.3）は，有権者がもつ指導者が一致タイプであると見通す事後確率が，

215

その事前確率と同等かそれ以上である条件を示している．ベイズの定理より，政治家が一致タイプであると有権者がもつ事後信念のオッズ比は，

$$\frac{\alpha'(z)}{1-\alpha'(z)} = \frac{\alpha}{1-\alpha} \cdot \frac{f(x_g^2 + z + c_g)}{f(x_b^2 + z + c_b)} \tag{2}$$

である．有権者が政治家Ⅰの支持を継続する決定ルール $z \geq k$ により，有権者にとって一致タイプと不一致タイプの間で無差別になる場合，$z = k^*$ となるので，

$$f(x_g^2 + k^* + c_g) = f(x_b^2 + k^* + c_b) \tag{3}$$

が，有権者にとっての最適反応となる．ここから，k^* を特定するには，指導者の各タイプが選択する第Ⅰ期で採用する治安維持政策 x_g および x_b，各タイプの採用する政策から生じる副次的コスト c_g および c_b を求める必要がある．

そこで，指導者の期待効用の最大化問題を分析する．第Ⅰ期で一致タイプであった指導者が第Ⅱ期で一致タイプであり続ける確率を q とする．第Ⅰ期で不一致タイプであった指導者が第Ⅱ期で不一致タイプであり続ける確率を p とする．第Ⅱ期における指導者のもつコストが，一致タイプである場合には c_{Ig2} であり，不一致タイプである場合には c_{Ib2}，指導者が第Ⅱ期において十分な支持を得て期待する第Ⅱ期終了時以降の利得を W_3 とする．

一致タイプである場合の指導者の期待効用は，$EU_I(x_g) = U_I(x_g) + Pr[z \geq k]\delta q U_I(y_g) + (1-q)U_I(y_b) + W_3 = W - x_g^2 - c_{I1} + (1 - F(x_g^2 + k + c_g))\delta[q(W - y_g^2 - c_{Ig2}) + (1-q)(W - (1-y)^2 - c_{Ib2}) + W_3]$ である．この効用を最大にする x_g を求めると，

$$\frac{\partial EU_I(x_g)}{\partial x_g}$$
$$= -2x_g + 2x_g f(x_b^2 + k + c_b)\delta[q(y_b^2 - y_g^2) - qc_{Ig2} + W - y_b^2 - (1-q)c_{Ib2}$$
$$+ W_3] = 0 \tag{4}$$

より，

$$x_g^* = 0 \tag{5}$$

が得られる。

このとき,第 II 期目における一致タイプである指導者の期待効用は,$\frac{\partial EU_I(x_g)}{\partial y} = (1 - F(x_b^2 + k + c_b))\delta(-2qy_g - 2y_b + 2qy_b) = 0$ である。この効用を最大にする q を求めると,

$$q = \frac{-y_b}{y_g - y_b} \tag{6}$$

が得られる。$y_g = 0$ の場合,式 (6) を満たすのは $0 < y_b \leq 1$ である。

一方,不一致タイプである指導者の期待効用は,$EU_I(x_b) = U_I(x_b) + Pr[z \geq k]\delta p U_I(y_b) + (1-q)U_I(y_g) + W_3 = W - (1-x_b)^2 - c_{I1} + (1 - F(x_b^2 + k + c_b))\delta[p(W - (1-y_b)^2 - c_{Ib2}) + (1-p)(W - (1-y_g)^2 - c_{Ig2}) + W_3]$ である。不一致タイプである指導者の期待効用を最大にする x_b を求めると,

$$\frac{\partial EU_I(x_b)}{\partial x_b}$$
$$= 2 - 2x_b + f(x_b^2 + k)\delta f(x_b^2 + k + c_b)[p(2y_b + y_b^2 - c_{Ib2} + 2y_g - y_g^2 + c_{Ig2})$$
$$+ W - 1 + 2y_g - y_g^2 + c_{Ig2} + W_3] = 0 \tag{7}$$

より,

$$f(x_b^2 + k + c_b)$$
$$= \frac{1 - x_b}{x_b} \cdot$$
$$\frac{1}{\delta[p(2y_b(2-y_b) - (y_g(2-y_g) + c_{Ig2} - c_{Ib2} + (W - (1-y_g)^2 - c_{Ig2}) + W_3))]} \tag{8}$$

である。第 II 期における期待効用の最大化は,$\frac{\partial EU_I(x_b)}{\partial y} = (1 - F(x_b^2 + k + c_b))\delta(2p(y_b + y_g) + 2(1 - y_g)) = 0$ より,指導者の効用を最大にする p を求めると,

$$p = \frac{(y_g - 1)}{y_g - y_b} \tag{9}$$

が得られる。式 (9) を満たすのは,$y_b = 1$,$0 \leq y_g < 1$ である。ここから,

$$\frac{\partial p}{y_g - y_b} < 0 \tag{10}$$

が得られる。

一致タイプの効用を最大化する条件を踏まえれば，式（3）より，有権者の一致タイプと不一致タイプとの間で無差別となる最適反応は，$f(k^* + c_g) = f(x_b^2 + k^* + c_b)$ である。$f(\cdot)$ は，対称的で単峰性をもつ確率密度関数であるとの仮定から，$k \leq 0$ である場合，

$$k^* = -\frac{x_b^2 + c_b - c_g}{2} \tag{11}$$

が得られる。式（11）から，k^* に対する政治家の採用する最適な治安維持政策 x_b を見出す。

$$x_b = \sqrt{-2k + c_g - c_b} \tag{12}$$

式（12）を式（8）に代入すると，以下の式が得られる。

$$= \frac{f(x_b^2 + k + c_b)}{\sqrt{-2k + c_g - c_b}} \cdot \frac{1 - \sqrt{-2k + c_g - c_b}}{\delta[p(2y_b(2 - y_b) - (y_g(2 - y_g) + c_{Ig2} - c_{Ib2} + (W - (1 - y_g)^2 - c_{Ig2}) + W_3))]} \tag{13}$$

式（13）の $f(\cdot)$ は x_b の関数であることから，k^* および $c_g - c_b$ に対して，不一致タイプの政治家が採用する治安維持政策 x_b は，特定の値をとることができない。つまり，x_b は，k^* と $c_g - c_b$ に応じて変化する。

補遺 5-2　比較静学の補論

①有権者による決定ルールの閾値設定

式（11）に関して比較静学を行う。

1) $c_g - c_b$ を一定とすると，x_b と k の関係を示すことができる。

第 5 章　紛争後社会における指導者による暴力

$$\frac{\partial k}{\partial x_b} < 0 \tag{14}$$

2) x_b を一定とすると，$c_g - c_b$ と k の関係を示すことができる。

$$\frac{\partial k}{\partial (c_g - c_b)} < 0 \tag{15}$$

②有権者の支持の確率と指導者の第 II 期の政策選択

第 II 期において，合法的な治安維持政策を採用する確率 q を特定する。式 (4) より，

$$q = -\frac{(W + W_3)}{(-y_g^2 + c_{Ib2})} + \frac{1}{f(x_g^2 + k + c_g)\delta(y_b^2 - y_g^2 - c_{Ig2} + c_{Ib2})} \tag{16}$$

が得られる。ここから，

$$\frac{\partial q}{\partial f(x_g^2 + k + c_g)} < 0$$

$$\frac{\partial p}{\partial c_{Ib2}} > 0$$

$$\frac{\partial q}{\partial (c_{Ib2} - c_{Ig2})} < 0 \tag{17}$$

が得られる。

第 II 期において，超法規的な治安維持政策を採用する確率 p を特定する。式 (8) を変換すると，

$$\begin{aligned}&p\\&= \frac{1-x_b}{x_b} \cdot \frac{1}{f(x_b^2 + k + c_b)\delta} \cdot \frac{1}{(1-2y)} \cdot \\&\frac{1}{[2(y_b(2-y_b) - (y_g(2-y_g) + c_{Ig2} - c_{Ib2} + (W - (1-y_g)^2 - c_{Ig2}) + W_3))]}\end{aligned} \tag{18}$$

が得られる。ここから，

$$\frac{\partial p}{\partial f(x_b^2 + k + c_b)} < 0$$

$$\frac{\partial p}{\partial W} < 0$$

$$\frac{\partial p}{\partial c_{Ig2}} > 0$$

$$\frac{\partial p}{\partial (c_{Ig2} - c_{Ib2})} < 0 \tag{19}$$

が得られる。

③ノイズとモニタリングの質

式 (13) より,

$$f(x_b^2 + k + c_b)$$
$$= \frac{1 - \sqrt{-2k + c_g - c_b}}{\sqrt{-2k + c_g - c_b}} \cdot$$
$$\frac{1}{\delta[p(2y_b(2-y_b)-(y_g(2-y_g)+c_{Ig2}-c_{Ib2}+(W-(1-y_g)^2-c_{Ig2})+W_3))]} \tag{20}$$

x_b が 0 に近づき, $x_b = 0$ のとき, $f(0)$ となる。

$$f(x_b^2 + k) = f(0)$$
$$x_b^2 + k = 0$$
$$k^* = -x_b^2$$

より, 均衡における k^* のときの政策は x_b^2 であるので, 指導者の期待効用の最大化は, $f(0) = \frac{1-x_b^*}{x_b} \cdot \frac{1}{\delta[p(2y_b(2-y_b)-(y_g(2-y_g)+c_{Ig2}-c_{Ib2}+(W-(1-y_g)^2-c_{Ig2})+W_3))]}$ である。ここから,

$$x_b^*$$
$$= \frac{1}{1+\delta[p(2y_b(2-y_b)-(y_g(2-y_g)+c_{Ig2}-c_{Ib2}+(W-(1-y_g)^2-c_{Ig2})+W_3))]f(0)} \tag{21}$$

が得られる。

$f(\cdot)$ は，正規分布あるいはロジスティック分布をもつ関数とすると，この関数の分散が高まるほど，$f(0)$ は低下する性質をもつ。式（21）から，$\frac{\partial x_b}{\partial f(0)} < 0$ が明らかである。$f(0)$ が極大値であることを示す条件として，2階の条件を確認する。

$$\frac{d^2 EU_I(x_b)}{dx_b^2}$$
$$= -2 - 2\delta(2x_b^2 f'(x_b^2 + k + c_b) + f(x_b^2 + k + c_b)[p(2y_b(2-y_b) - (y_g(2-y_g)$$
$$+ c_{Ig2} - c_{Ib2} + (W - (1-y_g)^2 - c_{Ig2}) + W_3))]) < 0 \tag{22}$$

式（22）は，$x_b(k^*)^2 + k^* = 0$，$f(0) > 0$，$f'(0) = 0$ より成立する。また，式（14）からは，$\frac{\partial k}{\partial x_b} < 0$ が確認されている。以上から，$f(0)$ が低下するほど，x_b は上昇する。そして x_b が上昇するほど，k は低下する。（以上）

第6章

民主化，国家建設，そして暴力

　「われわれの一部は独立と民主主義が同義であり，それらは即時に発展をもたらすと考えていた。しかしそれは違った。それはけっして，起こらない。第1に，法の支配が行き渡る国家を立ち上げなければならなかった。われわれの長い闘争の経験と多くの国際スタッフがもつさまざまな文化に支えられ，行政機関が創設された。そして法への信頼が制度化されたのである。これはけっして，小さな偉業ではない。われわれは他の国が何十年もかけて達成することを3年で成し遂げた。国家の骨格をつくり，それに機能をもたせ，法への信頼が現実のものとなった。われわれは国家を獲得したのである」（RDTL 2006, 5）。

　これは，2006年の騒擾発生直前，東ティモール政府が発出した文書に，当時の首相アルカティリが綴ったまえがきの抜粋である。首相の脳裏にあったのは，民主主義の確立とともに，国家建設を進めることは不可欠であるという認識であろう。そのような環境下におかれている政治勢力の暴力を扱うのであれば，やはり民主化と同時に進行する国家建設が政治勢力に及ぼす影響も扱うことの意義を，この抜粋は示している。

　本書の出発点は，紛争後社会では，暴力が止むどころか繰り返されることがあるという事実にあった。こうした暴力の発端のひとつには，内戦の終わりから新しい政治的競争の環境整備が整うまでの各政治勢力の駆け引きがある。この環境整備には，競争的で自由・公正な選挙の導入としての民主化がある。環境整備の目的は，政治的競争の非暴力化とされてきたが，逆の効果，つまり暴力の発生ももたらしているのではないかという疑問が浮かんだのである。

そこで本書は,「紛争後社会における民主主義体制の導入は,政治暴力の再発に対してどのような影響を与えるのか,そしてなぜそのような影響が生じるのか」という問いを立て,分析を進めた。この問いに答えるにあたり,本書は,国家建設の要素を加味することを提案した。国家建設とは,国家が治安を維持し暴力を統制する能力を構築する過程であり,治安維持能力の向上が及ぼす影響をあわせて検討したのである。分析を進める際には,紛争後社会における政治的競争の場が変容していく過程を捉えるため,期間を2つに区分した。権力分掌のルールが決定する過程と,定着する過程それぞれにおいて,なぜ政治勢力が暴力を選びとるのかを探っていった。

分析対象は,紛争後社会の文脈で従来注目されてきた内戦にとどまらず,犠牲者が多数ではない小規模の政治暴力も含めた。そして,国家における執行権をもつ（であろう）主流派と,それ以外の野党・反政府勢力など非主流派というアクターを特定し,ミクロな視点からの分析アプローチを採用することによって,各派が暴力を選択するまでの戦略的な相互作用を捉えることに努めた。

1 本書が明らかにしたこと

本書が明らかにしたことは以下のとおりである。第3章では,紛争後社会においては内戦の再発は観察されなくとも,小規模な政治暴力の多発により治安や政情が不安定な社会が多いことを確認した。そして,非主流派（反政府勢力）にとって最初の内戦終結で紛争が終わるわけではなく,政治暴力は繰り返し生起することがわかった。

そして民主主義体制下では国家の治安維持能力が低いことから,内戦終結直後は暴力が発生しやすいことを確認した。また,民主主義体制という政治体制が暴力の再発リスクを低めるのは,内戦終結から一定の時を経てから,つまり国家建設が進捗したときであることを確認した。さらに,議院内閣制という政治制度は,暴力の再発リスクを低めることを確認した。従来の研究では,紛争後社会において民主主義体制が暴力の再発に及ぼす効果については,誘発するという議論と抑制するという議論の,2つの相反する主張があった。本書は,国家の能力の向上が進むことを明示的に取り入れ,2つの相反する効果がそれ

第 6 章　民主化，国家建設，そして暴力

ぞれいつ表れるのかを推論した。

　本書は，第 3 章で，「紛争後社会における民主主義体制の導入は，政治暴力の再発に対してどのような影響を与えるのか」という問いに取り組み，政治体制，政治制度，そして国家の能力がもつ暴力を抑制する効果の関係を検討する意義を見出した。結果，内戦終結直後からおおよそ 4 年から 6 年半は暴力を抑制する効果がみられないことが明らかとなった。そこで，本書は政治暴力の発生に関心を有していることから，内戦終結直後の期間はなぜ民主主義体制は暴力を抑制する効果がないかという問いに答えるため，第 4 章においては非主流派の暴力，第 5 章においては主流派の暴力を分析した。

　第 4 章では，新しい政治的競争の場に適応していくため，非主流派がどのような条件で組織転換の意思を決定し，暴力を選択しうるかを検討した。停戦をもって到来する紛争後社会では，権力分掌のルールを巡り主流派と非主流派の間で交渉が繰り広げられる。非主流派にはこの交渉の結果，武力を維持するという選択肢がある。一方，政党への転換あるいは国家機関への編入という組織を転換させる選択肢もある。両派は交渉が自らにとって有利になるように，暴力手段を用いると相手を脅す可能性がある。まず，この状態で暴力を回避するには，主流派のもつ暴力の負担や都合に見合った非主流派の政策提案が求められる。また，非主流派による脅しがあるなか，合意の履行が確実に行われると予想しがたいときは非主流派が暴力を選択する可能性は高まる。そこで政党への転換を促すひとつの方法は，主流派が確実に与党となる見込みがあるなか，主流派が非主流派の理想に近い合意が確実に履行されると非主流派に確信をもたせることである。もうひとつは，非主流派が合意内容で妥協してでも，主流派と議会で交渉を続ける意思をもつ場合である。ここでも合意の履行に確信をもつことが必要である。非主流派が新政府と交渉を妥結し国家機関などに転換する条件は，主流派と非主流派いずれかが，合意が妥協によるものであっても交渉が一度限りであることを望み，かつ，合意の確実な履行に確信をもつことである。したがって暴力を回避するには，両者の意思が互いに明示的であるとともに，合意履行の実行可能性を高める努力が求められていることが明らかとなった。先行研究では，政党化と暴力，あるいは国家機関への編入と暴力という二者択一の選択肢が非主流派にあるとの想定がほとんどであった。本

書では，政党化，国家機関への編入いずれも権力分掌の方法のひとつと捉えることで，非主流派が暴力を選択しない条件をより明確にすることが可能となった。

　第4章の分析を踏まえれば，国家建設が途上である場合に民主主義体制が政治暴力を抑制する効果を発揮しえないのは，政治勢力が政党への転換あるいは国家機関への編入といった組織的な転換を迫られるなか，武装を維持するほうが得策と考えるためである。そして，武装維持を回避する対処法はあるものの交渉当事者両者にとってコストが生じる。そのため暴力を回避するには，上記に示したようなさまざまな条件を満たす必要があることを明らかにした。

　第5章では，選挙のもつ懲罰制度と能力評価に基づく選択メカニズムの制度がある状況下で，指導者による暴力は，政治的支持を高めたいという誘因から生まれることを示した。選挙を控える指導者は，有権者からの業績評価が低いと判断すると，より高い評価を得ようと治安問題の対応に乗り出す。一方，有権者は次の2つの側面から指導者の治安維持政策を評価する。1つ目は，政策実行により人々に安全な環境を確保できたかという政策効果に対する評価である。2つ目は，治安維持政策が合法的あるいは超法規的であるかという政策の質に対する評価である。この2つの不確実性のもとで，超法規的な治安維持政策を採用し，結果が振るわず，次回どのような政策をとろうとも副次的なコストは生じると楽観的になるとき，指導者は起死回生のギャンブルに身を投じることとなる。ギャンブルが失敗すれば，コストは膨らむうえ有権者と指導者との間における政策の質の乖離がますます拡大し，有権者からの能力評価は，政治的に取り返しがつかなくなるまで低下してしまう。従来の研究と比較して，このような帰結が生じる条件の違いのひとつは，第2の不確実性の存在であった。第2の不確実性は，実力行使の行動基準が指導者と有権者の間で二重にあり，法の支配が未確立である状況を指す。先行研究では指導者と市民の間で暴力が好ましいとの意思が一致することが必要条件とされた。他方，法の支配が未確立であり，2者の間で実力行使に対する認識が一致しているかが明らかでないことが紛争後社会における不確実性をさらに高め，指導者が賭けに身を投じやすいことを本書は示した。

　第5章の分析を踏まえると，国家建設が途上である場合，民主主義体制が

第6章 民主化，国家建設，そして暴力

政治暴力を抑制する効果を発揮しえない理由のひとつは，治安改善の課題に直面する指導者が有権者からの業績評価を得ようと，市民の安全確保という政策効果を狙って超法規的な治安維持政策を採用するためである。政策の効果は実行後でないと把握できないことと，有権者のもつ治安維持能力の行動基準が不透明であるという2つの不確実性が，指導者が「起死回生のギャンブル」をより追求しやすい状況を生み出し，暴力が生じることを明らかにしたといえる。

1970年代中葉以来の東ティモールの政治勢力間の交渉は，鮮明な形でわれわれに彼らが暴力を選びとる条件を示した。インドネシア統治に対する抵抗運動は，政治勢力間の大同団結を辛うじてもたらしたが，独立を目指す運動中も政治勢力は一枚岩ではなかった。この政治対立が露呈したのが，1999年以降の独立に向けた政治勢力間の，権力分掌にまつわる交渉過程においてであった。ここから，70年代からの政治勢力が政党への転換を模索するなか，新しい反政府勢力が生まれた。さらに，国家機関への編入を望んだ抵抗運動の貢献者の一部はその望みがかなわず反政府勢力に加わった。主流派と非主流派の間の信頼関係は，交渉が長引くにつれ持続させるのが難しくなるケースも生じた。そのなかで合意の履行を担保する政治的，軍事的，あるいは財政面での改善が，非主流派のコミットメントが実現するという予想を高めうることを示した。

治安維持能力を含むすべての主権を得た東ティモールにおいて，権力分掌のルールが根付いていくかが注目された2004年以降も政治暴力が各地で散発し，2006年の騒擾では国家が危機にさらされた。この騒擾における暴力の発動者には陳情兵士グループ，反政府勢力，その支持者，ギャング集団などがいた。こうした暴力を誘発した要因のひとつは，指導者であるアルカティリ首相の超法規的な治安維持政策であると本書は分析した。政策を実行した結果，安全状況が改善しなかったこともさることながら，アルカティリ首相が履行した政策の質は，有権者の想定していたものとは乖離していた。その乖離の深化が自分への評価を低下させてしまうかどうかは，首相にとっては賭けであった。

本書における今後の主な研究課題は，構築した因果メカニズムのモデルを，他の紛争後社会における事例を精査して検証していくことである。本書は東テ

ィモールの事例の分析に終始した。そのため，複数の事例を扱うことでモデルから得られた議論の精緻化を図ることが次段階の課題として残る。権力分掌のルールを決定する交渉過程については，多くの既存研究に依拠しつつ，各事例の民主化と国家建設がもつ影響を再検討することにより，より確かな知見が得られるだろう。とくに，非主流派のコミットメントの実現可能性を高める要素は何かを解明するには，事例分析の蓄積が肝要と思われる。権力分掌のルールが根付いていく過程に関しても，他の紛争後社会における，指導者による治安維持政策の実施から生じるさまざまな帰結を扱うことが考えられる。超法規的な治安維持政策が市民から認められるケースや，指導者が合法的な政策を，市民が超法規的な政策を好むケースなどを扱い，各帰結の比較から，指導者の暴力が生じるパターンをより明快に論じることができるだろう。そしてこうした事例分析に基づく検証を積み重ねていくと，モデルを修正することも求められよう。

2 本書から得られる含意とは

　本書の分析結果から得られる含意をいくつか提示したい。まず，最も重要な含意は，内戦終結直後の国家建設の状況を踏まえれば，民主主義体制に政治暴力の抑制効果を期待してはならない，ということである。これは，国内のアクターのみならず，第三者・外部アクターにとっても，暴力発生は所与のリスクとして留意することを促している。そのうえで以下では，どのようなことが暴力を回避できうるのか，第三者介入・外部アクターの役割，そして分析視角という3つのトピックを示す。

2-1　紛争後社会における政治暴力の回避

　民主化と国家建設は政治勢力にとって，将来の権力分掌に関わる切実な問題である。ただし，非主流派の政党の転換と国家機関への編入の成否は，互いに排他的な関係にあるのではない。各勢力が目指す政治的目的や，非主流派が主流派と交渉したい政策争点，コミットメントの実現可能性を高めうる方法は，それぞれの交渉ごとに異なることが本書の分析結果からわかる。したがって，

第6章　民主化，国家建設，そして暴力

それぞれの権力分掌の交渉に工夫が加われば，各交渉は成功する可能性を示唆している。つまり，各権力分掌の交渉が成功すれば，民主化と国家建設はそれぞれが暴力を回避するという望ましい結果が生まれうるのである。そのような影響をひとつでも多く生み出すためには，何が当事者の不安をもたらしているのか，各ケースの理解が求められる。

　指導者も，選挙が導入された紛争後社会では有権者とは緊張関係にある。本書の分析によれば，この緊張関係は以下の3つから生じていた。有権者と指導者の間における実力行使に対する認識が乖離する可能性が高いこと，政策効果が誰にとっても事後のみにわかること，そして有権者のモニタリングの質が脆弱であることだ。東ティモールの場合は，憲法上報道・表現の自由が認められている一方，名誉棄損法の施行により報道の自由が制限されたとの懸念が広がった。また，武器の流出や紛失が暗黙的了解になっていた実態は必ずしも有権者の知りうることではなかった。指導者の政策執行を有権者が観察できる環境を整えるには，特定の法の実効性，自由な報道の権利の保障や第三者機関（オンブズマン）など，制度上の改善が挙げられる。民主主義体制とともに国家建設のどの要素が不足しており，指導者の行動に影響を及ぼすかを精査することが，より具体的な制度上の提言につながるだろう。

2-2　第三者介入・外部アクターの役割

　本書の分析結果は，暴力回避の工夫に第三者あるいは外部アクターが関わる可能性を見出した。組織転換を迫られている主流派と非主流派の交渉を巡っては，コミットメントの実現可能性を高めることによって暴力回避が可能である点を本書は示した。ただし，合意の履行の実現可能性を何によって高められるかを見極めることが政策上は重要であろう。東ティモールの事例では，こうした実現可能性の予想を形成する要素として，合意を履行するための財的資源の確保や，安全確保だけではなく，独立を経て憲法が公布されることを保障する国連のプレゼンスがあった。つまり実現可能性の予想を高める要素はひとつに限らないのであり，各ケースにおいて合意履行のための条件を読みとる必要がある。そのうえで，第三者がどの条件に，どれだけ，どこまで関わるかの議論を深めることが可能となるだろう。

指導者による暴力を回避するために有権者のモニタリングの質を高める場合，第三者あるいは外部アクターが関わる余地もあろう。第1章で挙げた『民主化への課題』にあるように，国際機関や支援国，NGOなどが携わる選挙監視活動はその一例である。選挙以外の局面でも2006年当時の騒擾後の東ティモールでは，国内外のメディア報道の活発さや，さまざまな機関のプレゼンスそのものもモニタリングの質を高めていたと考えられる。

本書は第三者・外部アクターの役割を特定するにあたって留意する点を示唆している。紛争当事者からみた外部アクターの見立てを分析すると，外部アクターの立場とは異なる見方があることがわかる。東ティモールの元兵士は，今後の彼らの生活を保障するプログラムに国際社会からの支援を期待していたが，国際社会はこれに応えなかった事例があった。国連のプレゼンスやプログラムを実施する予算など資源の確保の問題は，国際社会全体からすれば諸問題のひとつに過ぎないかもしれないが，当事者にとっては死活問題である可能性がある。紛争当事者による暴力回避を分析する際に，紛争当事者の各関係者に対する視点を理解する有用性を本書は確認した。第1章で紹介した，外部アクターとローカルの直接的な相互作用を分析する研究群でも，当事者達が相手をどう認識しているか，その差異をより理解することが求められている。

当事者にとっての交渉の目的は，権力分掌，資源分配に関わる約束の取り付けだけでなく，予期せぬ暴力から身を守ることや生活手段の確保まで多様である。こうしてみると外部アクターは，軍事，開発，政治など幅広い分野での関わりの可能性をもつ。この指摘は，人々の安全・安心の確保に外部アクターが，軍事的措置に基づく伝統的安全保障だけでなく，非伝統的安全保障や人間の安全保障にわたる課題に関わっていることとも合致する。ただし，傍観的な関わりをもつだけでは暴力回避に至らないだろう。繰り返しになるが，各ケースで当事者たちが何を求めているのか，見極めが必要だろう。

2-3 分析視角

本書が扱ったのはいわゆる「紛争後社会」における暴力であるが，その暴力のもとを辿っていくと，紛争終結前からの政治勢力間の関係や各勢力が置かれている環境を把握する必要があった。紛争あるいは平和を生み出す循環（サイ

クル）を構成する，紛争予防（予防外交），平和創造，平和維持，紛争後の平和構築の各要素は，紛争が生起し，停止し，再発の可能性を把握するのに有用な概念である（e.g., Paris 2004, 38）。ただし各概念に引きずられてしまうと，暴力がなぜ再発するのか，という問いに対して近視眼的になり有意義に応えることは難しくなる。本書で確認してきたように，紛争当事者と関係する人々はみな紛争中から紛争後に至るまで連続性をもって社会に関わっているからである。

　実際の政策においても，平和構築は紛争後の活動を主な対象としていたが，近年はより長期的視野で捉えようとする傾向にある。2016年に国連総会および安全保障理事会で採択された「持続的な平和（sustaining peace）」に関する報告書は，紛争を事前に防止することの重要性を取り上げた[1]。これは，介入側の資源の制約も背景に，イギリスなどにおける紛争予防を重視する近年の政策志向とも同調している[2]。紛争予防は，一般的に紛争の平和的解決，そして紛争の根本要因を未然に除去しようとする試みである。暴力の要因を把握することがますます問われているようだ。

　紛争の発生，停止，その後の新たな政治的競争の場が形成されていくなかで，当事者たちの置かれる環境が変容していく過程を本書では捉えようとした。また，ひとつの特定の暴力事象だけに目を向けることで，環境の変化とともに暴力そのものが別の形態になりうる可能性を見失わないよう留意した。そこで本書は当事者がもつ視点をもって動態的過程を分析することに努めた。ミクロ的視点と長期的視野の組み合わせは，当事者が暴力を起こすインセンティブが変わるか変わらないか，そして変わるとしたらどう変わるのかといった問題を議論できるようになる利点があるだろう。

　民主化とともに国家建設も進む状況を前提として，紛争後社会における暴力の発生の因果メカニズムを解明することにより，各当事者が置かれる環境のもと，暴力をいかに回避できるか示唆を得ることができる。本書はその解明への

---

[1] UN Document, 2015. "Challenges of sustaining peace: Report of the Advisory Group of Experts on the Review of the Peacebuilding Architecture," (A/69/968-S/2015/490), para.3, 18.

[2] DFID, FCO, MoD, *Securing Britain in an Age of Uncertainty: The Strategic Defence and Security Review*, 2010, pg.12.; Banim (2010).

一端となることを目指した。上記の研究課題へ取り組み続けることは，今後の平和政策の一助につながるものと考える。

あとがき

　本書のもととなった博士学位申請論文の題名には，紛争後社会，民主化，国家建設，そして政治暴力という4つのキーワードがあった。これらのキーワードが，おぼろげながら著者の頭のなかをめぐるようになったのは，東ティモールの人々と関わり合うようになってからである。著者が初めて当地へ赴いたのは 2004 年の春，東ティモールが平和構築の成功例として謳われるようになったころだ。当初は長い間の暴力がもたらしたさまざまな課題に葛藤する人々の様子に触れながらも，東ティモールは「安全な」紛争後社会だなと感じていた。しかし，2006 年の急速な治安悪化では一変して出歩くことすら困難となり，やはり民主主義の導入も国家機関の構築も一筋縄ではいかないことを実感した。

　着任当時，仕事でご一緒した東ティモールの官僚の方（独立運動では相当に活躍された）はこんなことを呟かれた。「東ティモールは東ティモールなりの道を歩んでいくのだと思う」。彼らからみて「外部アクター」であった著者に，彼らのペースや進め方があるのだということを伝えたかったのだろう。

　こうした著者自身の実体験が，本書で取り上げた主題の着想の源となった。本書が紛争後社会の政治暴力を的確に捉えられたのかは読者のご批評を待ちたいが，この主題を問うひとつとなればと願ってやまない。

　早稲田大学大学院政治学研究科に入学してから，本書の主題に取り組むことは心中では決まっていたが，どのように分析し，アウトプットしてよいのか，試行錯誤の日々が長らく続いた。入学当初の指導教員の伊東孝之先生からは，東欧やロシア，ヨーロッパの経験を大局的な視角で論じることを教えていただいた。先生には東ティモールから何を学べるのかを問い続けられ，このテーマで研究を継続することを見守っていただいた。河野勝先生からは，学部時代から節目ごとにアドバイスをいただき，しばらく遠ざかっていた学術研究の場

に戻る機会を提供していただいた。2007年の東ティモール議会選挙監視でご一緒したときからお世話になっている山田満先生には，東ティモールの政治状況のみならず，平和構築がもつ諸課題について，共同研究などを通じたびたびご教示いただいた。栗崎周平先生には，フォーマルモデルの構築で悩んでいた際にアドバイザーになることを快諾頂き，著者の関心をいかにモデルの構築につなげられるかを親身に助言してくださった。窪田悠一先生には，2015年のMidwest Political Science Association（MPSA）の研究大会の折に，最新の紛争研究の知見を共有のうえ激励していただいた。そして久保慶一先生には，このテーマに最後までお付き合いいただき，方向性を見失いかねない博士論文（そして本書）の議論が意味あるものとなるように，辛抱強く指導してくださった。こうした先生方のお力添えなしには，本書は完成しなかった。

　博士課程在籍中に出席した伊東研究ゼミ，河野研究ゼミ，久保研究ゼミ，栗崎研究ゼミの皆さん，また，浅野塁，Lisa Blaydes，土井翔平，東島雅昌，広瀬健太郎，飯田健，稲田奏，鎌原勇太，川中豪，長辻貴之，中井遼，大矢根聡，尾崎敦司，佐々木智也，高井亮佑，武井槇人，武内進一，玉水玲央，田中久稔，谷口友季子，豊田紳，鷲田任邦，安井清峰の各氏（姓アルファベット順，敬称略）からは，研究や草稿に有益なコメント，力添えをいただいた。渡辺綾さん，吉川純恵さんとは子育てをしながらの論文執筆を，互いに助言しあい，励ましあった。同僚としてご一緒して以来，井上実佳さん，川口智恵さん，山本慎一さんとは平和構築の議論を重ねており，本書の分析と政策上の課題がどう接合しうるかを検討する貴重な機会であった。2018年日本比較政治学会，2017年 ISA Asia-Pacific Conference，2015年 MPSA ならびに日本比較政治学会，2013年アジア研究機構次世代国際研究大会，2013年日本国際政治学会，2011年日本比較政治学会では，発展段階の論文にパネリストや参加者の方々からご批判，コメントを頂戴し，多大な示唆を得た。記して感謝申し上げたい。

　さらに，東ティモールへの赴任以来，紛争後社会が抱える課題に現場で取り組む，実に多くの方々との交流があったゆえ，本書を仕上げることができたと思う。目前にある自分たちの課題を解決しようとする東ティモールの人々，そして彼らをサポートする専門家の方々の活動には，頭が下がる思いである。こ

あとがき

の場を借りて御礼を申し上げたい。

　本書は，博士論文『紛争後社会における民主化，国家建設の取り組みと政治暴力の発生』（早稲田大学大学院政治学研究科提出，pp.1-250，2016 年）を加筆修正したものである。ただし第 3 章については，「紛争後社会における反政府勢力の政治参加と暴力：政治体制と政治制度が及ぼす影響」田中愛治監修，久保慶一，河野勝編著『民主化と選挙の比較政治学：変革期の制度形成とその帰結』勁草書房，pp.123-151，2013 年が初出であり，改訂を重ねた。また，第 4 章は "Mitigating Violence by Solving the Commitment Problem in Post-Conflict Negotiations-The Case of Timor-Leste," *Asian Journal of Comparative Politics*, Vol.3 No.2, pp.149-166, June 2018 をさらに修正・改訂した内容である。

　日本財団・東京財団のヤングリーダー研究奨励奨学金（2010 年度），山根奨学基金（2011 年度），原口記念アジア研究基金フィールド・リサーチ補助金（2011 年度），科学研究費助成事業（特別研究員奨励費）「紛争後社会における民主化と国家建設の取り組みと政治暴力の発生」（2012-2013 年度，課題番号 12J05622），科学研究費助成事業（若手研究（B））「紛争後社会における民主化，国家建設による政治暴力の発生：アジアの事例分析とモデル構築」（2015 年度〜現在，課題番号 15K16990）の助成を受けることにより，研究を進めることが可能となった。あわせて御礼を申し上げる。

　そして，この本書を上梓することができたのは，現職において研究を続ける環境に恵まれたことと，青山学院大学国際政治経済学会出版助成をいただいたことによる。また遅筆でご迷惑をおかけしたが，勁草書房の上原正信氏の的確なサポートなしには，改訂作業を終えることはなかった。各支援に感謝申し上げたい。

　最後に，長期間の論文執筆を温かく見守ってくれ，そして精神的支えとなってくれた両親たち，弟，義妹，夫と娘に，深い感謝の意を表して。

2019 年処暑

田中（坂部）有佳子

参 考 文 献

日本語文献

青井千由紀（2000）「人権・国家と二つの正統性システム——人道的介入の理論的考察」『国際政治』第 124 号，108-122 頁．

青井千由紀（2002）「9.11 後の軍事行動と国連体制——介入と「脱集団化」の時代における国連の役割と正当性」『国際安全保障』第 30 巻第 1・2 号，85-102 頁．

石塚勝美（2008）『国連 PKO と平和構築——国際社会における東ティモールへの対応』創世社．

伊勢崎賢治（2001）『東チモール県知事日記』藤原書店．

井上達夫編（2006）『公共性の法哲学』ナカニシヤ出版．

岩崎正洋（2006）『政治発展と民主化の比較政治学』東海大学出版会．

ウェーバー，マックス（濱嶋朗訳）（2012）『権力と支配』講談社．

遠藤貢（2012）「アフリカにおける「民主化」経験と政治体制評価の新課題」『現代民主主義の再検討』ミネルヴァ書房，1-26 頁．

大沼保昭（1998）『人権，国家，文明——普遍主義的人権観から文際的人権観へ』筑摩書房．

大沼保昭（2001）「『人道的干渉の原理』の法理」『国際問題』493 号，2-14 頁．

オドンネル，ギジェルモ＆フィリップ・シュミッター（真柄秀子・井戸正伸訳）（1986）『民主化の比較政治学——権威主義支配以降の政治世界』未來社．

粕谷裕子（2014）『比較政治学』ミネルヴァ書房．

粕谷裕子・高橋百合子（2012）『アカウンタビリティ研究の現状と課題』2012 年日本政治学会研究大会・報告論文．

カント，イマニュエル（宇都宮芳明訳）（2015）『永遠平和のために』岩波文庫．

キング，G，R・O・コヘイン＆S・ヴァーバ（真渕勝監訳）（2004）『社会科学のリサーチ・デザイン——定性的研究における科学的推論』勁草書房．

久保慶一（2013）「平和政策の比較政治学——計量分析と数理モデルによる政策効果の研究」伊東孝之監修，広瀬佳一・湯浅剛編『平和構築へのアプローチ——ユーラシア紛争研究の最前線』吉田書店，49-66 頁．

窪田悠一（2013）「内戦の発生原因とメカニズム」伊東孝之監修，広瀬佳一・湯浅剛編『平和構築へのアプローチ——ユーラシア紛争研究の最前線』吉田書店，67-86 頁．

グライフ，アヴナー（河野勝訳）（2006）「歴史各制度分析のフロンティア」『制度からガ

ヴァナンスヘ——社会科学における知の交差』東京大学出版会, 23-61 頁。
クワコウ, J-M.（田中治男他訳）（2000）『政治的正当性とは何か』藤原書店。
篠田英朗（2003）『平和構築と法の支配——国際平和活動の理論的・帰納的分析』創文社。
シュムペーター, ヨーゼフ（中山伊知郎・東畑精一訳）（1995）『資本主義・社会主義・民主主義』新装版, 東洋経済新報社。
ジョージ, アレクサンダー&アンドリュー・ベネット（泉川泰博訳）（2012）『社会科学のケース・スタディ——理論形成のための定性的手法』勁草書房。
世界銀行（田村勝省訳）（2011）『世界開発報告 2011——紛争, 安全保障と開発』一灯舎/ The International Bank for Reconstruction and Development/The World Bank。
ダール, ロバート・A.（高畠通敏・前田脩訳）（2014）『ポリアーキー』岩波書店。
武内進一（2013）「紛争後の国家建設」『国際政治』第 174 号, 1-12 頁。
田中（坂部）有佳子（2011）「紛争後社会における民主化の進捗と国家建設——東ティモールの経験に基づく考察」『国際政治』第 165 号, 57-69 頁。
田中（坂部）有佳子（2013）「紛争後社会における反政府勢力の政治参加と暴力——政治体制と政治制度が及ぼす影響」田中愛治監修, 久米郁一・河野勝編著『民主化と選挙の比較政治学——変革期の制度形成とその帰結』勁草書房, 123-151 頁。
田中（坂部）有佳子（2014）「東ティモールにおける地方選挙——新生民主主義国家による地方分権化過程としての考察」『次世代アジア論集』No.7, 43-62 頁。
田中（坂部）有佳子・福武慎太郎（2013）「市民と議員が平和をつくる——東ティモール自決権行使を求める国際的連帯を事例に」福武慎太郎・堀場明子編著『現場＜フィールド＞からの平和構築論』勁草書房, 113-136 頁。
筒井淳也・平井裕久・秋吉美都・水落正明・坂本和靖・福田宣孝（2007）『Stata で計量経済学入門』ミネルヴァ書房。
ハート, ハーバート・L. A.（長谷部恭男訳）（2014）『法の概念』第 3 版, 筑摩書房。
ハンチントン, サミュエル（坪郷實・中道寿一・藪野祐三訳）（1995）『第三の波——20 世紀後半の民主化』三嶺書房。
星野俊也（2002）「『平和強制』の合法性と正統性——『集団的人間安全保障』の制度化を目指して」『国際法外交雑誌』第 101 巻第 1 号, 77-100 頁。
松野明久（2002）『東ティモール独立史』早稲田大学出版部。
ムーア, バリントン, Jr.（宮崎隆次訳・森山茂徳訳・高橋直樹訳）（1987）『独裁と民主政治の社会的起源——近代世界形成における領主と農民』第Ⅰ, Ⅱ巻, 岩波書店。
メリカリオ, カトゥリ（脇阪紀行訳）（2007）『平和構築の仕事——フィンランド前大統領アハティサーリとアチェ和平交渉』明石書店。
山田満（2015）「平和構築と紛争予防ガバナンス——東ティモールの治安部門改革（SSR）を事例として」初瀬龍平・松田哲編『人間存在の国際関係論——グローバル化のなかで考える』法政大学出版局, 213-237 頁。

山本吉宣（2006）『「帝国」の国際政治学——冷戦後の国際システムとアメリカ』東信堂。
横田洋三訳（2006）「東ティモール民主共和国憲法」『中央ロージャーナル』第3巻第1号，79-108頁。
ラセット，ブルース（1996）『パクス・デモクラティア——冷戦後世界への原理』東京大学出版会。

外国語文献

AGLD (Administração para Governo Local e Desenvolvimento, Ministério da Administração Estatal, República Democrática de Timor-Leste). (2003). *Local Government Options Study Final Report.*

Ansells, Ben and David Samuels. (2010). "Inequality and Democratization: A Contractrian Approach," *Comparative Political Studies*, 43 (12), pp.1543-1574.

Avant, Deborah. (2009). "Making Peace Makers Out of Spoilers: International Organizations, Private Military Training, and Statebuilding after War." In Roland Paris and Timothy D. Sisk (eds.), *The Dilemma of State-Building: Confronting the Contradictions of Postwar Peace Operations*, pp.104-126, London and New York: Routledge.

Babo-Soares, Dionício. (2002). "Challenges of the Political Transition in East Timor." In Hadi Soesastro and Landry Subianto (eds.), *Peacebuilding and Statebuilding in East Timor*, pp.12-38, Jakarta: Centre for Strategic and International Studies.

Babo-Soares, Dionício. (2012). "Conflict and Violence in Post-Independence East Timor." In Astri Suhrke and Mats Berdal (eds.), *The Peace in Between: Postwar Violence and Peacebuilding*, pp.212-226, London and New York: Routledge.

Bäck, Hanna and Axel Hadenius. (2008). "Democracy and State Capacity: Exploring a J-shaped Relationship," *Governance*, 21 (1), pp.1-24.

Banim, Guy (2010). "EU Responses to Fragile States." In Stefani Weiss, Hans-Joachim Spanger, and Wim van Meurs (eds.), *Diplomacy, Development and Defense: A Paradigm for Policy Coherence: A Comparative Analysis of International Strategies*, Verlag Bertelsmann Stiftung.

Bates, Robert H. (2008a). "State failure," *Annual Review of Political Science*, 11, pp.1-12.

Bates, Robert H. (2008b). *When Things Fell Apart. State Failure in Late-Century Africa*, Cambridge: Cambridge University Press.

Bellows, John and Edward Miguel. (2009). "War and Local Collective Action in Sierra Leone," *Journal of Public Economics,* 93 (11-12), pp.1144-1157.

Berdel, Mats and David H. Ucko. (2009). *Reintegrating Armed Groups After Conflict:*

Politics, Violence and Transition. New York: Routledge.

Blattman, Christopher. (2009). "From Violence to Voting: War and Political Participation in Uganda," *American Political Science Review*, 103 (2), pp.231-247.

Blaydes, Lisa. (2011). *Elections and Distributive Politics in Mubarak's Egypt*, Cambridge: Cambridge University Press.

Boix, Carles. (2003). *Democracy and Redistribution,* Cambridge: Cambridge University Press.

Borzello, Anna. (2009). "The Challenge of DDR in Northern Uganda: The Lord's Resistance Army." In Marts Berdel and David H. Ucko (eds.), *Reintegrating Armed Groups After Conflict: Politics, Violence and Transition,* pp.144-171, New York: Routledge.

Box-Steffensmeier, Janet M. and Bradford S. Jones. (2004). *Event History Modeling: A Guide for Social Scientists*, Cambridge: Cambridge University Press.

Box-Steffensmeier, Janet M., Dan Reiter, and Christopher Zorn. (2003). "Nonproportional Hazards and Event History Analysis in International Relations," *Journal of Conflict Resolution*, 47 (1), pp.33-53.

Boyle, Michael J. (2012). "Revenge and Reprisal in Kosovo." In Astri Suhrke and Mats Berdal (eds.), *The Peace in Between: Post-war Violence and Peacebuilding*, pp.212-226, London and New York: Routledge.

Brancati, Dawn and Jack L. Snyder. (2011). "Rushing to the Polls: The Causes of Premature Postconflict Elections," *Journal of Conflict Resolution*, 55 (3), pp.469-492.

Brancati, Dawn and Jack L. Snyder. (2012). "Time to Kill: The Impact of Election Timing on Postconflict Stability," *Journal of Conflict Resolution*, 57 (5), pp.822-853.

Bratton, Michael and Eric C.C. Chang. (2006). "State Building and Democratization in Sub-Saharan Africa: Forwards, Backwards, or Together?" *Comparative Political Studies*, 39 (9), pp.1059-1083.

Bromber, Thomas, William Roberts Clark, and Matt Golder. (2006). "Understanding Interaction Models: Improving Empirical Analyses," *Political Analysis*, 14, pp.63-82.

Call, Charles. T. (2008). "The Fallacy of the 'Failed State'," *Third World Quarterly*, 29 (8), pp.1491-1507.

Cawthra, Gavin and Robin Luckham. (2003). "Democratic Control and the Security Sector: The Scope for Transformation and its Limits." In Gavin Cawthra and Robin Luckham (eds.), *Governing Insecurity: Democratic Control of Military and Security Establishments in Transitional Democracies*, pp.305-327, London: Zed

Books.

Cederman, Lars-Erik, Hug Simon, and Krebs Lutz F. (2010) Democratization and Civil War: Empirical Evidence. *Journal of Peace Research* 47 (4), pp.377-394.

Chandler, David. (2007). "The State-Building Dilemma: Good Governance or Democratic Government?," In Aidan Hehir and Neil Robinson (eds.), *State-building: Theory and Practice*, pp.70-88, London and New York: Routledge.

Charron, Nicholas and Lapuente, Victor. (2010). "Does Democracy Produce Quality of Government?," *European Journal of Political Research*, 49 (4), pp.443-470.

Chopra, Jarat. (2000). "The UN's Kingdom of East Timor," *Survival*, 42 (3), pp.27-40.

Christensen, Maya M. and Mats Utas. (2008). "Mercenaries of Democracy: The 'Politricks' of Remobilized Combatants in the 2007 General Elections, Sierra Leone," *African Affairs*, 107 (429), pp.515-539.

Chwe, Michael Suk-Young. (1998). "Culture, Circles, and Commercials: Publicity, Common Knowledge, and Social Coordination," *Rationality and Society*, 10 (1), pp.47-75.

Clarke Kevin A., and David M. Primo. (2012). *A Model Discipline: Political Science and the Logic of Representations*, Oxford: Oxford University Press.

CNRM. ——. *CNRM (National Council of the Maubere Resistance)*. http://www1.ciuc.pt/timor/cnrm.htm (最終閲覧日 2015 年 2 月 27 日)

Collier, Paul. (2007). *The Bottom Billion: Why the Poorest Countries are Failing and What Can Be Done About It*, Oxford: Oxford University Press.

Collier, Paul and Anke Hoeffler. (2004). "Greed and Grievance in Civil War," *Oxford Economic Papers*, 56 (4), pp.563-596.

Collier, Paul and Dominic Rohner. (2008). "Democracy, Development and Conflict," *Journal of the European Economic Association*, 6 (2/3), pp.531-540.

Collier, Paul, and Pedro C. Vicente. (2012). "Violence, Bribery, and Fraud: The Political Economy of Elections in Sub-Saharan Africa," *Public Choice* 153 (1-2), pp.117-147.

Collier, Paul, Anke Hoeffler, and Mans Soderbom. (2008). "Post-Conflict Risks," *Journal of Peace Research*, 45 (4), 461-478.

Collier, Paul, Anke Hoeffler and Dominic Rohner. (2009). "Beyond Greed and Grievance: Feasibility and Civil War," *Oxford Economic Papers*, 61 (1), pp.1-27.

Collier, Paul, Lani Elliott, Havard Hagre, Anke Hoeffler, Marta Reynal-Querol, and Nicholas Sambanis. (2003). *Breaking the Conflict Trap: Civil War and Development Policy:*, World Bank Policy Research Report, Washington D.C.: World Bank and Oxford University Press.

Commission for Reception, Truth and Reconciliation Timor-Leste (CAVR). (2005). *Chega! The Report of the Commission for Reception, Truth and Reconciliation in Timor-Leste, Executive Summary.*

Cotton, James. (2004). *East Timor, Australia and Regional Order: Intervention and its Aftermath in Southeast Asia*, London and New York: Routledge.

Da Costa, Cristiano. (2000). *Secure East Timor's Place in the Region and in the World -in the Year 2000 and Beyond*, May 2000.

Da Silva, Kelly Cristiane. (2008). "The Bible as Constitution or the Constitution as Bible?", *Horizontes Antropológicos*. 13 (27), pp.213-235. (Traslated version).

De Araujo, Fernandes. (2001). Speech of the President of Democratic Party. Dili, 10 June, http://members.pcug.org.au/wildwood/Index.htm（最終閲覧日 2017 年 2 月 15 日）

De Araujo, Fernando. (2003). "The CNRT campaign for independence." In James J. Fox and Dionicio babo Soares (eds.), *Out of Ashes: Destruction and Reconstruction of East Timor*, pp.99-116, Canberra: ANU E Press.

De Figueiredo, Rui J.P. and Barry R. Weingast. (1999). "The Rationality of Fear: Political Opportunism and Ethnic Conflict." In Barbara F. Walter and Jack Snyder (eds.), *Civil Wars, Insecurity, and Intervention*, New York: Columbia University Press.

De Zeeuw, Jeroen (ed.) (2008). *From Soldiers to Politicians: Transforming Rebel Movements After Civil War*, Boulder and London: Lynne Rienner Publishers.

Donais, Timothy. (2012). *Peacebuilding and Local Ownership: Post-Conflict Consensus-Building*, Abingdon, Oxon: Routledge.

Downs, George W. and David M. Rocke. (1994). "Conflict, Agency, and Gambling for Resurrection: The Principal-Agent Problem Goes to War," *American Journal of Political Science,* 38 (2), pp.362-380.

Downs, George W. and David M. Rocke. (1997). "Gambling for Resurrection." In George W. Downs and David M. Rocke (eds.), *Optimal Imperfection? Domestic Uncertainty and Institutions in International Relations*, Princeton: Princeton University Press.

Doyle, Michael W., and Nicholas Sambanis. (2000). "International Peacebuilding: A Theoretical and Quantitative Analysis," *American Political Science Review* 94 (4), pp.779-801.

Doyle, Michael W., and Nicholas Sambanis. (2006). *Making War and Building Peace: United Nations Peace Operation*, Princeton: Princeton University Press.

Duch, Raymond M. and Randolph T. Stevenson. (2008). *The Economic Vote: How*

Political and Economic Institutions Condition Election Results, Cambridge: Cambridge University Press.

Edelstein, David M. (2009). "Foreign Militaries, Sustainable Institutions, and Postwar Statebuilding." In Roland Paris and Timothy D. Sisk (eds.), *The Dilemma of State-building: Confronting the Contradictions of Postwar Peace Operations*, pp.81-103, London and New York: Routledge.

Eide, Trine. (2012). "Violence, Denial and Fear in Post-Genocide Rwanda." In Astri Suhrke and Mats Berdal (eds.), *The Peace in Between: Post-war Violence and Peacebuilding*, pp.267-286, London and New York: Routledge.

Ellingsen, Tanja. (2000). "Colorful Community or Ethnic Witches' Brew? Multiethnicity and Domestic Conflict During and After the Cold War," *Journal of Conflict Resolution*, 44 (2), pp.228-49.

Fearon, James. D. (1995a). "Ethnic War as a Commitment Problem," Paper presented at the 1994 Annual Meetings of the American Political Science Association, New York, 30 August -2 September.

Fearon, James D. (1995b). "Rationalist Explanations for War," *International Organization*, 49 (3), pp.379-414.

Fearon, James D. (1998a). "Commitment Problems and the Spread of Ethnic Conflict." In David A. and Donald S. Rothchild (eds.), *The International Spread of Ethnic Conflict: Fear, Diffusion, and Escalation*, pp.107-117, Princeton: Princeton University Press.

Fearon, James D. (1998b). "Bargaining, Enforcement, and International Cooperation," *International Organization*, 52 (2), pp.269-305.

Fearon, James D. (1999). "Electoral Accountability and the Control of Politicians: Selecting Good Types versus Sanctioning Poor Performance." In Adam Przeworski, Susan C.Stokes, and Bernard Manin (eds.), *Democracy, Accountability, and Representation*, pp.56-97, Cambridge: Cambridge University Press.

Fearon, James D. and David D. Laitin. (2003). "Ethnicity, Insurgency, and Civil War," *American Political Science Review*, 97 (1), pp.75-90.

Fearon, James D and David D. Laitin. (2004). "Neotrusteeship and the Problem of Weak States," *International Security*, 28 (4), pp.5-43.

Federer, Juan. (2005). *The UN in East Timor: Building Timor Leste, a Fragile State*, Darwin: Chales Darwin University Press.

Fiorina, Morris. P. (1981). *Retrospective Voting in American National Elections*, New Haven: Yale University Press.

Fisher, Jeff. (2002). *Electoral Conflict and Violence: A Strategy for Study and Pre-*

vention, IFES White paper.

Fortna, Virginia P. (2004). "Does Peacekeeping Keep Peace? International Intervention and the Duration of Peace after Civil War," *International Studies Quarterly* 48 (2), pp.269–292.

Fortna, Virginia P. (2008). *Does Peacekeeping Work?: Shaping Belligerent's Choices after Civil War,* Princeton: Princeton University Press.

FRETILIN (Frente Revolucionária do Timor-Leste Independente). (2006a). *Timor-Leste Chronology of Events. January 11 to August 31st 2006.* NAKROMA Magazine no.5, vol.9, Department of Information and Mobilizatio of FRETILIN.

FRETILIN (Frente Revolucionária do Timor-Leste Independente). (2006b). *Situation Analysis and Perspectives,* 29, October, 2006.

Geddes, Barbara. (2009). *Paradigms and Sand Castles: Theory Building and Research Design in Comparative Politics,* Ann Arbor: University of Michigan Press.

Giustozzi, Antonio. (2009). "Bureaucratic Façade and Political Realities of Disarmament and Demobilization in Afghanistan." In Mats Berdel and David H. Ucko (eds.), *Reintegrating Armed Groups after Conflict: Politics, Violence and Transition,* pp.67-88, New York: Routledge.

Gleditsch, Kristian Skrede. (2002). *All International Politics is Local: The Diffusion of Conflict, Integration, and Democratization.* Ann Arbor: University of Michigan Press.

Gleditsch, Kristian Skrede and Michael D. Ward. (2006). "Diffusion and the International Context of Democratization," *International Organization,* 60, Fall, pp.911-933.

Gleditsch, Kristian Skrede and Andrea Ruggeri. (2010). "Political Opportunity Structures, Democracy, and Civil War," *Journal of Peace Research,* 47 (3), pp.299-310.

Goemans, H.E. (2000). *War and Punishment: The Causes of War Termination and the First World War,* Princeton: Princeton University Press.

Goldstone, Jack A., Robert H. Bates, David L. Epstein, Ted Robert Gurr, Michael B. Lustik, Monty G. Marshall, Jay Ulfelder, Mark Woodward. (2010). "A Global Model for Forecasting Political Instability," *American Journal of Political Science,* 54 (1), pp.190-208.

Guáqueta, Alexandra. (2009). "The Way Back In: Reintegrating Illegal Armed Groups in Colombia Then and Now." In Mats Berdel and David H. Ucko (eds.), *Reintegrating Armed Groups After Conflict: Politics, Violence and Transition,* pp.10-46, New York: Routledge.

Gupta, Sanjev, Benedict Clements, Rina Bhattacharya, and Shamit Chakravarti.

(2004). "Fiscal Consequences of Armed Conflict and Terrorism in Low-and Middle-income Countries," *European Journal of Political Economy*, 20, pp.403-421.

Gurr, Ted Robert. (1970). *Why Men Rebel*, Princeton: Princeton University Press.

Gurr, Ted Robert. (2000). *People Versus Status: Minorities at Risk in the New Century*, Washington, D.C.: Institute of Peace Press.

Gusmão, Kay Rala Xanana. (2003). *Message End of Year: 2004 Must be the Year of Stability*, 22 December 2003, Dili: National Parliament.

Gusmão, Kay Rala Xanana. (2005). "Message to the Nation: Twenty-three Days after Independence." In *Timor Lives!: Speeches of Freedom and Independence*, Woollahara: Longueville Books.

Hadenius, Axel. (2001). *Institutions and Democratic Citizenship*, Oxford: Oxford University Press.

Hadfield, Gillian K. and Barry R. Weingast. (2014). "Microfoundations of the Rule of Law," *Annual Review of Political Science*, 17, pp.21-42.

Hardin, Russel. (2007). "Compliance, Consent, and Legitimacy." In Carles Boix and Susan C. Stokes (eds.), *The Oxford Handbook of Comparative Politics*, pp.236-255, New York: Oxford University Press.

Hartzell, Caroline A. and Matthew Hoddie. (2007). *Crafting Peace: Power-Sharing Institutions and the Negotiated Settlement of Civil Wars*, University Park, Penn.: the Pennsylvania State University Press.

Hartzell, Caroline A., Matthew Hoddie, and Donald Rothchild. (2001). "Stabilizing the Peace After Civil War: An Investigation of Some Key Variables," *International Organization*, 55 (1), pp.183-208.

Hasegawa, Sukehiro. (2013). *Primordial Leadership: Peacebuilding and National Ownership in Timor-Leste*, Tokyo, New York, Paris: United Nations University Press.

Healy, Andrew and Neil Malhotra. (2009). "Myopic Voters and Natural Disaster Policy," *American Political Science Review*, 103 (3), pp.387-406.

Healy, Andrew and Neil Malhotra. (2013). "Retrospective Voting Reconsidered," *Annual Review of Political Science*, 16, pp.285-306.

Hegre, Havard, Tanja Ellingsen, Scott Gates, and Nils Petter Gleditsch. (2001). "Toward Democratic Civil Peace? Democracy Political Change, and Civil War 1816-1992," *American Political Science Review*, 95 (1), pp.38-44.

Hoddie, Matthew and Caroline A. Hartzell. (2005). "Power Sharing in Peace Settlements: Initiating the Transition from Civil War." In Philip G. Roeder and Donald Rothchild (eds.), *Sustainable Peace: Power and Democracy after Civil*

Wars, pp.83–106, Ithaca and London: Cornell University Press.

Hoddie, Matthew and Caroline A. Hartzell. (eds.) (2010). *Strengthening Peace in Post-Civil War States: Transforming Spoilers into Stakeholders*, Chicago and London: University of Chicago Press.

Hoeffler, Anke, Syeda Shahbano Ijaz and Sarah von Billerbeck. (2010). *Post-Conflict Recovery and Peacebuilding. World Bank Development Report 2011: Background Paper*. 10 October, 2010.

Höglund, Kristine. (2008). "Violence in War-to-Democracy." In Anna K. Jarstad and Timothy D. Sisk (eds.), *From War to Democracy Dilemmas of Peacebuilding*, pp.80–102, Cambridge: Cambridge University Press.

Höglund, Kristine. (2009). "Electoral Violence in Conflict-Ridden Societies: Concepts, Causes, and Consequences," *Terrorism and Political Violence*, 21 (3), pp.412–427.

Hohe, Tanja. (2002a). "The Clash of Paradigms: International Administration and Local Political Legitimacy in East Timor," *Contemporary Southeast Asia*, 24 (3), pp.569–589.

Hohe, Tanja. (2002b). "Totem Polls: Indigenous Concepts and 'Free and fair' Elections in East Timor," *International Peacekeeping*, 9 (4), pp.69–88.

Hood, Ludovic. (2006). "Security Sector Reform in East Timor, 1999–2004," *International Peacekeeping*, 13 (1), pp.60–77.

Huntington, Samuel. (1962). "Introduction." In Franklin M. Osanka (ed.), *Modern Guerilla Warfare: Fighting Communist Guerilla Movements, 1941-1961*, New York: The Free Press.

Huntington, Samuel. (1991). *The Third Wave: Democratization in the Late Twentieth Century*, Norman and London: University of Oklahoma Press.

International Monetary Fund (IMF). (2009). *Democratic Republic of Timor-Leste: 2009 Article OV Consultation, IMF Country Report No. 219*.

Jastard, Anna. (2008). "Power Sharing: Former Enemies in Joint Government." In Anna K. Jastard and Timothy D. Sisk (eds.), *From War to Democracy: Dilemmas of Peacebuilding*, pp.105–133, Cambridge: Cambridge University Press.

Jastard, Anna and Timothy D. Sisk. (2008). "Introduction." In Anna K. Jastard and Timothy D. Sisk (eds.), *From War to Democracy: Dilemmas of Peacebuilding*, pp.1–14, Cambridge: Cambridge University Press.

Kaldor, Mary. (2003). "Security Structures in Bosnia and Herzegovina." In Gavin Cawthra and Robin Luckham (eds.), *Governing Insecurity: Democratic Control of Military and Security Establishments in Transitional Democracies*, pp.205–231, London: Zed Books.

Kalyanaraman, S. (2003). "Conceptualisation of Guerrilla Warfare," *Strategic Analysis,* 27 (2), pp.172-185.

Kalyvas, Stathis N. (2007). "Civil Wars." In Carles Boix and Susan C. Stokes (eds.), *The Oxford Handbook of Comparative Politics,* pp.416-434, New York: Oxford University Press.

Kalyvas, Stathis N. and Laia Balcells. (2010). "International System and Technologies of Rebellion: How the End of the Cold War Shaped Internal Conflict," *American Political Science Review,* 104 (3), pp.415-429.

Kathman Jacob D., and Megan Shannon. (2016). "Ripe of Resolution: Third Party Mediation and Negotiating." In David T. Mason and Sara McLaughlin Mitchell (eds.), *What Do We Know About Civil Wars?,* pp.109-138, New York:Rowman and Littlefield.

Kaufmann, Chaim. (1996). "Possible and Impossible Solutions to Ethnic Civil Wars," *International Security,* 20 (4), pp.136-175.

Keane, John. (2004). *Violence and Democracy,* Cambridge: Cambridge University Press.

King, Dwight. (2003). "East Timor's Founding Elections and Emerging Party System," *Asian Survey* 43 (5), pp.745-757.

King's College (Conflict Security & Development Group). (2003). *A Review of Peace Operations: A Case for Change: East Timor.*

Kingsbury, Damien. (2009). *East Timor: The Price of Liberty,* London: Pargrave MacMillan.

Knight, Malcolm, Norman Loayza, and Delano Villanueva. (1996). The Peace Dividend: Military Spending Cuts and Economic Growth, Policy Research Working Paper 1577.

Kovacs, Mimmi Soderberg. (2008). "When Rebels Change Their Stripes: Armed Insurgents in Post-war Politics." In Anna K. Jastard and Timothy D. Sisk (eds.), *From War to Democracy: Dilemmas of Peacebuilding,* pp.104-134, Cambridge: Cambridge University Press.

Krain, Matthew and John Myers. (1997). "Democracy and Civil War: A Note on the Democratic Peace Proposition," *International Interactions,* 23 (1), pp.109-118.

Krasner, Stephan D. and Thomas Risse. (2014). "External Actors, State-Building, and Service Provision in Areas of Limited Statehood: Introduction," *Governance: An International Journal of Policy, Administration, and Institutions,* 27 (4), pp.545-567.

Kreutz, Joakim. (2010). "How and When Armed Conflict End: Introducing the UCDP

Conflict Termination Dataset," *Journal of Peace Research,* 47 (2), pp.243-250.

Kumar, Krishna. (1997). *Rebuilding Societies after Civil War: Critical Roles for International Assistance.* Boulder and London: Lynne Rienner Publishers.

La'o Hamutuk (2005). "An Overview of FALITNTIL's Transformation to FDTL and its Implication," *Buletin La'o Hamutuk,* 6 (1-2), Dili: La'o Hamutuk (April 2005).

Laitin, David D. (2002). "Comparative Politics: The State of the Subdiscipline." In Ira Katznelson and Helen V. Miller (eds.), *Political Science: The State of the Discipline,* pp.630-659, New York and London: W. W. Norton & Company.

Laitin, David D. (2003). "The Perestroikan Challenge to Social Science," *Polity & Society,* 31 (1), pp.163-184.

Lake, David A. (2010). "Building Legitimate States after Civil Wars." In Matthew Hoddie and Caroline A. Hartzell (eds.), *Strengthening Peace in Post-Civil War States,* pp.29-52, Chicago and London: The University of Chicago Press.

Lake, David A. and Donald Rothchild. (1998). "Spreading Fear: The Genesis of Transnational Ethnic Conflict." In Lake A. David and Donald Rothchild (eds.), *The International Spread of Ethnic Conflict: Fear, Diffusion, and Escalation,* pp.3-32, Princeton: Princeton University Press.

Lebas, Adrienne. (2006). "Polarization as Craft: Party Formation and State Violence in Zimbabwe," *Comparative Politics,* 38 (4), pp.419-438.

Levitsky, Steven and Lucan A. Way. (2010). *Competitive Authoritarianism: Hybrid Regimes After the Cold War,* Cambridge: Cambridge University Press.

Lijphart, Arend. (1977). *Democracies in Plural Societies: A Comprehensive Exploration,* New Haven and London: Yale University Press.

Lijphart, Arend. (1991). "Constitutional Choices for New Democracies," *Journal of Democracy,* 2 (1), pp.72-84.

Lijphart, Arend. (1999). *Patterns of Democracy: Government Forms and Performance in thirty-six Countries,* Yale University Press.

Lindley, Dan. (2007). *Promoting Peace with Information: Transparency As a Tool of Security Regimes,* Princeton University Press.

Linz, Juan. (1990). "The Perils of Presidentialism," *Journal of Democracy,* 1 (1), pp.51-69.

Linz, Juan J. and Alfred Stepan. (1996). *Problems of Democratic Transition and Consolidation: Southern Europe, South America, and Post-communist Europe,* Baltimore: The Johns Hopkins University Press.

Linz, Juan J. and Alfred Stepan. (1997). "Toward Consolidated Democracies." In Larry Diamond, Marc F. Plattner, Yun-han Chu, and Hung-mao Tien (eds.),

Consolidating the Third Wave Democracies: Themes and Perspectives, pp.40-57, Johns Hopkins University Press.

Lipset, Seymour Martin. (1959). "Some Social Requisites of Democracy: Economic Development and Political Legitimacy," *American Political Science Review* 53 (March), pp.69-105.

Lyons, Gene M. and Michael Mastanduno (eds.) (1995). *Beyond Westphalia? State Sovereignty and International Intervention*, Baltimore: The Johns Hopkins University Press.

Lyons, Terrence. (2002). "The Role of Postsettlement Elections." In Stephen John Stedman, Donald Rothchild, and Elizabeth M. Cousens (eds.), *Ending Civil Wars the Implementation of Peace Agreements*, pp.215-236, Boulder, London: Lynne Rienner Publishers.

Mac Ginty, Roger. (2010). "Hybrid Peace: The Interaction Between Top-Down and Bottom-Up Peace," *Security Dialogue*, 41(4), pp.391-412.

Mac Ginty, Roger and Gurchathen Sanghera. (2012). "Hybridity in Peacebuilding and Development: An Introduction," *Journal of Peacebuilding & Development*, 7(2), pp.3-8.

Manning, Carrie. (2008). "Mozambique: RENAMO's Electoral Success." In Jeroen De Zeeuw (ed.), *From Soldiers to Politicians: Transforming Rebel Movements After Civil War*, pp.55-80, Boulder and London: Lynne Rienner Publishers.

Mansfield, Edward D. and Jack L. Snyder. (1995). "Democratization and the Danger of War," *International Security*, 20 (1), pp.5-38.

Mansfield, Edward D. and Jack L. Snyder. (2002). "Democratic Transitions, Institutional Strength, and War," *International Organization*, 56 (2), pp.297-337.

Mansfield, Edward D. and Jack L. Snyder. (2005). *Electing to Fight: Why Emerging Democracies Go To War*, Cambridge and London: MIT Press.

Maravall, José María and Adam Przeworski. (2003). "Introduction." In José María Maravall and Adam Przeworski (eds.), *Democracy and the Rule of Law*, pp.1-18, Cambridge: Cambridge University Press.

Marker, Jamsheed (ed.) (2003). *East Timor: A Memoir of the Negotiations for Independence*, Jefferson: McFarland.

Marshall, Monty G. (1999). *Third World War: System, Process, and Conflict Dynamics*, Boulder: Rowman and Littlefield.

Marshall, Monty G. and Benjamin R. Cole. (2009). *Global Report 2009: Conflict, Governance, and State Fragility*. Center for Systemic Peace. www.systemicpeace.org.

Martin, Ian and Alexander Mayer-Rieckh. (2005). "The United Nations and East

Timor: From Self-Determination to State-Building," *International Peacekeeping*, 12 (1), pp.125-145.

Matanock, Alia M. (2017). "Bullets for Ballots: Electoral Participation Provisions and Enduring Peace after Civil Conflict," *International Security* 41 (4), pp.93-132.

Matsuno, Akihisa. (2008). "The UN Transitional Administration and Democracy Building in Timor-Leste." In David J. Mearns (ed.), *Democratic Governance in Timor-Leste: Reconciling the Local and the National,* pp.52-70, Casuarina: Charles Darwin University Press.

McCarthy, John. (2002). *FALINTIL Assistant Program (FRAP) Final Evaluation Report*, International Organization for Migration/USAID.

Mitton, Kieran. (2009). "Engaging with Disengagement: The Political Reintegration of Sierra Leone's Revolutionary United Front." In Mats Berdel and David H. Ucko (eds.), *Reintegrating Armed Groups After Conflict: Politics, Violence and Transition,* pp.172-198, New York: Routledge.

Molnar, Andrea Katalin. (2009). *Timor Leste: Politics, History, and Culture*, London and New York: Routledge.

Mozaffar, Shaheen. (2010). "Electoral Rules and Post-Civil War Conflict Management: The Limitations of Institutional Design." In Matthew Hoddie and Caroline A. Hartzell (eds.), *Strengthening Peace in Post-Civil War States: Transforming Spoilers into Stakeholders*, pp.79-104, Chicago and London: University of Chicago Press.

Mukherjee, Bumba. (2006). "Does Third-Party Enforcement or Domestic Institutions Promote Enduring Peace After Civil Wars? Policy Lessons from an Empirical Test," *Foreign Policy Analysis,* 2 (4), pp.405-430.

Muller, Edward. (1972). "A Test of Partial Theory of Potential for Political Violence," *American Political Science Review*, 66, pp.928-959.

National Democratic Institute (NDI). (2003). *National Opinion Poll in East Timor.*

Newman, Edward, Roland Paris and Oliver P. Richmond. (2009). *New Perspectives on Liberal Peacebuilding*, Tokyo: United Nations University Press.

Niner, Sarah. (2007). "Martyrs, Heroes and Worriors: the Leadership of East Timor." In Damien Kingsbury and Michael Leach (eds.), East Timor: Beyond Independence, pp.113-128, Clayton: Monash University Press.

Nixon, Rod. (2012). *Justice and Governance in East Timor: Indigenous Approaches and the 'New Subsistence State'.* New York: Routledge.

Nordhaus, William D. (1975). "The Political Business Cycle," *Review of Economic Studies*, 42, pp.169-190.

O'Donnell, Guillermo. (1997). "Illusions about Consolidation." In Larry Diamond, Marc F. Plattner, Yun-han Chu, and Hung-mao Tien (eds.), *Consolidating the Third Wave Democracies: Themes and Perspectives*, pp.40-57, Johns Hopkins University Press.

O'Donnell, Guillermo. (1999). "Horizontal Accountability in New Democracies." In Andreas Schedler, Larry Diamond, and Marc F. Plattner. (eds.), *The Self-Restraining State: Power and Accountability in New Democracies*, pp.29-52, Boulder: Lynne Rienner Publishers.

OHCHR (United Nations High Commissioner for Human Rights). (2006). *Report of the United Nations Independent Special Commission of Inquiry for Timor-Leste*, Geneva, 2 October, 2006.

Paris, Roland. (2004). *At War's End: Building Peace after Civil Conflict*, Cambridge: Cambridge University Press.

Paris, Roland and Timothy D. Sisk. (2009). "Introduction: Understanding the Contradictions of Postwar Statebuilding." In Roland Paris and Timothy D. Sisk (eds.), *The Dilemma of State-building: Confronting the Contradictions of Postwar Peace Operations*, pp.1-20, London and New York: Routledge.

Peou, Sorpong. (2000). *Intervention & Change in Cambodia: Towards Democracy?*, New York: St Martin's Press, Singapore: Institute of Southeast Asian Studies.

Powell Jr., G. Bingham. (2000). *Elections as Instruments of Democracy: Majoritarian and Proportional Visions*, New Haven: Yale University Press.

Prunier, Gerard. (2009). *Africa's World War: Congo, the Rwandan Genocide and the Making of a Continental Catstrophe*, Oxford: Oxford University Press.

Przeworski, Adam. (1991). *Democracy and the Market: Political and Economic Reforms in Eastern Europe and Latin America*, Cambridge: Cambridge University Press.

Przeworski, Adam, Susan C. Stokes, and Bernard Manin (1999). "Introduction." In Adam Przeworski, Susan C. Stokes, and Bernard Manin (eds.), *Democracy, Accountability, and Representation*, pp.1-26, Cambridge: Cambridge University Press.

Przeworski, Adam, Michael E. Alvarez, José Antonio Cheibub, and Fernando Limongi. (2000). *Democracy and Development: Political Institutions and Well-Being in the World, 1950-1990*. Cambridge: Cambridge University Press.

Quinn, J. Michael, T. David Mason, and Mehmet Gurses. (2007). "Sustaining the Peace: Determinants of Civil War Recurrence," *International Interactions*, 33, pp.167-193.

RDTL (República Democrãtica de Timor-Leste). (2002). *State of the Nation.*
RDTL (República Democrãtica de Timor-Leste). (2004). *National Census.*
RDTL (República Democrãtica de Timor-Leste). (2006). *Combating Poverty as a National Cause: Promoting Balanced Development and Poverty Reduction*, Dili: RDTL (March 2006).
RDTL Constitution (The Constitution of República Democrãtica de Timor-Leste). (2002).
Rees, Edward. (2002). "Security Sector Reform and Transitional Administrations," *Conflict, Security & Development*, 2 (1), pp.151-156.
Regan, A.J. (2003). "Constitution Making in East Timor: Missed Opportunities?" In Da Costa Babo Soares et al. (eds.), *Elections and Constitution Making in East Timor*, pp.35-42, Australian National University Press.
Reilly, Benjamin. (2005). "Does the Choice of Electoral System Promote Democracy? The Gap between Theory and Practice." In Philip G. Roeder and Donald Rothchild (eds.), *Sustainable Peace: Power and Democracy after Civil Wars*, pp.159-172, Ithaca and London: Cornell University Press.
Reilly, Benjamin. (2008). "Post-War Election: Uncertain Turing Points of Transition." In Anna K. Jarstad and Timothy D. Sisk (eds.), *From War to Democracy Dilemmas of Peacebuilding*, pp.157-181, Cambridge: Cambridge University Press.
Reynal-Querol, Marta. (2002a). "Ethnicity, Political Systems, and Civil Wars," *Journal of Conflict Resolution,* 46 (1), pp.29-54.
Reynal-Querol, Marta. (2002b). "Political Systems, Stability and Civil Wars," *Defense and Peace Economics*, 13, pp.465-483.
Reynal-Querol, Marta. (2004). "Does Democracy Preempt Civil Wars?," *European Journal of Political Economy*, 21, pp.445-465.
Richmond, Oliver and Audra Mitchell (eds.) (2012). *Hybrid Forms of Peace: From Everyday Practice to Post-Liberalism.* London: Palgrave Macmillan.
Richmond, Oliver and Sandra Pogodda (eds.) (2016). *Post-Liberal Peace Transitions*, Edinburgh: Edinburgh University Press.
Roberts, David. (2008). "Post-conflict Statebuilding and State Legitimacy: From Negative to Positive Peace?" *Development and Change,* 39 (4), pp.537-555.
Robinson, James A. and Ragnar Torvik. (2009). "The Real Swing Voters Curse," *American Economic Review: Papers & Proceedings,* 99 (2), pp.310-315.
Rogoff, Kenneth. (1990). "Political Budget Cycles," *The American Economic Review,* 80 (1), pp.21-36.
Rokkan, Stein. (1975). "Dimensions of State Formation and Nation-Building: Possi-

ble Paradigm for Research on Variations within Europe." In Charles Tilly (ed.), *The Formation of National States in Western Europe*, Princeton and London: Princeton University Press.

Rose, Richard and Doh C. Shin. (2001). "Democratization Backwards: The Problem of Third-Wave Democracies," *British Journal of Political Science*, 31 (2), pp.331-354.

Rummel, Rudolph J. (1995). "Democracy, Power, Genocide, and Mass Murder," *Journal of Conflict Resolution*, 39 (1), pp.3-26.

Rummel Rudolph J. and Raymond Tantar. (1974). *Dimensions of Conflict Behaviour within and between Nations, 1955-1960*, Inter-University Consortium for Political Research.

Ryan, Gavin. (2007). *Political Parties and Groupings of Timor-Leste* (2nd Edition), Australian Labor Party.

Sakabe, Yukako. (2008). "International Assistance to Nation-building Efforts of Timor-Leste." In David Mearns (ed). *Democratic Governance in Timor-Leste: Reconciling the Local and the National*, Charles Darwin University Press, pp.219-239.

Saldanha, João, (2008). "Anatomy of Political Parties in Timor-Leste." In Roland Rich, Luke Hambly, Michael G. Morgan (eds.), *Political Parties in the Pacific Islands*, pp.69-81, ANU E Press.

Sambanis, Nicholas. (2004). "What Is Civil War?: Conceptual and Empirical Complexities of An Operational Definition," *Journal of Conflict Resolution*, 48 (6), pp.814-858.

Sambanis, Nicholas. (2008). "Short-and Long-Term Effects of United Nations Peace Operations," *The World Bank Economic Review*, 22 (1), pp.9-32.

Scambary, James. (2009). "Anatomy of a Conflict: the 2006-2007 Communal Violence in East Timor," *Conflict, Security & Development*, 9 (2), pp.265-288.

Shoesmith, Dennis. (2003). "Timor-Leste: Divided Leadership in a Semi-Presidential System," *Asian Survey*, 32 (2), pp.249-250.

Shoesmith, Dennis. (2011). *Political Parties and Groupings of Timor-Leste*, An Initiative of Australian Labor International under the auspices of the Australian Political Parties for Democracy Program. 3rd. Edition, October 2011.

Shoesmith, Dennis. (2013). "Political Parties." In Michael Leach and Damien Kingsbury (eds.), *The Politics of Timor-Leste: Democratic Consolidation after Intervention*, pp.121-144, Ithaca: Southeast Asia Program Publications.

Shugart, Matthew Soberg. (1992). "Guerillas and Elections: An Institutionalist Perspective on the Costs of Conflict and Competition," *International Studies Quarterly,* 36 (2), pp.121-151.

Simonsen, Sven Gunnar. (2006). "The Authoritarian Temptation in East Timor: Nationbuilding and the Need for Inclusive Governance," *Asian Survey,* 46 (4), pp.575-596.

Sisk, Timothy D. (2010). "Sustaining Peace: Renegotiating Post-War Settlements." In Matthew Hoddie and Caroline A. Hartzell (eds.) *Strengthening Peace in Post-Civil War States: Transforming Spoilers into Stakeholders,* pp.105-122, Chicago and London: University of Chicago Press.

Slater, Dan. (2008). "Can Leviathan be Democratic? Competitive Elections, Robust Mass Politics and State Infrastructural Power," *Studies in Comparative International Development,* 43, pp.252-272.

Small, Melvin and Joel David Singer (1982). *Resort to Arms: International and Civil Wars 1816-1980,* Beverly Hills: Sage Publication.

Smith, Anthony L. (2004). "Timor-Leste: Strong Government, Weak State," *Southeast Asian Affairs,* 2004, pp.279-294.

Snyder, Jack. (2000). *From Voting to Violence: Democratization and Nationalist Conflict,* New York: Norton.

Stedman, Stephan John. (2002). "Policy Implication." In Stephan John Stedman, Donald Rothchild, and Elizabeth M. Counsens (eds.), *Ending Civil Wars: The Implementation of Peace Agreements,* pp.663-671, Boulder, London: Lynne Rienner Publishers.

Suhrke, Astri and Mats Berdal (eds.) (2012). *The Peace in Between: Post-war Violence and Peacebuilding,* London and New York: Routledge.

The Institute of International Affairs (IPS) and Japan Institute of International Affairs (JIIA). (2003). *The United Nations Transitional Administration East Timor (UNTAET) Debriefing and Lessons. Report of the 2002 Tokyo Conference,* Leiden, Boston: Martinus Nijhoff Publishers.

Thyne, Clayton L. (2016). "The Legacies of Civil War: Health, Education, and Economic Development." In T. David Mason and Sara McLaughlin Mitchell (eds.), *What Do We Know About Civil Wars?,* pp.157-178, Lanham, Boulder, New York, London: Rowman & Littlefield.

Tilly, Charles. (1975). "Western State-Making and Theories of Political Transformation." In Charles Tilly (ed.), *The Formation of National States in Western Europe,* pp.601-638, Princeton: Princeton University Press.

Tilly, Charles. (1978). *From Mobilization to Revolution,* New York: McGraw-Hill.

Tilly, Charles. (1985). "War Making and State Making as Organized Crime." In Peter B. Evans, Dietrich Rueschemeyer, and Theda Skocpol (eds.), *Bringing the State Back In,* pp.169-181, Cambridge: Cambridge University Press.

Toft, Monica D. (2010). "Ending Civil Wars: A Case for Rebel Victory?" *International Security,* 34 (4), pp.7-36.

UN (United Nations) Documents.

UN. (2012). Peace Dividends and Beyond: Contributions of Administrative and Social Services to Peacebuilding. United Nations Peacebuilding Support Office.

Uppsala Conflict Data Program (UCDP). (2012). *UCDP Conflict Encyclopedia*: *Myanmar.* (http://www.ucdp.uu.se/gpdatabase/gpcountry.php?id=112&regionSelect=7-Eastern_Asia, 最終閲覧日 2012 年 6 月 29 日)

Vines, Alex and Bereni Oruitemeka. (2009). "Beyond Bullets and Ballots: The Reintegration of UNITA in Angola." In Berdel, Mats and David H. Ucko (eds.), *Reintegrating Armed Groups After Conflict: Politics, Violence and Transition,* pp.199-223, New York: Routledge.

Vreeland, R. James. (2008). "The Effect of Political Regime on Civil War: Unpacking Anocracy," *Journal of Conflict Resolution,* 52 (3), pp.401-425.

Wagner, R. Harrison. (1993). "The Causes of Peace." In Roy Licklider, (ed.), *Stop the Killing: How Civil Wars End,* pp.235-268, New York: New York University Press.

Wallensteen, Peter and Margareta Sollenberg. (1997). "Armed Conflicts, Conflict Termination and Peace Agreements, 1989-96," *Journal of Peace Research,* 34 (3), pp.339-358.

Wallis, Joanne. (2014). *Constitution Making during State-Building,* New York: Cambridge University Press.

Walsh, Patrick. (2011). *At the Scene of the Crime: Essays, Reflections and Poetry on East Timor, 1999-2010,* Victoria, Australia: Mosaic Press.

Walter, Barbara F. (2002). *Committing to Peace: The Successful Settlement of Civil Wars,* Princeton: Princeton University Press.

Walter, Barbara F. (2004). "Does Conflict Beget Conflict? Explaining Recurring Civil War," *Journal of Peace Research,* 41 (3), pp.371-388.

Wantchekon, Leonard. (2004). "The Paradox of "Warlord" Democracy: A Theoretical Investigation," *American Political Science Review,* 98 (1), pp.17-33.

Weber, Max. (1947). *The Theory of Social and Economic Organization,* translated by A.M Henderson and Talcott Parsons, New York: The Free Press.

Weingast, Barry R. (1997). "The Political Foundations of Democracy and the Rule of

Law," *American Political Science Review*, 91 (2), pp.245-263.
Wilkinson, Steven. I. (2004). *Votes and Violence: Electoral Competition and Ethnic Riots in India*, Cambridge: Cambridge University Press.
World Bank. (2004). *Background Paper for the Timor-Leste and Development Partners Meeting*, Dili.
Yamada, Mitsuru. (2010). "Peace Building and State Building of East Timor: What is the Role of Civil Society?," *Waseda Studies in Social Sciences*, 11 (1), pp.17-36.

データセット

Banks, Authur S. (2010) *Cross-National Time-Series Data Archive*.
Chiebub, José Antonio, Jennifer Gandhi, and James Raymond Vreeland. (2009). "Democracy and Dictatorship Revisited," *Public Choice* 143, pp.67-101.
Heldt, Birger and Peter Wallenstein. (2006). *Peacekeeping Operations: Global Patterns of Intervention and Success, 1948-2004, 2nd Edition*, Volke Bernadotte Academy Publications.
IMF (International Monetary Fund) (2012). *World Economic Outlook*, April 2012. (http://www.imf.org/external/pubs/ft/weo/2012/01/weodata/index.aspx, 最終閲覧日 2012 年 9 月 3 日)
Marshall, Monty G., Keith Jaggers, Ted Robert Gurr (2011) *Polity IV Project, Political Regime Characteristics and Transitions, 1800-2010, Dataset Users' Manual*.
UCDP (Uppsala Conflict Data Program) *Conflict Termination Dataset v.2010-1, 1946-2009*.
United Nations Statistical Book. (2012). (http://unstats.un.org/unsd/syb/, 最終閲覧日 2012 年 9 月)
United Nations, Department of Peacekeeping Operations (2012) *List of Peacekeeping Operations 1948-2012*. (http://www.un.org/en/peacekeeping/operations/current.shtml, 最終閲覧日 2012 年 9 月 3 日)

ニュースソース

ウォールストリートジャーナル.
ABC (Australian Broadcasting Cooperation).
AFP (L'Agence France-Presse).
BBC (British Broadcasting Corporation).
ETAN (East Timor & Indonesia Action Network).
IRIN (Integrated Regional Information Networks).
Jakarta Post.

参考文献

Lusa.
Suara Timor Lorosa'e.
The Age.
The Southeast Asian Times.
Timor Post.
UNOTIL Daily Media Review.

事項索引

ア 行

アカウンタビリティ　15, 180, 184, 188
アチェ　96
アノクラシー　20, 69, 71
アフガニスタン　1, 32, 51, 92, 98, 101, 136
アンゴラ　26, 32, 92, 99, 126
一方的勝利　22, 41, 62, 63, 70, 77
因果メカニズム　14, 15, 23, 30-32, 37, 38, 172, 188
インドネシア　47, 49, 96, 116, 122, 205
ウガンダ　25, 100
エージェント　180
エスニック問題　18, 21, 64, 71, 77
応答性　184
オンブズマン　184

カ 行

外部アクター　6, 33, 70, 135, 229
カンボジア　31, 39
議院内閣制　13, 19, 56, 58, 69, 75, 76, 78, 224
起死回生のギャンブル　11, 186, 193-196, 208, 210, 211, 213, 226, 227
業績評価　10, 15, 180, 185, 187, 188, 212, 226
共通の認識　46
クーデタ　39

クロアチア　61
クロアチア人　92, 187
軍事的勝利　41, 93
経済状態　17, 20
ゲリラ戦　38, 40
権威主義体制　69, 71
限界効果　74, 75
権力分掌　10, 12, 26, 41, 42, 76, 93-95, 102, 103, 133, 134, 136, 225, 227
豪州　204, 210, 211
交渉による紛争終結　22, 63, 77, 93
強欲　18, 20
国際部隊　52, 205, 210, 211
国際連合　3, 9, 22, 47, 97, 115, 118-121, 124, 128, 130-133, 135, 174, 175, 198, 229, 230
国内避難民　174
国連平和維持活動　→　PKO
コスト　57, 59, 95, 98, 100, 103, 114, 115, 133
　副次的——　188, 194, 195, 206, 209, 210
　暴力行使の——　57
国家警察　177
国家建設　5-7, 9-12, 32, 34, 35, 43, 57-60, 91, 92, 136, 178
国家の能力　5, 10, 27, 28, 34, 37, 44, 49, 59, 60, 77, 78, 89, 182, 224
コックス比例ハザードモデル　66
コミットメント（問題）　10, 90,

259

94-96, 98, 113, 114, 124, 132-134, 135, 227
コロンビア　55, 100
コンゴ民主共和国　1, 32, 51

サ 行

サグラダ・ファミリア　90, 120
シエラレオネ　25, 26, 100
シグナル　95, 96, 181, 183, 185, 187, 188, 191, 202, 212
主流派　38
ジンバブエ　26
スーダン　1
政治制度　18, 28
政治体制　19
政治的景気循環　181, 183
政治暴力　8, 24, 31, 37, 48, 50, 65, 68, 79
生存時間分析　66
正統性　33, 34, 59
政党への転換　99
セルビア　61, 187
選挙制度　8, 25, 26, 29, 180
選挙暴力　25, 26, 29
戦略的相互作用　38, 50, 104

タ 行

第三者（介入）　8, 20, 22, 26, 30, 41, 50, 63, 70, 77, 78, 95-98, 108, 116, 124, 125, 130-133, 135, 229
大統領制　18, 19, 58, 70
治安維持政策　185, 188, 189, 193, 195, 201, 209, 210
治安維持能力　10-12, 34, 39, 43, 44, 46, 58-61, 76, 78, 91, 92, 108, 171, 186, 189, 210, 212, 224
治安部門　43, 59, 101, 107
調整　45, 46

懲罰制度　226
停戦合意　22, 41, 42, 62, 63, 70, 99
テトゥン語　129, 132
独立調査委員会報告書　174
富の再分配　182, 185, 212

ナ 行

内戦　7, 17, 22, 23, 31
内面化された信念　46
ナショナリズム　25, 27, 28
2006年騒擾　52, 172
ニュージーランド　204
能力評価　184, 196, 208, 210, 226

ハ 行

ハイブリッドな形態による平和　6
ハザードの変化　74, 75
ハザード比　66, 75
パレスチナ　136
東ティモール　47, 115
非主流派　38, 110
比例代表制　26
比例ハザード性　66, 67, 72
ファリンティル　90, 117, 119, 121-123, 131, 133, 134
フォーマルモデル　14, 15, 105
不平　17, 20
プリンシパル　180
ブルンジ　28
フレティリン（東ティモール独立革命戦線）　117-120, 127, 129, 132, 175, 176, 197, 214
紛争期間　63
紛争後社会　7
紛争予防　231
平和構築　7, 231
平和の配当　97, 182
報道の自由　211

事項索引

法の支配　34, 43, 45, 172-174, 178, 179, 186, 188, 209, 212, 213, 223, 226
ボスニア・ヘルツェゴビナ　92
ポルトガル　47, 49, 116, 126, 204
ポルトガル語　129, 132

マ 行

マレーシア　204
南スーダン　1, 32, 51, 136
ミャンマー　55
民主化　2-4, 7, 9, 13, 15, 32, 35, 36, 91, 92, 102, 106, 107, 136, 177
民主主義体制　8-11, 13, 21, 23-25, 37, 43, 56, 57, 60, 67, 74, 76, 78, 183, 224
民主的平和　3, 4
メディア　184
モザンビーク　56, 99, 126
元兵士・退役兵士　14, 48, 52, 53, 122-124, 132, 133, 230
モニタリング　11, 183, 184, 193-195, 211, 213, 230

ヤ 行

弱い国家　5, 40, 57, 182

ラ 行

リベリア　26
ルワンダ　28, 31, 39, 187
ローカル　6

ワ 行

和平合意　22, 41, 42, 62, 63, 70, 99

アルファベット

APODITI（ティモール人民民主協会）117
ASDT（ティモール民主同盟）117, 125, 129
CNRT（東ティモール民族抵抗評議会）48, 52, 118, 119, 122-124, 127, 129, 132
CPD-RDTL　14, 51, 90, 114, 119-121, 123, 126, 131
DDR　99-104, 107
INTER-FET　47
KOTA（ティモール闘志連合）117, 129
PD（民主党）14, 90, 125-134, 198
PKO（平和維持活動）29, 48, 63, 95, 97, 115, 119-121, 130-132, 231
Polity IV 指標　50, 68
PST（ティモール社民党）129
RENETIL　126, 130
UDT（ティモール民主同盟）117, 125
UNAMET　47
UNMISET　48, 120
UNTAET　47, 119, 122, 124, 128, 130, 177
Uppsala Conflict Data Program　64

人名索引

A

Alkatiri, Mari　15, 52, 53, 117, 119, 120, 127, 130, 172, 173, 175-177, 197-209, 211, 214, 223, 227
Araújo, Fernando "La Sama" de　125, 126, 130

B

Bajwa, Anis　202
Boutros-Ghali, Boutros　3, 4

C

Cederman, Lars-Erik　20, 28-30
Collier, Paul　17, 19-21, 26, 31

D

Dahl, Robert　36, 42, 59

F

Fearon, James. D.　19, 31, 37, 61, 94, 190, 191

G

Gurr, Ted Robert.　8, 27, 29, 57
Gusmão, Xanana　117-124, 126, 128, 132, 175, 198, 201, 203, 204, 206

H

Hart, Herbert L.A.　45
Hartzell, Caroline　22, 41, 42, 62, 95, 97
長谷川祐弘　175
Hoddie, Matthew　22, 41, 42, 62, 95, 97
Huntington, Samuel P.　2, 38, 43, 44

K

Kalyvas, Stathis N.　23, 29, 39, 40

L

Lere, Annan Timor　200
Lijphart, Arend　26
Linz, Juan　43, 44
Lobato, Rogério Tiago　200, 204
Luak, Taur Matan　199, 200, 204

M

Martins, Paulo　200

P

Paris, Roland　36
Przeworski, Adam　9, 24, 56, 57

R

"Rai Los" da Conceição, Vincente　204-207, 210, 211
Ramos-Horta, José　117, 118, 200, 206
Reinado, Alfredo　202, 204
Rodrigues, Roque　199

Rokkan, Stein   35
Russett, Bruce   3

S

Salsinha, Gastão   199
Schumpeter, Joseph   9
Shugart, Matthew Soberg   24, 61, 100, 104
Snyder, Jack   27-29, 30
Stepan, Alfred   43, 44

T

Tilly, Charles   34, 35

W

Weber, Max   33
Weingast, Barry   45

Y

Yudhoyono, Susilo Bambang   205

著者紹介

田中（坂部）有佳子（たなか〔さかべ〕ゆかこ）

青山学院大学国際政治経済学部卒業。コーネル大学公共政策大学院修了（M.P.A を取得）。在東ティモール日本国大使館専門調査員などを経て，早稲田大学大学院政治学研究科比較政治専攻博士後期課程満期退学，同研究科で博士（政治学）を取得。

現在：青山学院大学国際政治経済学部助教，専門は比較政治，国際関係論。

主著：『国際平和活動における包括的アプローチ——日本型協力システムの形成過程』（内外出版，2012 年，共編著），*Complex Emergencies and Humanitarian Response*（Union Press, 2018, 共著），『東南アジアの紛争予防と「人間の安全保障」——武力紛争，難民，災害，社会的排除への対応と解決に向けて』（明石書店，2016 年，共著）など。

なぜ民主化が暴力を生むのか
紛争後の平和の条件

2019 年 8 月 20 日　第 1 版第 1 刷発行

著　者　田中（坂部）有佳子
発行者　井　村　寿　人

発行所　株式会社　勁　草　書　房
112-0005 東京都文京区水道 2-1-1　振替 00150-2-175253
（編集）電話 03-3815-5277／FAX 03-3814-6968
（営業）電話 03-3814-6861／FAX 03-3814-6854
大日本法令印刷・牧製本

© TANAKA (Sakabe) Yukako 2019

ISBN978-4-326-30281-9　Printed in Japan

JCOPY　＜(社)出版者著作権管理機構　委託出版物＞
本書の無断複写は著作権法上での例外を除き禁じられています。複写される場合は，そのつど事前に，(社)出版者著作権管理機構（電話 03-5244-5088、FAX 03-5244-5089、e-mail: info@jcopy.or.jp）の許諾を得てください。

＊落丁本・乱丁本はお取替いたします。

http://www.keisoshobo.co.jp

G. キング，R. O. コヘイン，S. ヴァーバ　真渕勝 監訳
社会科学のリサーチ・デザイン——定性的研究における科学的推論
　　　　どのように研究をすすめればよいか？　アメリカの政治学会で定性的手
　　　　法復興のきっかけとなった，実践的方法論の教科書。　　　3800 円

スティーヴン・ヴァン・エヴェラ　野口和彦・渡辺紫乃 訳
政治学のリサーチ・メソッド
　　　　すぐれた研究の進め方とは？　全米の大学で使われている定番テキスト
　　　　をついに完訳！　社会科学のエッセンスを伝授する。　　　1900 円

A. ジョージ＆ A. ベネット　泉川泰博 訳
社会科学のケース・スタディ——理論形成のための定性的手法
　　　　すぐれた事例研究の進め方とは？　事例研究による理論の構築と検証，
　　　　事例研究の 3 段階などを実践的にガイドする。　　　4500 円

H. ブレイディ＆ D. コリアー編　泉川泰博・宮下明聡 訳
社会科学の方法論争——多様な分析道具と共通の基準　原著第 2 版
　　　　Rethinking Social Inquiry の全訳。どの研究手法をどう使えばいいの
　　　　か？　KKV 論争がこれで理解できる。便利な用語解説つき。4700 円

――――――――――――――――――――――――勁草書房刊

＊表示価格は 2019 年 8 月現在。消費税は含まれておりません。